2019年重庆市社科规划特别委托重大项目
重庆市北碚区、西南大学校地合作重大项目
重庆市北碚区重大文化精品工程

北碚文化丛书

乡建北碚

杜 洁
潘家恩 ◎ 编 著
李 军

西南大学出版社
国家一级出版社 全国百佳图书出版单位

图书在版编目（CIP）数据

乡建北碚 / 杜洁, 潘家恩, 李军编著. -- 重庆：西南大学出版社, 2023.11
（北碚文化丛书）
ISBN 978-7-5697-2075-4

Ⅰ.①乡⋯ Ⅱ.①杜⋯ ②潘⋯ ③李⋯ Ⅲ.①城乡建设－研究－北碚区 Ⅳ.①F299.277.193

中国国家版本馆CIP数据核字（2023）第236303号

乡建北碚
XIANGJIAN BEIBEI

杜　洁　潘家恩　李　军　编著

选题策划	蒋登科　秦　俭　张　昊
责任编辑	曾庆军
责任校对	秦　俭
装帧设计	闰江文化
排　　版	陈智慧
出版发行	西南大学出版社（原西南师范大学出版社）
印　　刷	重庆升光电力印务有限公司
成品尺寸	145 mm×210 mm
印　　张	10.5
字　　数	254千字
版　　次	2023年11月 第1版
印　　次	2023年11月 第1次印刷
书　　号	ISBN 978-7-5697-2075-4
定　　价	68.00元（精装）

"北碚文化丛书"编委会成员

（以姓氏笔画为序）

顾　问

卢晓钟　吕　进　杨清明　周　勇　黄蓉生　曹廷华

主任委员

刘　永　江绪容　杨　辉　潘　洵

委　员

王牧华　张汝国　陈福厚　周洪玲　徐玲

本书编委会成员

主　编：杜　洁

顾　问：刘重来　周鸣鸣　温铁军

编　委：潘家恩　杜　洁　李　军　张艺英

总序

周 勇[①]

习近平总书记在新时代文化建设方面提出了一系列新思想、新观点、新论断,丰富和发展了马克思主义文化理论,构成了习近平新时代中国特色社会主义思想的文化篇,形成了习近平文化思想。习近平总书记还多次对传承和弘扬重庆历史文化作出重要论述,提出明确要求,寄予殷切期望。

重庆是一座具有悠久历史、灿烂文化、优秀人文精神和光荣革命传统,人文荟萃、底蕴厚重的历史文化名城。在江峡相拥的山水之间,大山的脉动与大江的潮涌相互激荡,自然的壮美与创造的瑰丽交相辉映,城镇的繁华与乡村的宁静相得益彰,展现出江山之城的恢宏气势,绽放出美美与共的璀璨风采。

在3000多年的发展史上,重庆出现过多层次、多领域、多形态的文化现象,其中居于主体地位的是巴渝文化、革命

[①] 周勇,中国抗日战争史学会副会长、中国城市史研究会副会长、重庆史研究会会长、教授、博士生导师。

文化、三峡文化、抗战文化、统战文化、移民文化。它们是居于重庆历史和文化顶层,最具代表性和符号意义的文化元素,由此构成了独具特色的重庆历史文化体系。其中,巴渝文化、革命文化彼此相连,贯通始终,传承演化,共同构成今日重庆历史文化体系的学理基石,也是形成今日重庆人文精神以及重庆人、重庆城性格特征的文化基因。三峡文化、移民文化、抗战文化、统战文化,是在不同历史时期和历史环境中,重庆大地上产生的特色文化。在漫漫历史长河的不同阶段中,发挥着独特的作用,至今仍是重庆历史文化中极具特色的因素,发挥着核心竞争力的作用。

北碚,地处缙云山麓、嘉陵江畔,是一个产生过凤凰涅槃般传奇的地方。

100多年前,北碚还只是一个山川美丽,但匪患肆虐的小乡场。到80多年前的全面抗战时期,北碚发展成为一座享誉中国的美丽小城。新中国成立后,北碚发生了翻天覆地的变化。如今的北碚,已经是重庆主城都市区的中心城区。北碚的百年发展史,展现出极具时代特征的突变性、内涵式发展的特质。北碚素来生态环境优良、人民安居乐业,科学教育发达、创新活力迸发,产业发展兴盛、工业基础雄厚,尤以历史渊源悠久、文化底蕴深厚而著称。这在重庆历史文化体系中具有综合性、典型性、代表性。

近年来,在中共重庆市委的领导下,全市上下认真落实党中央部署要求,加快推进文化强市建设,开创了文化繁荣发展新局面。面对新时代、新征程的新使命和新要求,市委作出了奋力谱写新时代文化强市建设新篇章,为现代化新重庆建设注入强大精神力量的重大部署。特别强调"要大力传承弘扬中华优秀传统文化,深化历史文化研究,加强文化遗产保护,抓好优秀传统文化传承,推动巴渝文化、三峡文化、抗战文化、革命文化、统战文化、移民文化等创造性转化、创新性发展"。

在建设重庆文化强市的赛马比拼中,北碚人用满满的文化自觉与文化自信,以历史的眼光重新审视北碚,以文化的视野宏观鸟瞰北碚,以艺术的手段通俗表现北碚,从史话、名人、抗战、乡建、教育、科技、诗文、书画、民俗、景观十个方面,全面而系统地梳理了北碚的文化和历史,构成了图文并茂、鲜活生动的北碚文化长卷。这部十卷本的"北碚文化丛书",就是北碚人书写北碚传奇的代表作,更是向时代和人民交出的一份厚重的文化答卷。

"北碚文化丛书"具有广泛的包容性。它涵盖了历史沿革、文化遗产、民俗风情、民间艺术、人文景观、贤达名流、文学艺术、教育科技等方方面面,既有地域文化的基本要素,更彰显了北碚在抗战、乡建、教育、科技等方面在中国近代历史上的突出特色。

"北碚文化丛书"以学术研究为依托,史料基础可靠,学术名家参与,表达通俗易懂,集系统性、知识性、可读性于一体,有存史资政的收藏价值和指导旅游观光的实用价值。

"北碚文化丛书"是校地合作的有益尝试,既是对北碚地方文化的一次学术性清理,在史料整理、学术研究方面展现出全面、系统的特征,也为基层地域科学地挖掘整理在地文化积累了可资借鉴的经验。

这些年来,我着力于重庆历史文化体系的研究,组织编撰了十二卷本的"重庆人文丛书",力图勾画出"长嘉汇"源远流长,"三峡魂"雄阔壮美,"武陵风"绚丽多彩,人文荟萃、底蕴厚重的重庆历史文化名城的文化新形象。这套十卷本的"北碚文化丛书",是继"重庆人文丛书"之后,重庆市域内出版的第一部区县文化丛书。我相信,这部饱含着浓浓乡情,充满了城市记忆,洋溢着北碚味道的文字和画面的丛书,将使北碚的历史文化得以活在当下,让北碚的历史文脉传承延续,绵绵不绝。

同时我也希望各区县都能像北碚这样虔诚地敬畏自己的历史文化,努力地整理自己的历史文化,用煌煌的巨著来传承自己的历史文化,尤其是从市委提出的重庆文化新体系中找准自己的文化新定位,让生动鲜活、丰富多彩、千姿百态的区域文化,共同汇聚成彰显重庆文化新体系的百花园,建设具有中国气象,巴渝特色,万紫千红的山清水秀、美丽之地。

是为丛书总序。

序　重读北碚的乡村建设

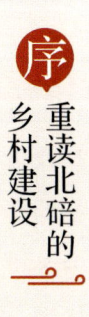

温铁军[1]

阅读《乡建北碚》首先要阅读卢作孚。卢作孚先生是一本厚重的书。在重庆北碚，有很多普通人都关注卢作孚，并将他称作"北碚之父"。他是驰名中外的"中国船王"、民国乡村建设探索中卓有成效的先驱者、中国早期本土民营社会企业家的杰出代表之一。而北碚作为当年镇域经济包容性可持续发展的样板，是卢作孚、卢子英等先贤做出来的。他们在社会一片凋敝的状况下，与社会各界一起努力，完成了北碚镇域（并带动整个嘉陵江三峡地区）的经济、社会、文化、教育等各个方面的发展，探索出了独特的在地化综合发展的模式。

---

[1] 温铁军，中国人民大学教授，中国著名"三农"问题研究专家，当代乡村建设倡行者。曾任中国人民大学农业与农村发展学院院长，现任西南大学乡村振兴战略研究院首席专家、中国乡村建设学院执行院长。

一、北碚镇治为什么是乡村建设？

有人可能会问，北碚镇治应该算是"城镇建设"还是"乡村建设"呢？其实，我们今天讲的乡村建设（简称"乡建"）包括的是县及以下的范围。这是因为，中国几千年的治理都分为上下层，"皇权不下县，县下惟宗族，宗族皆自治，自治靠伦理，伦理靠乡绅"，乡村自治在主体上就是乡绅自治，而乡村自治包括县以下几个层级，既包括乡、镇，也包括村和自然村落。从这个意义上说，"乡村"包含的范围远大于"农村"，而乡村建设将乡镇和村庄放在一个大系统中，是一种城乡融合的视角。

乡村建设维护的乡土社会，主要依托的是县以下的乡土社会的在地化经济，只要能够维持得住就是乡村建设。从这个角度来看，虽然早期卢作孚的企业集中在北碚的城镇地区，但是，他最初的煤矿、铁路等企业都立足于北碚周边的本地资源开发，而只有维护北碚地区乡土社会的稳定与可持续发展，地方经济才有发展条件。因此卢氏兄弟主管峡防局的商团地方武装以来，有着与西南一般地方割据不同的、相对结构化的组织体系和制度体系，卢氏兄弟创立的这种组织结构和制度结构，有利于维护乡土中国的稳态存在。一个地方的文化事业、社会事业、教育事业各个方面发展起来，带动的是整个地方整体素质的提高。其兴业于北碚，产生一方在地化民生经济，这本身就是乡村建设。

二、什么是乡村建设——从乡村建设到乡村振兴

梁漱溟先生认为乡村建设不只是在建设乡村,还是在建设中国。卢作孚先生也说:"试作一种乡村运动。目的不只是乡村教育方面,如何去改善或推进这乡村里的教育事业;也不只是在救济方面,如何去救济这乡村里的穷困或灾变。中华民国根本的要求是要赶快将这一个国家现代化起来。所以我们的要求是要赶快将这一个乡村现代化起来。"

我们今天在全球大危机不断爆发的条件下重启乡村建设、倡导乡村振兴,难道仅仅只是建设乡村,去圆个"田园梦"吗?不,吾辈之目的乃在于建设人类世界,只有对人类借由殖民化而起的几百年来激进的现代化大潮有所反思,才能自觉参与生态文明乡村振兴大业。

接着就得从"乡村建设不是什么"说到"乡村建设是什么"。从其延续至少百余年的经验看,是为了使大多数承载了巨大制度成本的那部分弱势群体能够得到可持续生存的条件,而要让更多的社会群体结构化地整合在一起,形成防范危机恶性爆发的"三共"(共生、共享、共治)条件,提高"三自"(自主、自助、自强)的能力。所以,从本质上说,乡村建设实非建设乡村,乃是对人类社会不可持续的激进发展主义作出的反思和应对。

三、编写《乡建北碚》的现实意义

在21世纪全球大危机的压力之下,西方才出现向社会企业的转型。然而中国在19世纪末山河破碎的大危机压力

下,有所谓民营企业以来,社会企业就是其中主要的企业类型。当人们把"个人利益最大化"作为首要目标来宣扬的时候,我们应当知道,中国有像卢作孚这样的前辈企业家,他不以"个人利益最大化"为目标而进行企业经营。这是当代很多企业家和前辈企业家在精神境界上的根本性差别。前辈在"救国论"和"救民论"思想之下的这些为国奉献,对我们今天有重要的警示意义。

陶行知先生说过,"仿我者死,创我者生",今天我们研究乡村建设的历史经验也是如此。如果我们今天再把卢作孚当年建设北碚的做法照搬过来,那只是在重复一个过去的故事。当今我们重新认识"乡建北碚",就在于,不忘前辈的同时,更反思认识今天的问题。我们要提醒自己:我们要丰富背景资料,也要更多地与现实问题结合,才能有真正的问题意识。前辈已经用他们的生命作出了很多开创性的反思与鲜活的实践。作为后人,我们切勿"食古不化",若不能学习到前辈的精神,创新今天的研究与实践,会是我们这一代知识分子的缺憾!这也是我们今天要编写和重新认识《乡建北碚》的原因。

目录

- 总序 ……001
- 序：重读北碚的乡村建设 ……001
  - 乡村建设的来龙去脉 ……001
  - 嘉陵江畔小乡场 ……011
  - 盗匪啸聚成魔窟 ……018
  - 练团设营治匪患 ……021
  - 化匪为民筑峡防 ……025
  - 卢作孚先生小传 ……028
  - 《光明日报》上的卢作孚 ……030
  - 先谋后动绘蓝图 ……035
  - 听卢作孚讲述乡建北碚 ……041
  - 山乡北碚迎蝶变 ……043
  - 花园小城绽新容 ……057
  - 北碚的生产体系 ……061
  - 北碚的农业建设 ……066

北碚的交通建设 …… 070

北碚的公园建设 …… 075

北碚的市民自治会 …… 079

兼善文化育新民 …… 082

公众服务惠平民 …… 087

中国西部科学院 …… 094

创设报刊广宣传 …… 097

北碚的乡村现代化 …… 100

听卢作孚讲述怎样做乡建 …… 107

卢子英先生小传 …… 112

卢子英与少年义勇队 …… 114

卢氏兄弟与文化基金会 …… 118

杨家骆与倡修北碚志 …… 124

听卢子英讲述乡建北碚 …… 126

乡建名家汇北碚 …… 128

听梁漱溟讲述卢作孚的故事 …… 141

晏阳初先生小传 …… 144

晏阳初与中国乡村建设学院 …… 147

北碚与华西实验区 …… 170

听晏阳初讲述乡村建设 …… 183

陶行知先生小传 …… 186

陶行知与北碚乡村教育 ……189

听陶行知讲述乡村教育 ……202

梁漱溟先生小传 ……205

梁漱溟与北碚乡村建设 ……208

听梁漱溟讲述乡建北碚 ……222

中国西部科学院农林研究所 ……225

中央农业实验所 ……230

扶植自耕农与农地改革 ……236

城乡融合的乡建明珠 ……246

继往开来续华章 ……250

实地寻踪：嘉陵江三峡乡村建设旧址群 ……279

结语

乡建北碚启示录 ……283

专家视点

"乡村现代化"——卢作孚乡建之路 ……302

跋

乡建研究　后继有人　大有可为 ……313

编后记 ……315

乡村建设的来龙去脉

乡村振兴战略在党的十九大报告中被提出，2018年中央一号文件提出，要讲好乡村振兴中国故事，为世界贡献中国智慧和中国方案。回溯历史，广泛存在于20世纪中国的乡村建设实践，立足国情与乡土脉络。包括张謇、晏阳初、梁漱溟、卢作孚、陶行知等在内的著名知识分子或实业家们，通过回归乡土脉络、整合各种建设性力量、融合中西方优秀文明，在乡村基层进行了多种形式的组织创新与制度创新。其中，尤为卓越的是北碚的乡村建设探索。与其他民国乡村建设试验比较起来，始于1927年的"北碚乡建试验"是唯一在中国西南部进行的，且持续时间最长、系统论述最早、实践探索层次最为丰富、成效最显著、集群性最强，同时与地方及各界互动最多的乡建试验。1940年，晏阳初在北碚创办私立中国乡村建设学院，在这前后，陶行知在北碚创办育才学校，梁漱溟在北碚创办勉仁文学院，使北碚成为全国乡村建设的集大成之地，被誉为"乡建明珠"。

北碚拥有全国最为丰富的乡村建设历史资源。2013年，"嘉陵江三峡乡村建设旧址群"被列为第七批全国重点文物保护单位，它们是民国时期卢作孚在北碚进行"嘉陵江三峡乡村建设"运动的遗迹，包括了峡防局旧址（北碚区文星湾一巷1-33号），位于北碚公园的红楼旧址、清凉亭（陶行知晓庄研究所)旧址,位于北温泉公园内的农庄旧址、磐室旧址、竹楼旧址、柏林楼、数帆楼旧址,位于歇马大磨滩的中国乡村建设学院旧址及晏阳初旧居,位于北温泉温塘峡的梁漱溟旧居(俗称花房子)等。

"嘉陵江三峡乡村建设旧址群"建筑之一——峡防局旧址(卢作孚纪念馆)

这一切为新时代乡村振兴战略积累了厚重的历史经验,是乡村振兴的历史先声。

一、近代中国的乡村建设探索

从19世纪40年代起,中国开始陷入内忧外患的境地。中国作为以农业为传统文明类型、以农民为人口主体的国家,近代以来以工业化和城市化为中心的整体性变革,既产生出严峻的"三农"问题,同时也孕育了"乡村建设"这一延续百年的社会大众改良实践。

"乡村建设"是一场知识分子参与并直接回应"三农"重大现实问题的社会实践,展现了中西碰撞而剧烈变动的乡土中国现代化转型的历史进程。据当年南京国民政府实业部调查，20世纪20年代末30年代初，全国从事乡村建设工作的团体和机构有600多个，先后设立的各种试验区有1000多处，呈现出"群体性"和"多样化"的特点。可以说，乡村建设并非孤立个别的现象，也不是偶然发生，而是由时代的需要、环境的刺激与文化的变动所引起的，是由民族自觉及文化自觉的心理所推迫而出，是在乡土自觉和社会参与中不断形成的民间建设史。

中国国家博物馆"复兴之路"专题展"其他救国主张及实践"板块[①]

1904年，河北定县翟城村乡绅米春明被聘为定县劝学所学董，开始以翟城村为示范，实施一系列改造地方的举措。他和他的儿子米迪刚等人一起，积极兴办新式教育、制定村规民约、成立自治组织和发展乡村经济。这些本地乡绅自发进行的"翟城试验"，直接孕育了随后受到海内外广泛关注、由晏阳初及中华平民教育促进会（简称"平教会"）所主持的"定县试验"。

[①] 该展览将乡村建设作为"其他救国主张及实践"的内容，其中包括晏阳初、梁漱溟、卢作孚、陶行知、黄炎培等人所领导的乡村建设实践。

正是这些20世纪初不同范围内自发的建设性实践,构成了百年乡村建设的萌芽与先声。到了20世纪二三十年代,一批名家使乡村建设进入公众视野。其中包括平民教育家晏阳初先生、生活教育创立和践行者陶行知先生、从理论和实践两个层面反思现代化的"最后的儒家"梁漱溟先生、创造出中国第一批现代意义上社会企业的嘉陵江三峡乡村建设开拓者卢作孚先生、河南村治学院与宛西自治开创者彭禹廷先生、中国近代职业教育开创者黄炎培先生等。毛泽东等中国共产党领导人在1927年6月所起草的《全国农协对于农运之新规划》中也专门提出"开始乡村建设事业"。

部分都市知识分子初到河北定县乡村(19世纪30年代)①

各界人士以不同形式参与广义的乡村建设,呈现出"群体性"与"多样化"的特点。虽然其出发点、学科、经历、立场存在着或多或少的差异,但他们都以"救民"为目标而扎根大地,负重前行,润物无声且生生不息。

---

① 晏阳初动员了大量知识分子下乡,并提出"欲化农民,需先农民化"。

二、乡村建设的本质

正如梁漱溟所说,"乡村建设,实非建设乡村,而意在整个中国社会之建设"。中国近现代历史进程的剧烈转型,既造成了不同形式的"乡村破坏",也孕育了以"自我保护"与"乡土重建"为双重定位的百年"乡村建设",其不仅由农村"被落后"的现实促成,也是知识界对农村重要性自觉体认的产物。

因此,乡村建设不限于技术层面上的单一回应,也不只是个案实践与微观做法,它直接关联着中国近现代的转型与剧变,其推动者是包括知识分子、农民、学生、市民等在内的多元主体,内容和形式也常因阶段和目标的不同而充满差异。

乡村建设的思想与形式载体复杂多样。它是数千年中华文明的历史传承与创新发扬,是对平民、知识分子及中国在现代世界

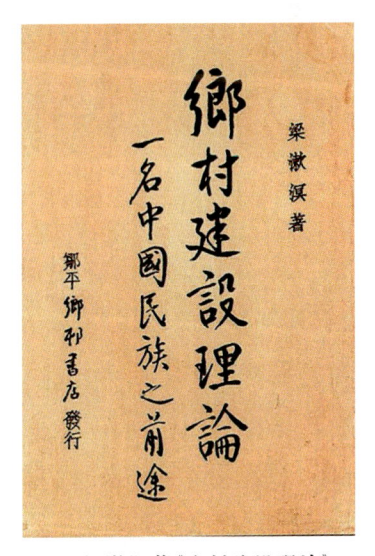

梁漱溟著《乡村建设理论》

之处境的自觉与反思。同时,作为立足地方且与现实问题紧密互动的反思性实践,乡村建设是一个"活"的过程。它是知识分子与实际相结合,在试验中不断根据当时当地的实际情况而进行调整、创造与总结的过程。

乡村建设有以下基本内涵：与乡土紧密结合并充分互动，促进各种发展要素向"三农"回流，努力改变乡土长期被当作"问题"和"对象"的状况，对乡村遭受的破坏和不可持续的困境进行积极应对与创新探索。

1933年7月，第一次全国乡村工作讨论会发起者和组织者合影①

从广义角度看，乡村建设所涉的主体、方式、内容多样，既有外部知识分子以"救济乡村"和"社会建设"为出发点的实践，也有由乡土社会自发、本地乡绅主导的"乡村自救"和"自我保护"行动。因此不应将都市导向思路在乡村中简单翻版，而需尊重乡土社会的内在机理与特点，充分激活乡土社会的能动机制，减少各种发展对乡土社会的成本转嫁。

---

① 1933年7月，第一次全国乡村工作讨论会在山东邹平召开，与会60余人，来自党政机构、大学、科研单位、报社等部门。前排自右至左为梁漱溟、章元善、魏朗斋、严敬斋、陈筑山、高践四、晏阳初、于树德，后排自右至左为许仕廉、杨开道、梁仲华、李景汉、孙廉泉、瞿菊农、张鸿钧。

三、卢作孚与北碚乡村建设

卢作孚（1893—1952），重庆合川人，其于1925年创办的民生实业公司是中国近代最大和最有影响的民营航运企业。卢作孚常作为"中国船王"而为世人所知，实际上，他还是民国乡村建设的重要先驱。早在1929年，他就在北碚撰写了《乡村建设》长文，从乡村建设的意义，乡村地位的重要，乡村

卢作孚先生

的教育建设、经济建设、交通建设、治安建设、卫生建设及乡村的自治建设等方面对乡村建设进行完整阐述，该文是迄今为止发现的以乡村建设为名的最早系统论述。

1927年，卢作孚出任江（北）、巴（县）、璧（山）、合（川）四县特组峡防团务局（下文简称"峡防局"）局长，据此开始了以北碚为中心、辐射周边区域的乡村建设探索。经过二十余年的持续努力，把北碚从一个穷僻杂乱的山乡建设成被陶行知誉为"新中国缩影"的模范实验区和具有现代化雏形的花园城市。

这种巨大变化是如何发生的？

第一，各种建设事业离不开稳定良好的社会环境。卢作孚主持嘉陵江三峡乡村建设之前的北碚，因其位于四县交界处而属于"四不管"地带，匪患、各军阀势力角逐。"北碚试验"通过化匪为民、改进社会土壤与社会整合，促进矛盾冲突的转化来完成社会治理。通过整合各方面的社会资源并促进各种社会力量的合力参与，在军阀割据中保持平衡，创造稳定的社会环境和营商环境。

第二,"北碚试验"强调整体发展。按照卢作孚的说法,其理想中的北碚是"皆清洁,皆美丽,皆有秩序,皆可居住,皆可游览",因此需要政治、经济、文化、社会、教育等方面相互支撑的综合发展,同时以整体性的"城乡一体"规划为建设的基础与单位。进而让社会建设与经济建设双向促进,以稳定的社会环境让产业资本及各项建设的收益留在当地。

第三,"北碚试验"努力创造各种社会收益。独特的建设资源很大程度上来源于各种地方化的"社会经济"在与乡土社会深度融合后所实现的"资源回流"。例如,前述"化匪为民"为政治和社会上的逆向转化,此则为经济上的逆向回流。卢作孚对峡防局士兵进行整训中,还明确提出"寓兵于工"的口号,让士兵参加经济生产。在缺乏足够资源的情况下,采用了某种"劳动替代资本"或"内向型原始积累"的方式,以实现低成本的北碚建设。峡防局还设常备队、手枪队及学生队、模范学生队、少年义勇队等,他们除肩负峡区清匪防盗、维护治安之责外,还参加社会服务和北碚地方建设活动。

20世纪40年代的北碚街景

卢作孚出身寒门，民生公司靠借贷起家，其所领导的"民生实业"同样生逢乱世。因为该公司不是一般的民营企业，而是中国早期本土的"社会企业"——民生公司的创立宗旨为"服务社会，便利人群，开发产业，富强国家"，其以社会改造和社会服务为目标，追求经济与社会建设的双赢。民生公司与北碚乡村建设，让经济反哺社会，又通过社会建设来化解过高的企业风险，降低经营成本，减少资源外流，实现社会治理与建设事业的良性循环。

可以说，通过将民生公司和北碚建设的有机结合，卢作孚实现了"实业救国"与"乡村建设"的完美融合。其以经济发展为手段，建设社会为目的。在复杂恶劣的环境下，通过化匪为民，稳定社会；在缺乏人才的情况下，通过寓兵于工，培训人才；在资源匮乏的情况下，兴办社会企业，撬动社会资源。他以经济建设为中心，以交通建设为先行，以乡村城市化为带动，以文化教育为重点，创造了影响深远的"北碚试验"。

经过长期持续的努力，北碚的乡村建设取得了卓越成绩。到了抗战时期，大量文教和科技界名人纷至沓来，形成"三千名流聚北碚"的壮观景象。这也让北碚成为中国抗战时期大后方的文化重镇，"东方文化的诺亚方舟"的美誉由此而生。1944年美国副总统华莱士访问北碚，1948年北碚被联合国教科文组织确定为"基本教育实验区"。

持续了逾二十年的北碚乡村建设，不仅重塑了北碚城乡的景观，改变了当地居民的生产生活方式，还形成了"崇尚科学、勇于探索、勤于实验、不断创新"的人文特质。新中国成立之后,这些精神遗产都得到了继承和发扬。

新中国成立初期,北碚成为川东行政区首府,探索"风景文化区"建设,西南师范学院、西南农业学院等高等学府组建或迁入北碚。20世纪60年代三线建设期间,北碚在重庆第一个接受国有企业内迁,成为中国第三大仪器仪表工业基地。1996年,北碚被国务院确定为重庆市唯一的国家级可持续发展实验区。2008年,北碚被国务院评定为全国13个"可持续发展示范区"之一。2018年,北碚成为重庆市唯一的"民营经济综合改革示范区",被中国企业联合会评为"中国企业营商环境十佳城市"。同时,为深入挖掘和继承前辈的乡村建设经验,1990年,重庆市地方史研究会卢作孚研究中心成立,1997年,西南师范大学卢作孚研究中心成立,2012年,西南大学中国乡村建设学院正式成立,2019年,重庆市(作孚)民营经济学院成立。2018年,以北碚为封面的《中国乡村建设百年图录》和《北碚乡建记忆》相继出版。

漫步在今天的北碚,依旧能触摸到半个多世纪前卢作孚探索乡村建设的各种印迹:北碚还保留着他在抗战时期用沦陷城市命名的街道名字;由他从上海带回的梧桐树苗,如今已经绿荫如盖;当年最美的平民公园和温泉公园,依旧游人如织;中国西部科学院的惠宇楼,依旧承载着研究和传播知识的重任。

北碚,这个百年乡村建设实践的汇聚之地,还在不断创造着新的历史;在这片卢作孚曾付出过无数心血的土地上,更多人正前赴后继、继往开来,谱写着新的篇章!

嘉陵江畔小乡场

重庆主城区之一的北碚，是市区西北部一颗璀璨的明珠，而百年前的北碚还只是巴县北境、嘉陵江畔的一个普通乡场，地处巴县、江北、璧山与合川四县交界处，和川渝其他乡场一样，因移民运动而重建，靠场市贸易而兴盛。晚清时期，煤炭经济和交通因素对北碚社会发展的影响开始凸显。民国初年，由于军阀割据，内战不绝，盗匪啸聚峡中，致使商旅难行，民众苦不堪言。民团性质的峡防营由此成立，几任官长先后上任，各自采取了一些治理措施，但仅限于治标，未能根治匪患。1927年2月，卢作孚接任江巴璧合四县特组峡防团务局（以下简称"峡防局"）局长，迅即采用整饬团务、剿抚并举等强有力措施，峡区的匪患治理才取得了实质性成效。北碚的地方建设新局面也由此开创。

在传统农耕时代，北碚的资源禀赋可谓乏善可陈。境内丘陵起伏，土地贫瘠，一份1938年出版的地情资料描述道："全区岗峦峥嵘，无较大之平地，田土依山之凸凹而开垦之，低者多田，高者多土……因本区多山，故低处皆因山洪聚流而成大溪，分布沿江两岸，溪间盛产竹。"[①]可见，此地山多地

---

① 嘉陵江三峡乡村建设实验区北碚月刊社编印《嘉陵江三峡乡村建设实验区概况》，1938，第4页。

瘠,耕地稀缺。现代土地调查数据也显示,全区山地约占42.78%,丘陵约占48.13%,两者合计竟达总面积的九成;而适合农业耕作的平坝,面积仅18平方公里,约占4.81%。①受此影响,在抗战前,北碚粮食产量有限,无法自给。②在地理方位上,北碚处于重庆、合川两城之中点,江北、巴县、璧山、合川四县接壤,相对偏僻,各县政权对此鞭长莫及。

不过,北碚也有两大优势资源——交通与煤炭,为其在近代的崛起提供了有利条件。华蓥山自东北而来,分成九峰、缙云与中梁三大平行支脉,夹贯本境。嘉陵江则自西北入境,横切华蓥山三平行支脉而形成沥鼻(又称"牛鼻")、温塘、观音三个峡口,每峡相距约二三十里。三峡从合川沙溪庙入峡起,下至江北悦来出峡止,长约45公里。北碚的面积全在其内。民国时期,峡区有39乡镇,人口约50余万。③因两岸悬崖耸翠、峭拔幽深、瑰丽雄奇,犹长江三峡之险胜,但较之短小,故名嘉陵江小三峡。④

嘉陵江是川东水运要道,其流域涵盖秦陇南部,在四川境内自北而南,流经广元、阆中、南充等名城重镇。嘉陵江流至合川后,东纳渠江,西汇涪江,流量倍增,河谷开阔,复由沙溪庙入峡,而达重庆。渝合段是嘉陵江水运最为繁忙的

---

① 重庆市北碚区地方志编纂委员会编《重庆市北碚区志》,科学技术文献出版社重庆分社,1989,第40页。
② 徐亚明:《四川新建设中之小三峡》,《复兴月刊》1935年第3卷第6-7合期。
③ 徐亚明:《四川新建设中之小三峡》,《复兴月刊》1935年第3卷第6-7合期。
④ 重庆市北碚区地名领导小组编印《四川省重庆市北碚区地名录》,1986,第79页。

河段，其中观音峡、温塘峡、沥鼻峡三峡则是其咽喉。北碚扼守当中，地位重要自不待言。正如民国时期本地乡绅李昌运所言："(峡区)上达秦陇，蜀东西北山货必由；下达武汉，广洋广货运赴省垣、秦陇，较外江捷。"①峡区水路交通较便利，是川东乃至更大区域的商贸流通节点。正因如此，每当政局动荡时，此地便成为土匪啸聚之所。

北碚另外一项优势资源便是煤炭。20世纪30年代初，煤炭专家李元靖曾对峡区煤矿进行过深入的考察，对于煤炭藏量有这样的记录：

> 峡区煤矿，有"小山""正山"之分。正山为煤炭之主要产地，即煤矿之正脉，地段下起距白庙子约十里之麻柳湾，上至距白庙子四十里之大岩湾吊耳，全脉之长，约四十余里……小山即沿嘉陵江岸与正山后方之零星炭层，厚薄多寡不一。据本人估计，合正山小山之炭，至少可供全川需用三四十年。②

可见，峡区煤炭资源极为丰富，具有储量大、埋藏浅的特点。这也引起了先民的注意。早在明末清初，北碚后丰岩地区的山民就已开始挖外山草皮炭作为燃料之用。③清朝中期，各种大小人工矿洞分布在峡区，且矿洞的所有权转移模

---

① 李昌运：《磨子沱老二记》，张森楷纂《民国新修合川县志》卷68，1921年刻本，"丛谭"第20页。
② 李元靖：《嘉陵江峡区煤矿产销概况》，《四川月报》，1937年第10卷第5期。
③ 天府矿务局志编审委员会编纂《天府矿务局志（1933—1985）》，1991，第1页。

式已经较为成熟①。清末民初,小煤窑已星罗棋布于矿区并逐步发展兼并成较大的煤厂。

尽管考古资料显示,北碚聚落的历史可以追溯至遥远的先秦巴国时代,然而由于历经劫难,北碚的社会文化传承几度中断,近代的北碚乡场社会主要形成于清代的移民运动。明末清初,巴蜀大地战乱不休,社会剧烈动荡。长期的战乱导致川渝社会残破,大部分地区十室九空。清代川渝各地方志对于这一时期户口多有"靡有孑遗""人烟断绝"的记录。这些记载或许有夸大的成分,但在一定程度上反映了明清易代之后巴渝社会残破、人烟稀少的事实。当代学者研究表明,清初四川人口在50万左右②,仅及今天四川一个中等县的人口数。在四川如此大的面积中只有如此少的人口,其景象确实是十分荒凉的。

为恢复生产,安定民心,巩固政权,清王朝下达了一系列招徕移民的政策条例。由此,诸省人纷至沓来,形成大规模的移民运动。这次移民大潮始于清顺治十六年(1659),历经康雍乾时期,一直延续到嘉庆初年,持续了一百三十余年,移民数量在百万人以上。在这次大移民中,计有十余省的移民入川,而以湖广籍人数最多,约占总移民数量的一半以上,因而有"湖广填四川"的说法。

这场绵延百年的移民运动,塑造了清代以来巴蜀地区的

---

① 吴晓璐:《天府煤矿的现代企业转型初探(1925~1945)》,《国家航海》2015年第3期。

② 李世平:《四川人口史》,四川大学出版社,1987,第155页。

人口形态和文化样貌。经过五十余年的恢复,至康熙后期,重庆的人口和土地都渐渐增加到明代的规模。与此同时,乡村的商品经济也逐渐繁荣,兴起了许多乡场。"场"是巴蜀地区的集市,分布广,数量大。川人赶集多称为"赶场",赶场是老百姓日常生活的重要内容。巴蜀场市繁盛与其特有的生态环境有关。

巴渝多山,居民傍麓依山,星罗棋布。分散居住的农民,需要借助赶场和集市来进行商品交易和社会交往。至迟在乾隆中期,北碚地区的乡场便已形成了相当数量。清代北碚的乡场场期都是三天一次,乡场的相互间隔距离在约二三十华里。作为附近几十里的经济文化中心,乡场的地理位置一般处于交通便利且相对平缓的坪坝区域。如果两个乡场间行旅频繁,可能每隔五里或十里就会有一个店子,如北碚至歇马场大道途中,五里天生桥,十里双柏树,十五里回龙桥,三十里歇马场。亦有不限距离的,如北碚至蔡家场途中,有龙凤山、马道子、万家垭口、新槽房、长滩等店子。店子小而相距甚近。又如东阳镇至土主场途中,五里有幺店子,街长约一华里,人口约百余,是北碚最大的幺店子。

北碚场在聚落形成之初并不靠近江边,相传明代北碚的场市名为义和场,在今雨台山公园一带。经过明末之乱,义和场成为废墟。清初,场市移至江边杜家街,常遭水患。嘉庆时期被洪水冲毁,场市迁往现在的正码头附近。这一带是嘉陵江的一处渡口,因有碚石伸入江心,江流受阻,东折流向东阳镇,其南边遂形成一宽阔沱湾,清代的聚落即位于沱畔。沱中水流平缓,遇碛而上下行之木船,大都寄碇于此,略作休整。水遇石转而称"碛",又因在重庆之北,故称"北碚",俗称"白碛""白背""鳌背"。北碚的马鞍山与对岸东阳镇的石子山一脉相连,两山之脊各有大道一条,遥相对应。而北碚和东阳则是这两条大道的渡口,水陆交汇渐成场市。诚如清末本地乡绅所言:"北碚九保路当梁滩,接壤江璧合孔道。"北碚与江北、璧山、合川接壤,是巴县北部的交通枢纽。

煤炭业在北碚聚落的发展过程中扮演着重要角色。自清初在温塘、观音两峡山地开始采煤以来,人口大为增加,聚落亦渐繁荣。而矿业聚落繁荣之程度,甚至起农商聚落而上之。到20世纪初,北碚境内文星场、代家沟、二岩、缙云山南北坡已有煤矿数十家。较大的煤矿有代家沟至文星场一带的福和煤厂、天泰煤厂、和泰煤厂、公和煤厂,二岩一带的复兴和炭厂、兴发公炭厂,缙云山南北坡的双连煤厂、屋基煤厂、翕和煤厂、久大煤厂等。矿区人口汇集,其间除矿厂、机器房、堆栈、工人宿舍外,兼有小商店、小摊贩等,星罗棋布,蔚为大观。20世纪三四十年代,北川铁路纵贯其间,车站成为小商业聚落核心。

煤炭主要依托嘉陵江水系运销重庆及川北各地,因而,江边的煤矿出口港往往成为繁华的聚落乃至乡场。金刚碑的例子尤为典型。此地位于缙云山麓,街市在一狭长之沟谷中,地形狭窄。因距离北碚及澄江口两处场镇太近,本来很难发展成商业聚落,但因煤业而逐渐兴起。早在清康熙年间,缙云山南坡所采煤炭多由此地装船出港,运销外地,因此形成一个销售和转运煤炭的场市。同治年间,煤业兴盛,金刚碑成为当地煤商、船商、力夫们的聚居之地,商贾云集。除此之外,民国时期北碚境内较有代表性的煤港聚落还有黄桷树、夏溪口、白庙子、二岩、干洞子等。可见煤业对于北碚社会经济有着极为重要的影响。

盗匪啸聚成魔窟

小三峡紧锁嘉陵江,自古便是险隘。峡区又处四县交界之地,各县政权难以顾及,治安难保,兼之境内大山连绵,森林茂密,是土匪隐藏出没的好地方。民国初期,嘉陵江三峡被多股土匪盘踞。沥鼻峡的磨子沱(又称磨儿沱)、草街子,温塘峡的温泉寺,以及金刚碑、北碚城区、黄桷树等地都有匪巢。民间甚至有歌谣唱道:"得活不得活,且看磨儿沱;得死不得死,且看草街子。"匪患之剧烈,由此可见。

造成这种局面的原因,是辛亥革命以来,四川军阀各霸一方,为了占据地盘,你争我夺,互相火拼,十余年间,大小战争达400余次。啸聚山林的土匪,就成了他们的兵源。他们对这些匪首封官晋爵,优礼有加,匪首多被招安、委以官职。与此同时,各乡场为了防匪剿匪,纷纷兴办团练,以图自卫。而团务人员情况也十分复杂,很多都与土匪有着千丝万缕的联系,一有机会就和土匪一起,率领人枪,投靠军阀。所以当时军、团、匪乃是你中有我,我中有你,盘根错节。

小三峡土匪来自社会各方,其中一部分是煤矿工人。因峡区煤矿很多,矿工工作艰辛而收入低微,有的人走投无路之时,就铤而走险,被迫为匪。小三峡一带四县接壤,峡路险要,地形复杂,土匪利用这一有利条件,大肆活动。他们出没无常,聚散灵活,虽有少数武装前去清剿,但多无功而返,甚而被土匪击溃,致使小三峡地区匪患长达十多年。

据说当时峡区的土匪棚子(一股土匪就是一个棚子)大小有70多个。大棚子有土匪一二百人,小的也有三四十人。也有几个人合伙抢劫偷盗的,被称为"毛狗强盗"。大棚子除匪首外,还有一个管事,管事在土匪中的地位很高,是理财的当家人。人们称土匪头子为"老窑",称土匪为"棒老二"。这些土匪除了打家劫舍,奸淫掠夺外,还要"拉肥猪",即绑架勒索。还有一种"关圈"的抢劫方式:土匪埋伏在一条狭窄的路上,待行人经过,两头围堵,立马搜身,洗劫财物。沙溪到合川的路上有一个地方叫观音岩,路过此地的人经常被土匪"关圈"。

除上述种种外,受土匪危害最深的是船只。船只遭抢劫,致使嘉陵江渝合航道时常阻塞,居民商旅深受其害。当时峡中有名的土匪有唐大鼻子、铁匠老横、三眼童儿、周吉瑞、瓷器罗汉、陈大娃子等。其中唐大鼻子、铁匠老横、周吉瑞等声称受了招安,公然率领喽啰分驻北碚、黄桷树等地。

草街匪首有披毛老口、吴月成、谭海成、易海德、杨静五、关炳林、大老养、小老养、蒲姓兄弟等。草街码头停靠了一支炮船,装有"猫儿炮"和"牛耳炮"。有船过时,土匪就勒令其靠岸,如果不从,就用炮击,导致船毁、货沉、人亡,所以客船遇上这种情况,多数都不敢违抗。这股土匪常年住在老岩头、西山坪、草街子等地。

麻柳匪首有北洋大汉李春合、明三脑壳、大脑壳、二脑壳、三脑壳、傅炳云、艾直斋、易占荣，还有一个外地来的姓莫的。易占荣由于内部分赃不均，内讧时被打死。这股土匪常住武家山一带，经常在磨儿沱、石盘嘴沿河两岸出没作案。

盐井的匪首有铁头和尚、困山鸟棒、高建成、蓝大脚板、唐瞎子、唐玉庭等。他们住在风垭、干溪、杨家山等地。有些土匪是从棘竹沟、滩子石灰漕出来的，他们盘踞盐井码头、沙溪墨墨树、老鸦溪、焦巴石等地。

峡区股匪众多，互不买账。即使是正规军过三峡，土匪也不甘示弱。1920年，川军田颂尧部护送丝船到重庆，船至磨儿沱被土匪抢劫一空。1921年7月，军阀王陵基的军火船路过草街，土匪叫船靠过去，军火船不理，匪首吴月成下令开炮，将军火船击沉。1922年初，军阀何光烈部一团由重庆移防合川，部队到蔡家湾沙罐厂，盐井的土匪堵着不许过河，索要银元3000元才让通过，相持了三天。军匪相争，战乱不断，结果遭殃的还是当地百姓。

青山绿水、绮丽多姿的峡区竟成了商旅裹足、行人却步的"魔窟"，这不免让人感到悲哀和气愤。但嘉陵江小三峡毕竟是渝北门户、商旅要道，因而待时局稍安，剿匪工作便渐次展开了。

练团设营治匪患

峡区匪患肆虐,地方人士深受蹂躏之苦,于是想到通过组织地方团练的形式来治理匪患,维护社会治安。团练是带有民间性质的官绅武装,清咸丰以后,四川各地普遍组建了团练武装。民国初期,四川各地继续办理团练。为了统一各县办团规章,四川省临时议会于1912年通过《四川通省团练章程》,规定各县组建团练局,设局长一人,各乡设团练办事处,设团总一人。1915年,各县团练已初具规模。[1]

1916年春,在地方士绅的请求下,东川道尹王陵基下令设立江巴璧合四县特组峡防营,专负治匪之责,委黄桷场团总王锡五兼营长,屯驻北碚场。这时的峡防营只是个松散的乡绅团练联盟,"各场自由参加联防,并无一定之法定范围"[2]。大体而言,防区涵盖由合川南津街起至巴县磁器口止的嘉陵江流域,长一百多公里,约40个乡场,是日后北碚管理局辖境的五倍。

王锡五,北碚黄桷镇(今东阳镇)人,1869年生于大族富绅家。清末峡区匪患猖獗,王锡五组织团练捍卫乡里,自任黄桷镇团总。因其练兵得法,防患有方,黄桷镇赖以为安。

---

[1] 贾大泉、陈世松主编《四川通史(卷七 民国)》,四川人民出版社,2018,第262页。
[2] 王珑、邓玉兰、梁夏夏、胡涛校注《北碚志稿》上册《政治编·官制志》,西南大学出版社,2022,第265页。

1916年春,王锡五接任峡防营长后立即组织峡区各场镇常练兵丁设营,亲自训练,并以其私产置炮20余门,分兵驻防各地。每闻匪警,便身先士卒,策马先驰,采取招降和剿灭相结合的办法,收效良好。遗憾的是,1917年王锡五即病逝,年仅48岁。

1918年,东川道尹改峡防营为三峡警备队,委二岩团总周宝箴为警备队长。周宝箴,峡区二岩场(今北碚西山坪)人,周家系峡区煤商富绅。1914年,四川军阀混战,土匪四窜,为保乡里,周宝箴买枪招兵,发展武装。后又与刘湘搭上关系,掌握了北碚区域地方团练。当时峡区土匪啸聚,二岩周围却无匪来犯,许多地主士绅都迁至二岩,寻求庇护。周宝箴任职三年间,其煤炭生意蒸蒸日上,同时,他也积极为军阀招安,号称江防司令。

1920年,江、巴、璧、合四县合谋,特组峡防司令部,设司令一人,由重庆卫戍总司令委任。调四县壮丁各一排,仍驻北碚,名曰峡防。①是年夏,随军驻扎北碚的川军第一军第六师军法处处长吴象痴被委任为峡防司令。吴象痴是北碚蔡家人,早年在乡当团总,后任川军第六师军法处长,并兼任过南充、广安两县县长。吴象痴主持峡防,首先恢复地方民团组织,组织购买枪弹,修建碉堡,加紧门户训练,并率领团队剿匪数十次。吴象痴治匪采取严酷政策,仅1920年就杀戮数百人,被称为"屠夫"。不久,吴象痴又被调往他处。

---

① 王珑、邓玉兰、梁夏夏、胡涛校注《北碚志稿》上册《政治编·警卫志》,西南大学出版社,2022,第365页。

此后,峡防机构先后更名为三峡警备队、峡防督办署、峡防司令部,几易其主,其性质也由民团武装变为地方驻军。1923年秋,"峡区士绅盖不胜军队之扰,又苦匪风益炽"①,于是协议呈准撤销司令。卢尔勤辞去峡防司令一职,并根据峡区绅民的请求,将峡防司令部军衔改为地方性质的峡防团练局,推荐合川名绅胡南先、北碚商绅熊明甫分任正副局长,②设治北碚场,"月饷及办公等费,则取之往来商舶。名曰过道捐"③。

胡南先,合川盐井场人,出身本地富绅家庭。1922年,胡南先受聘为川南道尹公署顾问,到任不久,川战爆发,遂匆匆返回合川。当时盐井、沙溪匪势日炽,两乡绅民大多避居县城。胡南先倡议组织剿匪团队,自负总责,前往进剿。胡南先在清剿峡区匪患中,深感四川匪患主要源于军阀混战,兵匪合流,涂炭人民。因此,1923年上半年,他便倡议筹设四川省民团联合会,到会60余县,会上他被推为联合会委员长。是年秋,江巴璧合峡防司令部改组为特组峡防团练局,胡南先担任局长。在其主持下,峡区团绅会议决议,各县成立常练丁大队:巴县大队驻北碚,江北大队驻二岩,合川大队驻沙溪庙,璧山大队驻澄江口;并将峡区各县民团编为预备丁数队,统一布置在盐井溪、草街子、清坪场、蔡家

---

① 王珑、邓玉兰、梁夏夏、胡涛校注《北碚志稿》上册《政治编·官制志》,西南大学出版社,2022,第265页。
② 《卢尔勤回忆卢作孚》,卢国模整理,未刊。转引自张守广:《卢作孚年谱长编》(上),北京:中国社会科学出版社,2014,第81页。
③ 王珑、邓玉兰、梁夏夏、胡涛校注《北碚志稿》上册《政治编·警卫志》,西南大学出版社,2022,第365页。

场、歇马场等10多个场镇。一旦发现匪情,全面出击,相互支援,就地清剿。他在任三年多,布防严密,清剿及时,匪患大减。到1926年12月中旬,他辞职告休,举荐卢作孚继任峡防局局长。①

---

① 重庆市北碚区地方志编纂委员会编《重庆市北碚区志·人物志》,科学技术文献出版社重庆分社,1989,第539页。

化匪为民筑峡防

打破苟安的现局,建设理想的社会

——卢作孚

胡南先治理峡区的几年间,匪患有所平息,但限于治标,未能根治。当时,四川防区制尚未打破,重庆是国民革命军第二十一军刘湘部王方舟师的防区,合川则是第二十八军邓锡侯部陈书农师的防区,峡区处于两军防区中间,双方都想安置亲信执掌峡防局,而长期相持不下。于是,地方人士举荐了卢作孚。1926年6月,卢作孚创办民生实业公司,开辟嘉陵江航线,航行于重庆与合川之间。为了扫除航线障碍,保证航程安全,实现开发峡区的愿望,卢作孚也有意出任北碚峡防局局长。卢作孚同时对两军展开工作,促成两军在北碚地区的谅解。[1]

民生公司的第一艘轮船——"民生"号

---

[1] 卢子英:《怀念二哥卢作孚》,载周永林、凌耀伦主编《卢作孚追思录》,重庆出版社,2001,第34页。童少生:《回忆民生轮船公司》,载周永林、凌耀伦主编《卢作孚追思录》,重庆出版社,2001,第189页。

1927年2月15日,卢作孚正式接任江巴璧合四县特组峡防团练局①局长。他一改前几任峡防官长专重军事征剿的治匪策略,制定了把匪患治理与峡区建设同时并举的系统方略。他提出"打破苟安的现局,建设理想的社会"的口号,认为要彻底肃清匪患,必须杜绝产生匪患的根源。为此,先应创造安宁的环境和有秩序的社会,让百姓安居乐业,土匪便无机可乘。他制定计划,首先解决地方治安秩序问题,其次解决如何为民众服务的问题。

卢作孚先是整顿常练大队。是年秋,改常练队为常备队,编组成3个中队,士兵130名,设督练长1人管理训练。当年11月组织手枪队(至1935年扩充至80人)。1928年至1934年先后招收峡区青年486名,编组为少年义勇队、模范学生队和特务学生队。1928年春,又成立学生二队,施以政治、军事训练,委任曾在黄埔军校学习的胞弟卢子英为队长,一面讲学,一面捍卫乡里。②

卢作孚清剿土匪,采取军事、政治并重的策略和以攻为守的方针。一有匪警,不管远近,均及时派队出击。除将匪首尽力逮捕归案外,还采取"以匪治匪、鼓励自新"的办法。在清剿的压力下,派人说服匪首投诚自新。凡自新的都给予生活出路,"化匪为民",本地的回乡生产,外地的予以资遣。对士兵则实行"寓兵于工"的方针。峡防局士兵,除剿匪和军

---

① "江巴璧合四县特组峡防团练局"于1927年5月改称"江巴璧合四县特组峡防团务局",参见张守广:《卢作孚年谱长编(上册)》,中国社会科学出版社,2014,第124页。
② 重庆市北碚区地方志编纂委员会编《重庆市北碚区志·军事志》,科学技术文献出版社重庆分社,1989,第160页。

训外,平时要学习职业技能,要求每人要掌握一种专门技术。

在剿匪过程中,首先向民众宣讲没有安宁的社会,就没有个人或家庭的安宁的道理,动员群众一起参加清匪斗争。当时,峡防局所辖39个乡镇,纵横百里,卢作孚除了负责峡区内治安外,还主动协助周围13个县进行剿匪工作。有人不理解,他说,要境内安宁,要先使境外安宁,要使地方安宁,必须使匪不安宁。卢作孚主张以攻为守、主动出击,不让土匪有藏身之地、喘息之机。他亲率学生、士兵巡回各乡镇、山区,清除匪患;不仅帮助本地区,而且帮助周围地区;不仅不让匪活动,而且不让匪藏匿。

与此同时,卢作孚经常率领学生队和峡防局官兵,巡回各乡镇,开周会、演戏剧,作体育表演,宣传卫生,破除迷信,改造社会风俗。并专门派了一队士兵担负警察任务,维护公共秩序,管理公共卫生,调查户口,整顿市政,施行民众教育,预防灾害病疫。在北碚街上利用古庙建立了地方医院,为人治疗疾病,免费打防疫针。1927年始,每年春秋两季派人到附近各乡镇免费种痘,每季多达数万人。①

卢作孚将匪患平定与乡村建设相结合的社会治理模式取得了不错的效果。短短几年,峡区的土匪次第肃清,社会治安逐渐稳定下来,为接下来的北碚建设奠定了良好的基础。

---

① 重庆市北碚区地方志编纂委员会编《重庆市北碚区志·人物志》,科学技术文献出版社重庆分社,1989,第540页。

卢作孚先生小传

卢作孚（1893—1952年），原名卢魁先，别名卢思，重庆市合川人，近代著名爱国实业家、教育家、社会活动家；民生公司创始人、中国航运业先驱，被誉为"中国船王""北碚之父""发展中国民族工业不能忘记的四位实业界人士之一"。他毕生致力于探索救国强国之路，在革命救国、教育救国、实业救国三大领域，都作出了巨大贡献。习近平总书记称赞他为"爱国企业家的典范"。

卢作孚先生

卢作孚幼年时家境贫寒，小学毕业后自学成才，自编多本教材。1910年加入同盟会，参与反清保路运动，投身辛亥革命。1914年担任合川中学教师，之后先后在成都、泸州等地任报纸编辑、主编、记者、教育科长等职。1921年赴泸州出任永宁道尹公署教育科科长，主持开展了轰轰烈烈的"新川南、新教育、新风尚"教育改革试验。1922年加入当时在全国青年中极具感召力的少年中国学会。1924年任成都通俗教育馆馆长，开展了影响深远的民众教育和民众文化活动。成为其"创造集团生活的第一个试验"。

1925年,卢作孚于合川创办民生公司,后陆续统一川江航运,迫使外国航运势力退出长江上游。1927年起,担任江巴璧合四县特组峡防团务局局长,开启了长达二十余年的以北碚为中心的嘉陵江小三峡区域乡村建设。1938年秋,他领导民生公司组织指挥宜昌大撤退,用40天时间抢运3万余人、物资近10万吨,挽救了抗战时期整个中国的民族工业,宜昌大撤退被称为"中国工业上的敦克尔刻",受到国民政府嘉奖。

卢作孚以西南山区的小乡场北碚为基地,从事乡村建设的理论探索和社会实践,清除匪患,兴办实业,发展生产,创建学校、图书馆、博物馆,普及文化和教育,为实现贫穷乡村的现代化转型与发展进行了二十余年的北碚乡村建设实践,成为中国近代乡村建设史上的经典。

《光明日报》上的卢作孚[1]

创办民生公司，发展民族航运业，探索实业强国之路

第二次鸦片战争以后，按照"外国商船可在长江各口岸往来"的条款，在长江上触目只见外国旗，难得一见中国旗，令国人深感屈辱。1925年，卢作孚邀约友人，集资创办民生公司，积极投入以经济实力夺回内河航运权的爱国斗争。公司成立之初，整个家当只有一艘载重吨位为70吨的小轮船，卢作孚就定下了"服务社会，便利人群，开发产业，富强国家"的公司宗旨，展现了卢作孚的强国宏愿。当时，长江上游航运正被外国轮船公司控制，不多的几家中国轮船公司濒临破产，卢作孚采取"人弃我取，避实就虚"方针，在从未行驶过轮船的嘉陵江开辟新航线，并在管理上大胆改革，使公司站稳了脚跟，并将航线从嘉陵江发展到了长江。从1930年开始，为了抵制外国轮船公司对长江上游航运的垄断，民生公司发起了"化零为整"运动，以其诚信和威望，先后合并和收买了大批中外轮船，到1935年，统一了长江上游航运，将曾经不可一世的外国轮船公司逐出了长江上游。到1949年，民生公司已拥有员工9000余人，江海船舶148艘，在中国

---

[1] 摘自刘重来：《一个不能忘记的人——纪念卢作孚诞辰120周年》，《光明日报》2013年4月11日，第13版。略有改动。

的长江沿线和内地、沿海各港口（包括台湾、香港），以及东南亚、美国、加拿大等地都有分支机构。

经过20多年拼搏，民生公司"崛起于长江，争雄于列强"，成了当时中国最大、最有影响的一家民营航运企业，卢作孚也被海内外誉为"中国船王"。1936年西安事变发生后，国共两党协商改组政府，卢作孚是国共双方一致赞同的实业部长唯一候选人。后来的"世界船王"包玉刚曾说过："如果卢作孚健在，就不会有我今天的包玉刚。"

他成功指挥了被誉为"中国实业上的敦刻尔克"的宜昌大撤退，保存了中国工业命脉

抗战爆发后，卢作孚立即向全公司发出号召："民生公司应当首先动员起来参加战争！"在他的指挥下，民生公司全体员工英勇投入到紧张、艰险的抗战运输中去。他一生都不愿做官，但在民族危亡的关键时刻，敢挑重担，出任交通部常务次长和全国粮食管理局局长，负责战时最艰巨的水陆交通运输和粮食供应任务。1938年10月，武汉失守，作为长江咽喉、入川门户的宜昌积压了大批难民和从沦陷区运来的几乎包括了全中国的航空、兵器及轻重工业的机器设备，亟待撤往大后方。而可供运输的仅有民生公司的20余艘轮船和几艘其他公司的轮船。按其运力，至少需要一年时间。更大的问题是，还有40天长江枯水期就要到了，而且日本飞机不断飞来轰炸，日军又在节节逼近，形势十分危急，人心极度混乱。在此关键时刻，卢作孚下令采用民生公司在长江枯水期实行的"三段航行法"，除了最重要的军用物资及不宜装卸的

大型机器设备直运重庆外,其他物资一律分段运输,使航程缩短了一半或大半。各轮船多装快运、分秒必争,硬是在长江枯水期到来之前,将全部难民和机器设备安全撤离宜昌,从而保存了中国工业命脉,为抗战胜利和大后方建设奠定了基础。

卢作孚这一壮举,被誉为"中国实业上的敦刻尔克"。在整个抗战中,民生公司付出了惨重代价:有16艘轮船被炸毁,117名员工英勇牺牲。爱国将领冯玉祥称赞民生公司为"救国公司"。

主持嘉陵江三峡乡村建设实验,被誉为"建设新中国的缩影"

1927年,卢作孚被任命为北碚峡防局局长。峡防局本是一个治安联防机构,但卢作孚却借此难得的平台,开展了以北碚为中心的嘉陵江三峡乡村建设运动。他与民国时期各地乡村建设实验不同,明确提出其乡村建设的目的是"要赶快将这一个国家现代化起来",所以"要赶快将这一个乡村现代化起来",并制定了实现"乡村现代化"蓝图。他采取了以经济建设为中心,以交通建设为先行,以乡村城镇化为带动,以文化教育为重点的建设模式,将北碚这个昔日贫穷落后、偏僻闭塞、盗匪横行的小乡场,建设成"生产发展、文教事业发达、环境优美的重庆市郊的重要城镇"。

短短十几年间,整个嘉陵江三峡地区的社会经济和文化教育发生了很大变化,成为民国时期众多乡村建设实验中持续时间最长、成效特别突出的一个。教育家陶行知把北碚的建设誉为"建设新中国的缩影"。卢作孚也与晏阳初、梁漱溟一起,被称为"民国乡建三杰"。

指挥船队冲破封锁返回大陆,为发展新中国航运事业立了大功

1949年,国民党政府撤退台湾之前,多次派人游说卢作孚出任高官,都被他婉拒了。他对当时的政治形势看得很清楚。正如他1950年1月在香港给好友晏阳初的密信中所说:"台湾绝非可凭藉以与大陆作战之基地,最后结束似只有时间问题……如美国欲得全中国人之好感,最好设法结束台湾残余无望之争。"当时,民生公司有21艘轮船被迫滞留香港和海外,国民党海军严密封锁台湾海峡,轮船要返回大陆(内地),随时有被拦截扣留的危险。在卢作孚周密巧妙指挥下,除了1艘轮船被截留、2艘轮船因太陈旧进行拆卖以外,其余轮船都安全返回大陆(内地),参加新中国的建设。

卢作孚本人也在党的安排下,由香港来到北京,出席全国政协第一届二次会议,被选为全国政协委员。其间还受到了毛泽东、周恩来、朱德、陈云的亲切接见和宴请。回到重庆后,又受到邓小平的热情接待,并被任命为西南军政委员。

为社会创造了亿万财富,自己却两袖清风,一身正气

卢作孚身为当时中国首屈一指的航运公司总经理,还身兼几十家企事业单位的董事长,都有一笔笔可观的红酬和车马费,即使生活不豪华,至少也应是宽裕的。然而,他坚持只拿一份薪俸,其他收入都捐给了科学教育事业。卢作孚生活非常简朴,不吸烟,不喝酒,常和员工一起在食堂吃青菜

萝卜大锅饭。卢作孚招待客人，不论职位多高官多大，都不搞豪华宴请。就连国民政府主席林森、四川省主席刘湘来公司，依然只有南瓜焖饭和一碟泡豇豆炒碎肉末、一碗粉蒸肉招待。客人们深知卢作孚的勤俭作风，也不以为怪，反而很钦佩他。卢作孚从不利用自己的权力和地位为自己及家人、子女搞特殊，捞好处。他甚至没有自己的房子，家里也只有借来的破旧桌椅、木床。家人有事要乘民生公司的船，都得照章排队购票。

卢作孚的高尚品格，深深感动了许多人。爱国民主人士、国学大师梁漱溟称赞卢作孚："此人再好不过！他心中完全没有自己，满腔里是为社会服务，这样的品格，这样的人，在社会上找不到。"海尔集团董事局主席张瑞敏认为，学习卢作孚"将会净化我们的心灵，升华我们的境界"。作家陈祖芬评价："卢作孚这三个字，一如川西的共生矿，丰富得令人惊喜，令人感动，令人感极而泣。"

卢作孚给后人留下了宝贵的精神财富。作为一个爱国者，他时刻把国家强盛、民族命运、人民疾苦放在心上的家国情怀，始终闪耀着时代的光辉。作为一个思想家，他的"国家现代化"、"乡村现代化"、"以经济建设为中心"以及社会改革、企业管理等思想与实践，至今仍有重要的借鉴意义和研究价值。作为一位社会改革家，他先后进行了民众文化教育、乡村建设、创办民生实业公司三大"创造集团生活"试验，都取得了辉煌成果。作为企业家，他爱国爱民、讲求诚信、廉洁朴素，不愧为中国企业家学习的楷模。

先谋后动绘蓝图

> 乡村建设在消极方面是要减轻人民的苦痛,在积极方面是要增进人民的幸福。造公众福,急公众难。……我们要做这样的事业,便要准备人、准备钱、准备东西、准备办法,尤其要许多人分工合作,继续不断地去办。
>
> ——卢作孚《乡村建设的意义》

1927年春,卢作孚出任峡防局局长后,即着手开展乡村建设。二十二年间,在以北碚为中心的嘉陵江三峡地区,兴办了大量的文化、教育、经济、交通建设事业。把北碚这个贫穷落后、偏僻闭塞、盗匪横行的小乡场,建设成了一座海内外知名的乡建"明珠"。在战火纷飞的年代,北碚为何能够独树一帜?这要先从北碚这艘航船的掌舵人——卢作孚如何思考乡村建设说起。

卢作孚先生的乡村建设探索并非是从他来到北碚才开始。其实,对中国乡土社会的建设思考,从此前很长时间开始就已经在卢作孚的脑海中孕育。直到他获得在北碚大展身手的机会,这些思想才有机会逐渐落地生根、发展壮大。

1910年,17岁的卢作孚加入同盟会,参加了四川保路运动,投身辛亥革命。辛亥革命后,他对武装革命有很多反思,并转而投身教育。1914年,他在合川家乡的中学担任教师,同时从事新闻工作。1921—1924年,他在四川军阀杨森的支持下在四川泸州、成都从事教育改革工作。但军阀政治的不稳定,造成了教育事业的不稳定。他痛定思痛,决定自主兴办实业,并以此为依凭开展社会建设。1925年起,卢作孚筹划创办民生公司。1927年,他在重庆北碚开始主持区域性的乡村建设综合实验。通过一步一步地酝酿,卢作孚逐渐形成了他独特的乡村建设思想,勾画出集教育、实业、社会多重内涵于一体的"建设救国"北碚蓝图。

一、"微生物"社会建设思想

1922年,29岁的卢作孚提出了他的"微生物"思想。他认为,在救国强国、改造社会的过程中,"'你应当是微生物,微生物的力量才特别大,才使人无法抵抗。'……看见的不是力量,看不见的才是力量"[1]。这里,"微生物"的比喻,充分体现了卢作孚的社会建设思想,并贯穿于他此后三十年的探索实践之中。

什么样的建设是"微生物"式的社会建设呢?卢作孚认为,"不是说得好听,是要有计划地继续努力"[2]。1923年,他以卢思之名发表了《一个根本事业怎样着手经营的一个意见》[3],他在文中指出,无论什么事业,都应该"大处着眼,小处着手"。而着手的第一要务在于人才的训练,而这种训练必须是依托于小规模的事业进行切实的"做事的训练"。其

---

[1] 凌耀伦、熊甫编《卢作孚文集(增订本)》,北京大学出版社,2012,第370页。
[2] 凌耀伦、熊甫编《卢作孚文集(增订本)》,北京大学出版社,2012,第369页。
[3] 凌耀伦、熊甫编《卢作孚文集(增订本)》,北京大学出版社,2012,第21页。

次,由于经费的紧张,且要尽可能不增加民众的捐税负担,所以社会建设"最初更宜以少的经费,经营规模小的事业,等到成绩显著,民众赞成以后,逐渐谋扩大的机会,便少许多困难的问题"①。同时,他还强调,"社会不是急遽改革得了的……所以我们应该用指导和帮助人的力量到最高度,而减强迫人的手段到最低度"②。

二、乡村建设的初期构想:《两市村之建设》

1925年,卢作孚离开成都通俗教育馆回到老家合川。他在合川对本地市镇与乡村进行考察,写下了《两市村之建设》一文,成为他开展乡村建设的早期蓝图。为什么选择市村呢?他说,"窃以为求在国内政治、教育、经济等各方面,有完美之改革及经营,最终固应普遍而彻底,最初则有其基址。就地方言,乃应以一市一村为起点;就事业言,乃应以一端二端为起点"③。而通过对以往经验教训的反思,这次他将事业的入手点选在了实业建设。他认为,巨额的社会事业建设经费,是地方政府难以支持的,也不能给本地乡民增加税捐。所以"在事业之效未著以前,主张树植经费之基础于实业之盈利上"④。

在这篇文章中,他将自己的实业建设计划分为两个部

---

① 凌耀伦、熊甫编《卢作孚文集(增订本)》,北京大学出版社,2012,第21页。
② 凌耀伦、熊甫编《卢作孚文集(增订本)》,北京大学出版社,2012,第22页。
③ 张守广、项锦熙主编《卢作孚全集》(第一卷),人民日报出版社,2016,第69页。
④ 张守广、项锦熙主编《卢作孚全集》(第一卷),人民日报出版社,2016,第69页。

分。一部分是合川县城南岸的市村的建设,另一部分是对重庆至合川之间三峡诸山经营林矿的想法。这两部分都是先从实业如何发展来进行计划,分析已有资源、资本、原料的情况,以及应该如何进行经营。同时,他把社会建设事业分为两个时期,第一个时期主要推进实业、交通等基础建设,在此基础上,第二期着手推进市村的建设。市村的社会建设包括了市场、规划、建筑、卫生、教育、娱乐、组织、经费等诸多层面。事无巨细且又层次分明、井井有条,他的这张建设蓝图,很多都在后来的北碚建设中得到了切实有效的施行。

更值得注意的是,他在这个时候就已经注意到了对嘉陵江三峡区域的全域性资源开发,而不是仅就一个地方谈一个地方。不是仅仅说合川,而是将重庆至合川的地域连在一起,进行整体性分析。他注意到三峡诸山存在林、煤等丰富资源,同时又存在运输不便的困难。这也成为此后他整体性推进"嘉陵江三峡乡村建设实验区"的认识基础。

卢作孚通过对合川南岸市村、三峡诸山的分析,设计了宏伟的建设蓝图。他认为,任何一个建设事业,都要从一件一件具体的小事开始。他分析认为,当时对于合川这种山区小县城而言,开发矿产、建设实业最核心的困难是交通。所以,需要首先开启"渝合间之轮航"①。于是,他说干就干,1925年10月11日,民生公司正式筹备。1926年6月,民生公司创立,并确定了"服务社会,便利人群,开发产业,富强国

① 张守广、项锦熙主编《卢作孚全集》(第一卷),人民日报出版社,2016,第72页。

家"的宗旨。7月,第一艘轮船——"民生"轮正式开始渝合线航行。同时,卢作孚对于合川和嘉陵江三峡整体社会建设的蓝图,则随着他1927年担任江巴璧合四县特组峡防团务局局长,以北碚为中心波澜壮阔地展开。

三、《乡村建设》——最早的系统乡建论述

1929年10月,卢作孚用很长的篇幅系统梳理介绍了他对"乡村建设"的理论与实践思考。这是我国近代历史上第一篇以"乡村建设"为标题进行系统论述的文章。全文共8章,对乡村建设的意义,乡村地位的重要,乡村的教育建设、经济建设、交通建设、治安建设、卫生建设以及乡村的自治建设8个方面进行了阐述。

卢作孚撰于1929年10月的《乡村建设》(封面)

在这篇文章中,卢作孚秉承了他的社会建设思想,同时进一步深化了对城乡关系的反思,提出了乡村在整体社会建设中的重要性和必要性。首先,他指出,"建设的意义是说:今天以前没有举办的事情,把它举办起来"。所以,它是创新性的、是改良性的、是以民生的幸福为目标的。而要向这个方向努力,卢作孚强调指出,乡村的地位至关重要。

当时，城市建设常被认为代表着现代化的发展方向。而卢作孚认为，乡村的地位不容忽视。卢作孚从政治、经济、教育三个方面分析了乡村的重要性，以及乡村正在面临的危机状况，其不仅在当时具有重要意义，对当今的社会建设与乡村振兴工作也具有重要的启发意义。

卢作孚先生的这篇文章更重要的意义在于，他同时提出了进行乡村建设的实践思路。在文章中，他以乡村的教育建设、经济建设、交通建设、治安建设、卫生建设、自治建设为题，分章节详细论述了应该怎样进行乡村建设。他在文章中论述的思路与措施，有一些是在北碚的建设工作的经验总结，更多的则是对未来工作的预期展望。

在这篇文章中，卢作孚先生的乡村建设思路已经比《两市村之建设》中的大纲式蓝图更加清晰，也更聚焦、更丰富。

通过本篇的简单梳理，我们看到了卢作孚关于乡村建设思想的逐步发展成熟的过程。那么，居于西南深山之中的普通小乡场北碚，是如何建设成上面所描述的这个美丽图景的？卢作孚先生的乡村建设思想，是如何在曲折中成功书写在巴渝大地上的？下面就将向您介绍北碚的乡村建设是如何一步一步实施的。

听卢作孚讲述乡建北碚[1]

建设的意义是说：今天以前没有举办的事情，把它举办起来。这是好多乡村朋友不很明白的。因为他们骤然见着今天以前没有举办过的事情，他们不会明白这事情的意义，你就给他们说得十分明白了，他们也是不会感觉这事情的需要的。因此他们见着你来举办这些向不经见的事情，不是大惊小怪至少也是会怀疑莫解的。

我举两个例子。一个例是：我们要改良巴县北碚市场的街道，许多老百姓便大骂特骂起来。说是：自有北碚场，便是这个样的街道，至少也有几百千年，大家走得好好的，你偏偏一来就见不得，走不得了！真怪！又一个例是：我们不要一个钱帮助各乡场的小孩子点种牛痘，许多人都劝别的人切不要抱小孩子来点种。他说：哪有这样做好事的？他今天不问你要钱，等害得你的小孩子要死了，他才问你要！

由这两个例看起来，乡村的朋友不但不懂得建设事业，而且不愿有，深怕有建设的事业；不但是无知识的人们是这样，尤其是那在乡村的地位很高，名望很好，权力很大的人是这样。因为他们另有建设的倾向，是他们向来把持着经营的。

---

[1] 节选自卢作孚：《乡村建设》(1929)，载张守广、项锦熙主编《卢作孚全集》（第一卷），人民日报出版社，2016，第148-149页。略有改动。

第一便是建设赌博,赌博愈多愈大便愈有希望。第二便是建设庙子、唱戏、酬客,一年大闹一两个月,是他们的面子。你要在场上去办一桩甚么建设事业,绝对找不出一文钱来。他们却是每天可以有千块钱以上的输赢,每年有万块钱以上的戏钱、席钱的开支。这些事业是他们要把持着经营的,因为他们可以摆面子出来,找钱进去,这便是他们建设的意义。

我们要提倡的建设事业意义却不同,在消极方面是要减轻人民的痛苦,在积极方面是要增进人民的幸福。怎么样减轻痛苦呢?是要他们少些骚扰,少些病痛,少些天灾,少些强力的压迫,少些不应该有的负担。怎么样增进幸福呢?是要他们多些收获,多些寿数,多些知识和能力,多些需要和供给,多些娱乐的机会。我们要做这样的事业,便要准备人,准备钱,准备地方,准备东西,尤其是准备办法。许多人分工合作,继续不断地办去。这便是我们要讲的建设的意义。

山乡北碚迎蝶变

最好的报酬是求仁得仁——建筑一个公园,便酬报你一个美好的公园;建设一个国家,便酬报你一个完整的国家。这是何等伟大而且可靠的报酬!它可以安慰你的灵魂,可以沉溺你的终身,可以感动无数人心,可以变更一个社会,乃至于社会的风气。

——卢作孚《工作的报酬》

如果从1927年卢作孚先生来到北碚任职开始算起,至1949年新中国成立,北碚的乡村建设持续了二十二年,是国内持续时间最长,最具系统性、全域性,效果最显著的乡村建设实践。这不是一个一帆风顺的发展过程,也不是一个一呼百应的建设过程,其中充满了曲折、辛酸与不屈不挠的经营智慧。其过程经过了峡防局、实验区与管理局的机构变迁,也历经了军阀混战、抗日战争和国统区复杂经济社会环境的考验。本篇从整体上鸟瞰一下这二十二年筚路蓝缕的路程。

北碚乡村建设的领导者卢作孚先生(右一)和卢子英先生(左一)1948年合影于北碚兼善餐厅外

一、1927—1936年：峡防局

1927年2月15日，卢作孚出任嘉陵江三峡地区江巴璧合四县特组峡防团务局局长。峡防局本身是一个负责清剿土匪的联防武装机构，不具有地方行政职能。但在不到十年的时间里，卢作孚依托峡防局开展以北碚场为中心，辐射嘉陵江三峡地区的乡村建设探索，初步形成了本地化的、相对完整的农工商现代产业体系。

峡防局做的第一重要工作是平定匪患、恢复地方安宁。在稳定社会秩序的基础上，才有了北碚此后顺利开展乡村建设的"和平红利"。在军阀割据、匪患频繁的年代，完成清匪工作，实现一方平安，并不是件容易的事情。卢作孚到任后即委任曾就读于黄埔军校的四弟卢子英为峡防团练局常练队大队附，开始对士兵进行改革、扩充、训练。他自己也多次冒着危险带队进山剿匪。他还采取了"以匪治匪、鼓励自新"的办法。一边施加清剿的压力，一边派人说服匪首投诚自新。凡自新的都给予生活出路，"化匪为民"，本地的回乡生产，外地的予以资遣，因此，杀戮不多，收效迅速。[1]

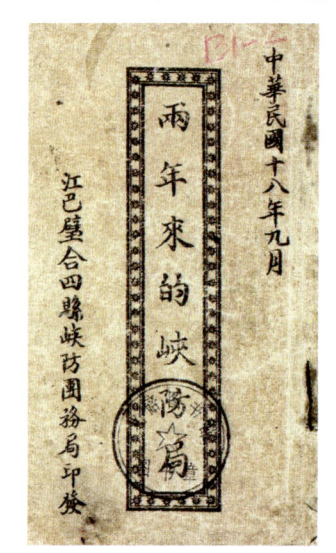

《两年来的峡防局》封面（1929年）

峡防局的团务工作不因清匪而结束，相反，这只是开始。

---

[1] 重庆市北碚区地方志编纂委员会编《重庆市北碚区志》，科学技术文献出版社重庆分社，1989，第160页。

他首先对峡防局的团防组织方式进行了改革,吸收新鲜血液。1928年至1934年先后招收峡区青年486名,编组为少年义勇队、模范学生队和特务学生队。1928年春,又成立学生二队,卢子英任队长,一面讲学,一面捍卫乡里。[1]其次,在"化匪为民"的同时,他也改变了峡防局士兵的定位。卢作孚认为,"使民众武力化,亦应使武力民众化。使无业的团丁,变成有业的人民,于严格的军事训练之外,更施以严格的职业训练。搜尽流氓,入此陶冶,陶冶成熟,便即遣散。……一方面可以消灭游氓,消灭未来的匪患,另一方面又可以增加民力,防范未来的匪患"[2]。

如何使"无业"的团丁和流民变成"有业"的呢?这就需要有新的生产和新的文化。峡防局在开展剿匪工作的同时,就开展了北碚本地的人的训练和实业建设工作。

首先是人的训练,除了对少年义勇队、学生队的军事训练和业务训练,峡区的民众教育、基础教育与文化建设工作也同步展开。1927年8月,北碚第一个现代公共文化场所——嘉陵江温泉公园建成开放。1928年2月,北碚场第一所高级小学——北碚实用小学创办。同年3月,"新媒体"地方报纸《嘉陵江》创刊。4月,北碚第一个图书馆——峡区图书馆在北碚关庙免费开馆。9月,北碚公共体育场建成。1930年,兼善中学创办。同年10月,中国西部科学院成立。1931年7月,峡区创设平民俱乐部,提倡平民教育,施行识字

---

[1] 重庆市北碚区地方志编纂委员会编《重庆市北碚区志》,科学技术文献出版社重庆分社,1989,第160页。
[2] 张守广、项锦熙主编《卢作孚全集》(第一卷),人民日报出版社,2016,第158页。

运动。1931年11月,北碚民众学校开学。一系列可以面向普通民众提供免费文化服务和教育服务的公共设施建立,把现代的文化观念、卫生观念、体育观念、生产观念、生活观念等带到了北碚山乡农民的生活之中。

北碚乡建故事

建造温泉公园

1927年卢作孚先生就任峡防局局长后,撰写的第一个文告,不是剿匪,不是征税,而是《建修嘉陵江温泉峡温泉公园募捐启》(1927年5月)。温泉公园前身为古刹温泉寺,历史悠久、风景秀美,但年久失修。前任局长胡南先曾倡议修缮,但因为耗资巨大而一直搁置。卢作孚就任局长后,不仅看到了温泉寺的自然风光和历史人文价值,更看到了它作为公共教育空间的现代社区建设价值,以及作为休闲产业的经济带动价值。于是,在经费极度紧张的情况下,以募捐的形式开工修建温泉公园。据《峡区事业纪要》(1935年3月)记载:"公园经费最初仅由峡局垫支四十元。以十四元宴集邻近团僧,仅余二十六元。以之召集石工百人兴工。工兴捐款未到。"在经费极度紧张的状况下,卢作孚采取"需款较小者,先行开工"的方法,并让峡防局的士兵和学生队加入建设工程之中,一边建设一边募捐,建成一部分开放一部分,一边营业一边继续建设,从而使温泉公园成功建设了起来。此后在火焰山修建的平民公园(今北碚公园)等很多公共文化设施,也是用这种方式,通过募捐筹款、以工代资等方式,在资金短缺的情况下一点一点建设起来。

资料来源:江巴璧合四县特组峡防团务局编《峡区事业纪要》,重庆新民印书馆,1935,第30页。略有改动。

其次是实业建设。卢作孚在偏僻山乡中引入各项新式经济产业,在几年中将北碚建设成三次产业业态完整、上下游产业链基本齐备的"现代生产陈列馆"。他首先在峡防局中增设生产部门,并积极引进、重组各种实业,发展交通建设,并在发展生产的同时完善消费合作支持、金融支持。在原有民生公司的基础上,整合北碚已有的煤矿、农产品生产、手工加工企业等。1928年9月,峡区农村银行宣布正式成立。1929年6月,北川铁路公司正式成立。1930年9月,原峡防局工务股染织部扩大规模,独立成为"三峡染织工厂"。1931年2月,民众消费合作社重庆、合川、峡区三方面的社员在北碚举行社员大会。1933年6月,天府煤矿股份有限公司成立。1934年2月,峡防局建立西山坪农场。同年4月,四川省第一条铁路——北川铁路建成通车,全长16.5公里……过去的"土匪窝",在几年之内面目一新,成为区域内的工商业重镇。

北碚乡建故事

北川铁路与丹麦工程师守尔慈

在卢作孚的乡村建设理念中,交通具有非常重要的作用,而且他认为现代化的交通"于城市与城市的联络以外,亦须逐渐谋乡村与乡村的联络,尤其要谋乡村输出输入的便利"。于是,他担任峡防局局长伊始,就开始组织建设四川第一条铁路——北川铁路,这也是一条建设在乡村地区的铁路。北川铁路自1927年开始筹备,1929年第一段通车,1935年3月全线通车。改变了以往北碚运煤全靠肩挑背负的局面,煤炭运力和经济效益大幅度提升。沉睡煤矿资源的开发提升,为其他工业产业的建设奠定了重要基础。

北川铁路建设中,有一位重要的国际友人不能遗忘,他就是曾任胶济铁路总工程师的丹麦专家守尔慈。守尔慈,1863年生,毕业于德国柏林大学,学识渊博,经验丰富。据《峡区事业纪要》记载,守尔慈来到北碚时已年逾六旬,但仍然精神健旺。当时,还没有准备好办公住宿地点,他就借住在存煤的"炭坪子"小木棚里办公。他与副工程师吴福林等开展调查工作,忍饥挨饿,跋山涉水勘测路线,"偕与工作之青年,反有不能胜其苦者"。施工期间,他更是日夜蹲守工地指挥,全程参与建设。经过整整一年的艰苦努力,北川铁路一期工程于1929年10月建成。

资料来源:江巴璧合四县特组峡防团务局编《峡区事业纪要》,重庆新民印书馆,1935,第53页。略有改动。

天府煤矿于1944年自制三台火车头,为全国首创

同时,作为对周边乡村进行辐射带动的中心——北碚

场,也开始了各项现代化基础市政建设与公共服务建设。1927年7月,开设了峡区第一座地方医院。1928年开始进行了大量街道改造与市容市貌改造工作,并逐步建设了多个街心公园、揭示牌(告示牌)。1931年11月,峡防局派人普种牛痘,与调查乡村户口同时举行。同年,北碚街市公共厕所落成,极大改善了北碚的卫生环境……

短短几年的时间里,一桩桩一件件工作,仿佛一幅美丽的画卷徐徐展开,匪乱猖獗的四县边境小乡场不见了,一座崭新的小城——北碚呈现在我们面前。我们看到,卢作孚和他的同仁们,是在以怎样的效率和热忱的干劲开展着北碚的乡村建设工作。更重要的是,北碚乡村建设的工作不是自上而下的命令推动,而是"深入到人们的生活内容里去找着帮助的机会,由帮助他们做,促起他们自己做,造起环境去包围了他们以改变他们的行动,由一个一个问题的解决以促起他们最后能够管理公众全部的事务,完成乡村自治的组织,担任乡村一切公共的任务。尤其是使这乡村现代化起来"[①]。

二、1936—1942年:嘉陵江三峡乡村建设实验区

随着蒋介石入川,此前在军阀治理下的防区管理体制逐步改变。1936年4月1日,经四川省府报国民政府行政院批准,撤销峡防局,设立"嘉陵江三峡乡村建设实验区"。自此,北碚由"峡防局"这一单纯的武装机构,转变为具有除财粮、司法、税收权以外的地方政区。实验区所辖区域包括

---

① 凌耀伦、熊甫编《卢作孚文集(增订本)》,北京大学出版社,2012,第282页。

5个乡镇：巴县属北碚乡、江北县属文星镇、江北县属二岩乡、江北县属黄葛镇、璧山县属澄江镇，实验区区署设于北碚。四川省府委任唐瑞五担任实验区区长、卢子英担任副区长，唐瑞五去世后，卢子英接任实验区区长。同时，实验区署以其"旨在促进乡村新建设"，自行组织乡村设计委员会。由区长聘请何北衡、卢作孚任正副主席，聘请区内文化、经济、游览、治安、卫生等事业的负责人及专家：黄云龙、邓少琴、张博和、卢尔勤、熊明甫、守尔慈(丹麦人，北川铁路工程师)等20余人为委员。①

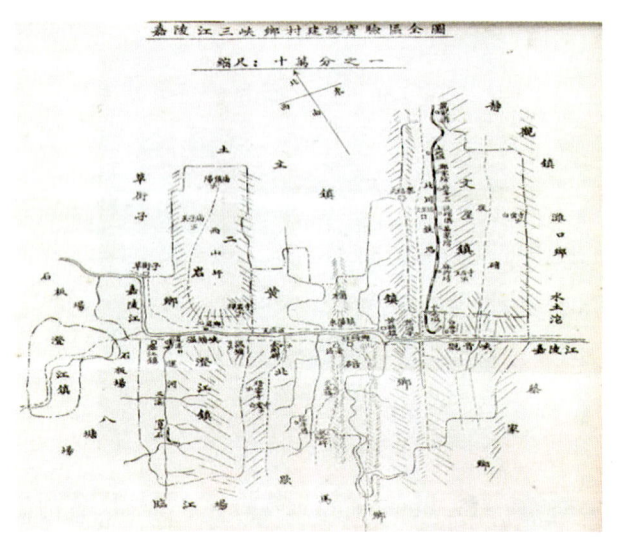

嘉陵江三峡乡村建设实验区全图

三、1942—1949年：北碚管理局

1942年3月1日，经四川省政府转报国民政府行政院批

---

① 重庆市北碚区地方志编纂委员会编《重庆市北碚区志》，科学技术文献出版社重庆分社，1989，第80页。

准,改嘉陵江三峡乡村建设实验区署为北碚管理局,卢子英任局长。自此,北碚由此前的一个行政权不完整的实验区,正式晋级成为完全的县一级地方政府,具有独立司法权和财政权。管理局隶属省政府,受专员公署监督。①

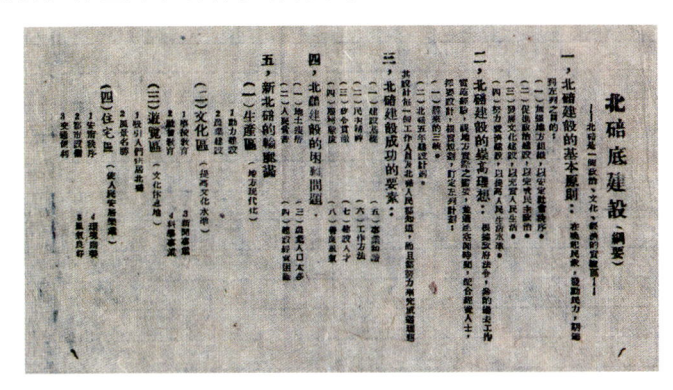

20世纪30年代实验区时期北碚建设宣传文告

这个阶段,是北碚乡村建设各项工作走向深化发展的阶段,也是北碚乡村建设集大成发展、社会影响迅速扩大的阶段。此前,峡防局已经以北碚为中心、辐射周边山区乡村开展了系统的乡村建设工作。实验区成立之后,各项已经发展的经济、文化、教育、卫生等事业,在卢子英的带领下更为深入地展开,大量专家人才和高校、研究机构汇聚北碚,文化创作活动空前活跃、丰富多彩。1944年,中国西部科学博物馆建成开馆。天府煤矿自制出中国战时大后方第一部火车头。高坑岩富源水电厂建成发电。卢作孚"一办交通,二办实业,三办教育"的愿景在北碚基本得以实现。

---

① 重庆市北碚区地方志编纂委员会编《重庆市北碚区志》,科学技术文献出版社重庆分社,1989,第81页。

实验区署成立于抗日战争爆发前夕。随着1937年抗日战争全面爆发,重庆成为战时陪都,大量工业企业、文化机构迁往重庆。由于峡防局时期北碚已经建成了很好的经济文化市政基础体系,再加上卢作孚先生组织宜昌大撤退的巨大贡献,内迁的很多机构都迁来了北碚。各界名人纷至沓来,各方资源向北碚汇聚。这也促成了北碚城区的迅速扩展与重新规划,带来了工商业整体的扩展提升,北碚居民的迅速增多,文化教育机构从质量到数量上的总体提升。北碚从规模上迅速从小乡场发展为比乡场更大的小城镇。随着建设效果的显著和社会影响的扩大,北碚成为战时的文化重镇、重庆的"小陪都""大后方模范区"。

《北碚》嘉陵江三峡乡村建设实验区署成立周年纪念专号(1937)

在卢子英的暗中支持和保护下,1938年,中共重庆市工委书记漆鲁鱼来北碚开展抗日救国会活动,进行党组织发展工作。当时的一些共产党员、共青团员和进步人士,也积极参与到北碚的乡村建设中来,在北碚的相关机构中任职、任教,同时以合法身份,在工人、学生中宣传抗日救亡,传播革命思想,培养团结了一批积极分子。

同时,中国乡村建设运动的倡导者黄炎培、梁漱溟、晏阳初、陶行知等都先后来到北碚,或参观考察,或扎根于此继续他们的工作。他们带来的全国各地的乡村建设经验,在北碚汇聚;总结了过往教训后的创新探索,在北碚展开。在卢作孚和卢子英的支持下,1939年,陶行知在这里建立育才学校,后在卢子英帮助下迁往合川。1941年,梁漱溟将他在璧山创办的勉仁中学迁到北碚。1940年,晏阳初在这里创办了私立中国乡村建设育才院,1945年扩充为中国乡村建设学院。1945年,晏阳初领导的中华平民教育促进会建立华西实验区,并在北碚设立办事处。晏阳初将北碚管理局划分为73个学区,每个学区设民教主任1人,共设立480所传习处,开始全面参与北碚的经济建设、文化建设、卫生建设、自治建设等。不同的乡村建设组织、人士与卢子英共同配合、交流经验,他们从平民识字、儿童教育、妇女教育、卫生教育、农产品品种选育、农民合作组织、抗战宣传与动员等诸多方面,在以北碚为中心的嘉陵江三峡地区开展了更为丰富和深入的乡村建设工作。

这一切,使北碚的乡村建设实践从诸多层面上得到了很大的提升,形成了中国近代乡村建设运动史上的又一个高潮,也成为大后方乡村建设的集大成之地。北碚乡村建设工作的社会影响也迅速扩大,吸引了各界人士前来参观考察,并在国际上受到了高度赞誉。

四、战后复杂的社会经济挑战

抗日战争结束后,国内政治局势动荡、经济危机深重,给地方建设工作带来了巨大的困难和挑战。同时,随着抗日战争的结束,之前迁来的很多政府机构、文化教育机构、研究机构、工厂企业大批回迁。这给北碚本地的经济社会发展带来很大影响。随着解放战争开启,国民党统治区的政治局势更趋恶化,经济也日渐不稳定,高速的通货膨胀以及频发的天灾人祸,都给本地乡村建设和人民生活带来了很多新的困难与挑战。1947年,卢子英谈到工作预算时曾说:"现在本局的经济状况很拮据,有许多开支如员工紧急救济费就不在预算内,而需要另外设法。从今年(1947)起,中央补助的米也没有了。预料本局明年的经济更为艰苦。"[1]

虽然面临重重困难,北碚管理局的乡村建设工作并没有止步,反而继续探索,开始走入深水区,更多地触及了农村的土地、民生保障、生产关系等方面的深层次变革探索。早在1943年3月,北碚管理局就已经开始筹办扶持自耕农示范区,征收朝阳十九保土地,分发农户领耕。1946年,北碚参议会正式成立,并在卢子英带领下,启动了诸多农地减租、土地改革的探索尝试。1949年,北碚管理局派员至各镇乡推行农地"二五减租",华西实验区北碚办事处在人员和资金上进行了协助。同时,晏阳初带领华西实验区的工作人员探索土地改革,尝试在朝阳镇十九保以农业生产合作社创立

---

[1] 重庆市北碚区地方志编纂委员会编《重庆市北碚区志》,科学技术文献出版社重庆分社,1989,第82页。

"社田",进行贷款。他在北碚及周边区县进行的乡村建设探索,也深入农村经济发展与民生改善的领域中,与卢子英形成了互相的支持、补充与合作。

面对抗战结束后的复杂政治、经济局面,卢作孚和卢子英仍然秉持一直以来的社会建设思想,紧抓经济、民生和教育建设,以不变应万变。1946年底,卢作孚与北碚工作骨干聚会时,共同畅想新北碚的建设。他提出,要有新的区域规划和设计,要将市区的工厂尽可能搬出,并指出未来的努力方向:要吸引人居住在北碚,要发展动力事业,要提倡果树园艺。他深情地说:"我对北碚事业之关切,超过我对民生公司经营的兴趣。"[1]1947年,北碚被定为四川模范省的"示范区"之一,卢子英说,"我们的理想是要学丹麦的农村建设和美国的田纳西流域动力基地建设。现本局的中心工作,以教育和建设为主"[2]。

在艰苦的时局环境下,北碚管理局的建设仍然保持了地方经济、社会、文化的稳定发展,并取得了很大的成就。1946年,梁漱溟在勉仁中学的基础上,在北碚金刚碑成立了勉仁国学专科学校,1948年更名为勉仁文学院,并在北碚撰写了著名的《中国文化要义》。1947年建成民众会堂。1949年10月,成功举办了农产品展览及中小学教育成绩展览。同年11月,北碚管理局作"应变"准备,局长卢子英调派地方武装

---
[1] 张守广:《卢作孚年谱》,重庆出版社,2005,第394页。
[2] 重庆市北碚区地方志编纂委员会编《重庆市北碚区志》,科学技术文献出版社重庆分社,1989,第82页。

并利用"军民合作站"发动群众,保证了北碚未受到国民党溃军过境的骚扰。12月2日下午,卢子英率领北碚管理局及北碚民众,欢迎中国人民解放军解放北碚,成功将北碚二十余年的乡村建设成果,完整地带入了新中国,开启了在中国共产党领导下,更深入、更全面的乡村改造与建设。

花园小城绽新容

　　以嘉陵江三峡为范围,以巴县的北碚乡为中心。始则造起一个理想,是要想将嘉陵江三峡布置成功一个生产的区域,文化的区域,游览的区域。

　　　　　　　　——卢作孚《建设中国的困难及其必循的道路》[1]

　　卢作孚曾经这样描绘他心中的乡村建设图景——生产的区域、文化的区域、游览的区域。这样的一个区域,她是人民忙碌而富足的,但并不一定要过分地富有;她是大众文明而快乐的,但不只是曲高和寡的文艺演出;她是环境美丽而舒适的,但不仅是用来售票的旅游区。正如卢作孚先生所说,"愿人人皆为园艺家,将世界造成花园一样"。北碚,便是这样一座美丽的花园,是具有审美性和创造性的乡村建设典范。下面,就让我们一起走

卢作孚先生手迹

---

[1] 凌耀伦、熊甫编《卢作孚文集(增订本)》,北京大学出版社,2012,第267页。

入这座花园,欣赏北碚乡村建设的图景,看看当时北碚人的新生活。

  一个可供游览的区域,不仅从外观上来说是美丽整洁的,是可以焕发山川之秀美的,同时也是可以滋养忙碌的内心的,是可以在游览的过程中有所学习、有所助益的。北碚就是朝这个方向进行规划建设的。卢作孚参观了德国人经营的青岛,就想到要把今后的北碚建设成一个大花园,有了一个可供模仿的模型,并进而把整个三峡布置成一个美丽的游览区。[①]

  1927年,卢作孚刚来到北碚时,这里只是一个有两条狭窄主街、几条巷道、环境非常脏乱的乡场。卢作孚给用于维护治安的峡防局赋予了新的功能,开展北碚市场区域的整顿建设工作。1928年随着匪患稍安,卢作孚亲自带领峡防局士兵进行街道测量、修正、拓宽,居民旧房改造等工作。仅仅用了一年多的时间,从北碚场开始,到峡区各乡场,都推行了整治。根据1929年《两年来的峡防局》[②]所描述,北碚开辟了新的码头,整齐了街道,平整了土地,新开辟了民生路。除此之外,还对市场区域进行了重新划定,明确了街道的名称,建立了揭示处,取缔了土地祠和尿缸,开辟了公共运动场,填筑了学园路,让北碚完全变了模样。

[①] 高孟先《卢作孚与北碚建设》,载周永林、凌耀化主编《卢作孚追思录》,重庆出版社,2001,第466页。
[②] 江巴璧合四县峡防团务局印《两年来的峡防局》,1929,第21-22页。

北碚乡建故事

清理"九口尿缸"

根据卢作孚在《我们要变,要不断地赶快变》(1943年)中回忆:"(最初的)北碚街道很小,小的街道中间,还有一条阳沟,每边只容许两人侧身而过。记得自己曾骑匹马,想到街上一游,即无法通过,而退了回来。街顶黑暗,不见天日,因避雨的关系(搭建雨棚),同时也就避去了阳光。街上非常之脏,阳沟塞着拉(垃)圾和腐水,现在顶好的一条南京路,就是当日有名的九口缸——九口大缸摆在街旁,任何人都得掩鼻而过。"

面对如此肮脏的环境,卢作孚带领峡防局官兵劝说北碚场的住户对街道进行清理。他们计划拆掉雨棚、填埋阳沟、撤掉尿缸修建公共厕所。但是,街道清理改建的工作最初并未得到乡民的支持,甚至有人骂道:"自有北碚场,便是这个样的街道,至少也有几百千年,大家走得好好的,你偏偏一来就见不得,走不得了!"

于是,卢作孚亲自带峡防局的学生队,一起冒雨进行清理。卢作孚率先顶着大雨跳进污臭的阳沟中淘挖垃圾污泥。他一次次的亲身示范,以及清理后的实际效果感动了北碚的居民。人们逐渐认同并加入了北碚场街道清理改造的工作中。终于取缔了之前恶臭熏天的九口尿缸、新修筑了公共厕所。仅仅过了一年,北碚场的面貌就焕然一新,呈现出整洁清新的面貌!

卢作孚对北碚场的市场建设结构做了认真的规划设计。北碚场原有的市场街道范围十分有限,在初期的环境改造完成之后,需要进行有序的拓展建设。卢作孚对北碚场的建设布局很有前瞻性,他参考了青岛的花园城市、哈尔滨的街道花木以及蛛网式市场等建设思路。他为北碚场引入了法国梧桐等诸多花木品种,时至今日,北碚城中的中山路、碚峡路、胜利路等街道上,梧桐树荫还在陪伴着北碚人的春秋寒暑。

1928年的北碚场

　　修整市场街道只是北碚社会建设的第一步。正如卢作孚先生说,要"用文化事业和社会公共事业将这市场整个包围了。另外造成功一种社会的环境,以促使人们的行动发生变化"①。由于市场是北碚本地城乡居民来往聚集比较多的区域,所以,卢作孚带领峡防局围绕着市场进行了一系列文化体育空间的建设。一个兼具经济、娱乐、文化教育、社会服务等多重功能的新北碚场应运而生。

---

① 卢作孚:《四川嘉陵江三峡的乡村运动》(1934),张守广、项锦熙主编《卢作孚全集》(第二卷),人民日报出版社,2016,第603页。

北碚的生产体系

北碚不仅有整洁美丽的外观,卢作孚先生期望北碚具有丰富的内涵,是一个生产的区域、文化的区域、游览的区域。下面先来看一下这个生产的区域是怎么样的。

一、服务社会的民生公司

卢作孚在创办实业之前曾经在军阀杨森的支持下进行过两次教育改造社会的实践,都由于军阀征战而不得不中断。卢作孚痛定思痛,深切地认识到:"在纷乱的政治局面下,依靠军人办文化教育事业易发生动摇,建立不起稳固的基础,每是随军事成败而人与事皆共沉浮,这是一个教训。"[1]于是,他决定要自己兴办实业,建立自主的经济实力,走实业与教育结合的"实业救国"社会建设路径。

1925年,卢作孚回到老家合川,在本地绅商友人的支持下,筹划创办民生公司,开展航运业务,定股本5万元,初期筹股8000多元[2]。1926年6月10日,民生公司于重庆正式创立,卢作孚被推选为总经理。当年7月,第一艘轮船——"民生"轮正式开始渝合线航行,当年实现盈利并开始发展壮大。以民生公司的成功运营为基础,卢作孚逐渐作为一个成功的航运实业家而被社会周知。

---

[1] 张守广:《卢作孚年谱》,重庆出版社,2005,第40页。
[2] 张守广:《卢作孚年谱》,重庆出版社,2005,第42页。

民生公司办公大楼

卢作孚并不是一个只为了自己赚大钱的企业家，而是一个通过实业建设社会的社会企业家。他在民生公司创立之初就确定了"服务社会，便利人群，开发产业，富强国家"的宗旨。他认为，"民生公司最后的意义决不是帮助本身，而是帮助社会"[1]。本着这样的初衷，位于北碚及周边地区的嘉陵江三峡乡村建设实验区，在一开始就和民生公司的成长相辅相成。卢作孚先生所倡导的实业生产，并不是一般的资本主义企业，而是具有社会企业的性质，不是投资人追求个人"利益最大化"，而更主要的是以社会建设为目标。民生公司对北碚的发展建设起到了很大的支持作用。一方面，民生公司直接或间接的陆续投资了北碚多项实业建设，为北碚建设带来了经济增量；另一方面，民生公司也为北碚的本地产业提供了更大的消费市场，例如，民生公司要求本公司员工统一着装公司制服，制服就是使用北碚的三峡染织工厂生

---

[1] 凌耀伦、熊甫编《卢作孚文集（增订本）》，北京大学出版社，2012，第188页。

产的芝麻色棉布缝制的中山服。

下面就介绍一下北碚支柱产业的企业之一——三峡染织工厂。

二、三峡染织工厂

为了有效地推动峡区的地方经济建设，卢作孚一上任，就对仅限于维持治安的峡防局进行改革，增加了生产建设的部门。1928年，随着匪患稍定，北碚的生产建设迅速展开，是年3月，他在《嘉陵江》报上刊登了《三峡可以经营的地方产业》这篇文章。对以北碚为中心的嘉陵江三峡地区的现有资源和产业潜力进行了综合分析和规划，内容包括：煤业、水力、水门汀厂、纸厂、森林、织造业、玻璃厂。经过分析，首先确定了由峡防局士兵参与建设兴建染织厂、缫丝厂、修枪厂的计划工程，在峡防局中开设了工务股，开展生产。

1930年，三峡染织工厂成立。卢作孚出川考察期间，在上海等地购买了大批先进的纺织机械运回峡区，将原来的峡局工务股染织部扩大规模、提质升级，独立成为"三峡染织工厂"。现代染织工厂的建设，使北碚场的工业生产能力取得了跨越式的增长。1939年，三峡纺织厂与常州大成纱厂、汉口隆昌染厂合并组成大明纺织染厂。

三峡染织工厂

三、天府煤矿股份有限公司

北碚地区煤矿储量丰富，1927年峡防局开展现代实业建设时，对此前粗放经营、技术低下的小作坊式煤窑开始进行整合、提升，形成几家现代煤矿公司。

1933年，在峡防局的邀集下，北川铁路沿线的同兴煤矿、福和煤矿、又新煤矿、天泰煤矿、和泰煤矿五家民营煤号开展联合经营，随即邀请民生公司、北川铁路公司投资。1933年6月24日，天府煤矿股份有限公司成立，资本额24万元，其中民生公司投资10万余元，其后公和煤矿等煤号加入，公司矿区范围达7.5公里。公司推选卢作孚担任天府煤矿董事长。北碚天府煤矿开采的煤通过北川铁路运至嘉陵江边码头，再用船运销至其他地方。天府煤矿公司成立后，经不断改造和建设，年产量达45万吨，成为战时大后方最大的煤矿。1938年，天府煤矿与河南迁川的中福公司联合组成了天府矿业股份有限公司。

天府煤矿公司

总而言之,卢作孚一直非常注意鼓励民营企业经营,包括本地企业和吸引外部投资。从1927年以来的二十余年间,通过招商、合资等方式,吸引了数十家企业落户峡区,包括嘉陵煤球厂、洪济造冰厂、利华玻璃厂、惠利火柴厂、广益化学工业厂、白矾厂、炼焦厂、自然电池厂、霍胥洞水电厂、燧川水电厂、富源水电厂、菜子沟炼钢房、金刚碑王姓炼钢厂、盛敬之铁厂、富毕铁厂、义瑞桐林公司、乐园种植公司等等[①]。这些工业企业立足于本地矿产资源、水利资源与农产品资源进行生产,雇佣本地乡民工作,逐步形成了包括农业种植与加工产业、工业、矿业等多元并进的本地产业发展布局。

---

① 刘重来:《卢作孚与民国乡村建设研究》,人民出版社,2007,第87页。

北碚的农业建设

一、北碚农村银行与消费合作社

早在1928年10月，北碚就成立了最早的、建设在农村的现代金融机构——北碚农村银行。这个银行带有信用合作社性质，附设了消费合作社。根据《峡区事业纪要》（1935年）记载，其时之股东和办事人皆系峡局职员，其管理权属于执监委员会，业务偏于贸易方面，存放款颇少。最初只有6人入股，股本45元，到1929年2月，股东增加到45人，股本为1025元。[①]

1931年7月，北碚农村银行进行改组，地址选在缙云路，后迁至文华路。改组后，农村银行将执、监委员会改为董、监事会，选聘了经理，制定了组织章程。卢作孚兼任董事长。银行以"服务农村社会，发展农村经济，提倡农村合作"为宗旨。业务范围扩大，开办活期存款，以小额存贷的方式，服务农民生产生活，

北碚朝阳镇合作社社员代表大会合影（20世纪40年代）

[①] 史辉：《卢作孚创办的北碚农村银行》，《四川金融》1988年第6期。

提出"五角可存，五元可放，十元可汇"。增加了对农村合作社的信用放贷、票据承兑贴现、金银证券买卖与代理收付等10项业务。[1]另外，还设立了贸易部，做商业经营，由银行为其投资，但会计独立、自算盈亏。

北碚乡建故事

北碚农村银行

仅在1935年，北碚农村银行一次就增加农贷5千元，经常借还款的农民约有400户。同时，农村银行还向工商业投资。工业方面，有91%的投资是用于支持棉纱业，同时北碚农村银行也支持了水土沱的酿酒业。商业方面，投资消费合作社经营的谷米、纱布、盐和煤油等日用必需品，便利乡镇人民。同时，由于当时不同地区使用的货币不统一，银行还在合川与重庆之间办理汇兑，解决了不同地区间结算困难的问题。

（数据来源：史辉：《卢作孚创办的北碚农村银行》，《四川金融》1988年第6期。

到1933年，短短两年间，北碚农村银行的实收股本就已经增加至4万元，各项存款由最初的1600元增加至104786元，各项放款由最初的3300元增至148105元。银行后来又在重庆、合川、广安等地扩充或新设办事处，并委托信誉好的川帮银行代理业务。[2]农村银行的经营，极大地促进了北碚及周边农村地区的工商业资金融通，便利了乡民的生活，活跃了民间经济产业发展。

---

[1] 史辉：《卢作孚创办的北碚农村银行》，《四川金融》1988年第6期。
[2] 史辉：《卢作孚创办的北碚农村银行》，《四川金融》1988年第6期。

当时,由于民国政府的金融制度不完善,北碚农村银行没有能够在财政部注册。1937年,随着四川省政府筹设省农民银行,北碚农村银行解散。直到1942年,嘉陵江三峡乡村建设实验区署改组为北碚管理局。管理局局长卢子英经多方协调、筹资,1945年7月,正式成立北碚银行。

二、农业生产的改良

在乡村农业生产建设方面,卢作孚非常注重土地的改良、品种的改良,以及现代农机具的使用,并在合作生产、合作销售等方面作出了有益的尝试。1934年,峡防局官兵屯垦西山坪,后创办西山坪农场苗圃。在1936年实验区署的《十年来之经济建设》中,总结了农畜生产中的各项工作,包括了作物选种育种、畜产改良、耕种方式改良、病虫害防治、农机具改良等方面的工作。还制定了全面详细的计划,内容包括粮食类农作物(水稻、玉米等)、蔬菜种植、土壤肥料、森林、果树、病虫害、畜牧(包括养鸡、鸭、牛、羊、兔、猪、鱼)的各种改良方式。[①]

西山坪农场工人在中国西部科学院专家指导下进行生产

① 刘重来:《卢作孚与民国乡村建设研究》,人民出版社,2007,第89—97页。

有趣的是,当时的他们就已经在农村组织合作社,并通过合作社运销农产品,可做到在二十四小时内将新鲜鸡蛋运销至重庆、合川市场。这是在今天的农产品配送销售模式中,通过生鲜冷链和现代物流技术配送,才能做到的事情。而卢作孚在八十年前就已经在北碚作出了探索。[1]同时,在农机不足的情况下,由民生公司机器厂根据从上海购回的打谷机仿制打谷机,租给本地农民使用,既提高了农业劳动效率,也让农民认识了新型农机具。[2]

---

[1] 刘重来:《卢作孚与民国乡村建设研究》,人民出版社,2007,第94页。
[2] 刘重来:《卢作孚与民国乡村建设研究》,人民出版社,2007,第91页。

北碚的交通建设

卢作孚一直非常重视交通运输业以及道路电信等基础设施和配套设施建设。他认为"要繁荣市面,必需要交通"[①]。

一、北川铁路公司

1927年8月,卢作孚上任不久,就邀当地士绅筹备组建"北川民业铁路股份有限公司",民生公司入股8万元。1929年10月,北川铁路首段铁路通车,1934年,在北碚全线贯通,总长16.8公里,成为四川第一条铁路。它的建成标志着近代重庆工业革命迎来了新的起点。北川铁路从北碚天府煤矿矿区到嘉陵江边的白庙子码头,主营运煤,改变了人力运输效率低下状况,矿区煤的"日运量由400吨上升到2000吨"[②]。北川铁路的修建和运营,提高了煤矿运能,煤矿资源开发能力的提升,又为其他工业产业的建设奠定了重要基础,极大地促进了嘉陵江三峡地区产业的发展。

北碚的北川铁路,是中国第一条建在乡村、服务乡村的铁路,也是整个四川的第一条民营铁路。北川铁路的建设采

[①] 凌耀伦、熊甫编《卢作孚文集(增订本)》,北京大学出版社,2012,第391页。
[②] 重庆市北碚区地方志编纂委员会编《重庆市北碚区志》,科学技术文献出版社重庆分社,1989,第284页。

北川铁路（1942）

用了当时国际上先进的铁路建造技术，特别聘请了曾任胶济铁路总工程师的丹麦专家守尔慈。守尔慈毕业于德国柏林大学，来到北碚时已年逾六旬，但仍然精神健旺[1]。当时，还没有准备好办公住宿地点，他就借住在存煤的"炭坪子"小木棚里办公。他带领工作团队在北碚的大山之中勘测铁路建设路线，"偕与工作之青年，反有不能胜其苦者"。整整一年艰苦的测绘和修建准备，保证了北川铁路一期工程于1929年10月的建成。

起初，北川铁路运输使用的是通过上海祥臣购进的德国产蒸汽机车。为了降低购买成本，由天府煤矿股份有限公司组织技术力量，于1944年10月自制出自己的第一部蒸汽火车

守尔慈全家合影

---

[1] 项锦熙：《守尔慈——北碚不能忘记的人》重庆市北碚区博物馆，https://www.sohu.com/a/376714621_817939，访问日期：2020年02月29日。

头,并定名为"21号",这也是中国战时大后方的第一部自制火车头。

二、乡村电话与邮政局

为了保障信息的便捷沟通,峡防局专门架设了电话线并开设了邮局,使北碚成为四川第一个拥有电话的乡村地区。"四川有乡村电话,当以本区为首创"[1]。1928年9月,卢作孚带领峡防局士兵和学生队,深入乡村开展架设电话线的工作。当时,没有专业的工程师,卢作孚便自己来承担设计架设路线的工作,并亲自率队施工。至1930年3月,整个嘉陵江三峡地区就完成了重庆至合川的电话线网建设,峡区各场镇都有电话机,可以与重庆、合川之间进行通话[2]。而此时重庆市内尚未设置公用电话。至1935年,峡区各场周围较大些的幺店子及周边工厂学校也都安装了电话[3]。

1930年9月,峡防局函商东川管理局,获准在北碚成立了三等邮局,结束了乡村地区没有邮局的历史。随后,峡防局于全区乡村开办了邮路,在全区各场镇以及温泉公园和夏溪口白庙子设置了乡村邮柜。邮局经营信件、货物邮寄业务和汇款业务。最初邮局邮寄业务销售邮票每月只有"百余元,汇兑二三百元",之后随着商贸往来的增加,业务量逐年

---

[1] 黄子裳、刘选青:《嘉陵江三峡乡村十年之经济建设》(1937),载北碚图书馆编《北碚月刊(1933—1949)》第二册,国家图书馆出版社,2018,第327页。
[2] 张守广:《卢作孚年谱》,重庆出版社,2005,第61页。
[3] 黄子裳、刘选青:《嘉陵江三峡乡村十年来之经济建设》(1937),载北碚图书馆编《北碚月刊(1933—1949)》第二册,国家图书馆出版社,2018,第327页。

增加，至1935年邮票销售"已达二三百元，汇款益多矣"[1]。

> **北碚乡建故事**
>
> ### 重庆最早的乡村电话线
>
> 1928年9月，卢作孚组织峡防局士兵和学生队，架设峡区第一条乡村电话线。半年之内，整个嘉陵江三峡地区就完成了电话线网建设。通过架设电话线路，卢作孚不但希望能通过电话让北碚与大山外的世界更好地连通，也不忘在任何工作中开展教育，他希望使士兵得到架设电话网线的培训，拥有一技之长。
>
> 根据卢作孚之子卢国纶先生的回忆，卢作孚先生在乡村架设电话线的时候，还会邀请在附近围观的农民来参观，现场体验怎么打电话。这些新奇又具有趣味性的举措，受到了北碚百姓的欢迎，也起到了很好的文化教育效果。
>
> 资料来源：卢国纶先生访谈口述

在公路建设上，北碚开通了两条对外连通的马路。北碚位处重庆西北部乡村地区，因山梁相隔，陆路交通不畅。因此，峡防局从各处争取经费，修筑了两条从北碚通往外部的公路。一条是由北碚到青木关段，行程45公里。另于1936年修筑了一条公路衔接成渝公路，全线30公里。

本就具有嘉陵江航运优势的北碚，在卢作孚推行的乡村交通建设中，拥有了现代铁路公路的便利交通条件，以及电话、邮政的信息沟通条件。同时峡防局官兵还治理了北碚河

---

[1] 黄子裳、刘选青：《嘉陵江三峡乡村十年来之经济建设》(1937)，载北碚图书馆编《北碚月刊（1933—1949）》第二册，国家图书馆出版社，2018，第328页。

滩、疏浚了嘉陵江河道,通过民生公司的经营让航运优势进一步加强。从此,北碚不再是一个闭塞落后的小乡场了,她有了与外界市场对接的便利条件,也有了让本地企业稳定生产的环境条件和基础设施。本地经济生产日益繁荣起来。

到了抗战时期,也因为这些便利条件,北碚成为很多工厂企业内迁的首选之地。通过多元地系统发掘和整合地方资源,吸引外界投资,北碚地区逐步促成了多门类的产业集群(包括交通、能源、金融),进而为北碚作为"生产的区域"夯实基础。这也正是卢作孚"生产的陈列馆""现代的模型"目标与理念之所在——整体性产业建设所实现的,不仅仅是经济的发展,更是真正的社会建设。

北碚的公园建设

北碚建有很多公园,包括温泉公园、平民公园、运河公园、黛湖公园等等。卢作孚提出:"凡有市场必有公园,凡有山水雄胜的地方必有公园,凡有茂林修竹的地方必有公园,凡有温泉或飞瀑的地方必有公园,在那山间、水间有这许多自然的美,如果加以人为的布置,可以形成一个游览区域,这便是我们最初悬着的理想——一个社会的理想。"[1]

北碚依山傍水,具有极佳的生态资源。但此前由于土匪横行,反让青山绿水成了穷山恶水。卢作孚出任峡防局长后,发出的第一个文告便是《建修嘉陵江温泉峡温泉公园募捐启》。他开篇就指出"嘉陵山水,自昔称美"。这样美好的环境,我们怎么能浪费呢?他在募捐启中憧憬,当温泉公园建好后,"学生可到此旅行;病人可到此调摄;文学家可到此涵养性灵;美术家可到此即景写生;园艺家可到此讲求林圃;实业家可到此经营工厂,开拓矿产;生物学者可到此采集标本;地质学者可到此考查岩石;硕士宿儒,可到此勒石题名;军政绅商,都市生活之余,可到此消除烦虑。人但莅止,咸有裨益"[2]。

---

[1] 凌耀伦、熊甫编《卢作孚文集(增订本)》,北京大学出版社,2012,第267页。
[2] 凌耀伦、熊甫编《卢作孚文集(增订本)》,北京大学出版社,2012,第49-50页。

1927年5月,卢作孚带领峡防局官兵开始在原有温泉寺基础上兴建嘉陵江三峡温泉公园。1927年,在经费十分紧张的情况下,由峡防局的官兵承担了修建工作。最初由30名官兵开启工程,1928年春增加1个中队的士兵。为了推进工程进度,1929年由卢作孚亲自带队指导峡防局全体职员官兵投入建设,用了三个月的时间,终于初步建成温泉公园主体。①

公园并不仅仅是风景游览区,它还可以成为连接枢纽,撬动旅游观光、住宿、餐饮、娱乐、文化交流等多重具有商业价值的业务。本地农业、工业产品也可以在游览区域进行贩卖、展示,形成对原有场市贸易区域的拓展。所以,北碚的文化旅游产业是没有围墙的,整个北碚都是旅游的景区,生产事业与文化事业通过游览而融合在一起对外展示。

在峡防局制作的《峡区游览指南》中,这样介绍北碚游览区。首先,为游客设计了六日游览路线。进入峡区的第一天就是温泉公园,这里提供了温泉休憩、嘉陵饭店用餐和游览指导。第二天是缙云山,其内容不仅包括了山上诸多景点与缙云寺,还将毗邻的金刚碑炼钢厂纳入参观路线之中。第三天进入北碚场区域,民众俱乐部在此承担了游客服务中心的功能,不仅可以联系参观峡防局政治股,而且还把围绕着场市建立的各项社会事业都列为了旅游景点,包括:三峡厂售货处、峡区地方医院、民众会场、第一特务队、公共图书馆、公共体育场、新营房、露天娱乐场、兼善学校大礼堂及宿舍、

---

① 张守广:《卢作孚年谱》,重庆出版社,2005,第56页。

平民公园、博物馆、动物园、女子职业学校、兼善学校中学部、兼善学校小学部、峡区民众教育办事处、嘉陵照相馆、峡防局、理化研究所、生物研究所、地质研究所、三峡染织工厂、北碚农村银行、民众俱乐部。24个景点按顺序参观完后，可乘船渡江继续参观农林研究所及农场和气象测候所。第四天的游览项目是北川铁路，沿途参观天府煤矿公司、洪济水力造冰厂及其水源、嘉陵煤球厂等。第五天沿宝源运河游览义瑞桐林公司、夏溪口第三特务队、运河公园、宝源新式煤厂、禅岩寺。最后第六天再由温泉公园离开北碚。

卢作孚主持修建的平民公园（20世纪30年代）

这份《峡区游览指南》，完整地展示了峡区的事业、风貌和文化，更是将各项事业与产出串联起来，以完善的服务吸引游客的支持，引导资源的集聚。游览介绍并没有过多地介绍本地的自然风光与民俗文化，而是详细地列出了本地物产，以满足游客购买特产或对接合作的需求，并且提供了细致的导游服务。

这些公园既是美丽的景观，也是带动经济的文化产业，同时更是本地乡民的公共生活空间。在传统乡村社会中，公共休闲生活是非常缺乏的。此前常被赌博、抽大烟等活动所充塞。大量公共文化设施在北碚的兴办，是对农民传统闲暇生活方式的改造。卢作孚通过增加农民的公共生活，来拓展他们的公共视野，培养其健康向上的文化兴趣。

　　所以，北碚这个花园小城的美丽，不仅在于她优美的环境，还在于其生产、生活皆具有游览和学习的功能。卢作孚不放过一切的机会，创造让人游览参观体验现代生活的场景，他希望借此对民众产生耳濡目染的影响，潜移默化地形成新的生活方式。

北碚的市民自治会

卢作孚在北碚的建设工作，有一个非常有效的机制——"市民自治会"。通过激发本地乡民内在的积极性，形成了共建共治共享的现代治理模式。这一模式极大地降低了峡防局的治理成本，很好地调动了民众改善自身生活环境的主动性。

卢作孚介绍了这样一个市民自治会解决公共事务的例子：

> 我们利用人们农隙的时间作副业的工作，更利用人们工余的时间做社会的工作。促起大众起来解决码头的问题、道路的问题、桥梁的问题、公共集会或游览地方的问题、公共预防水灾、火灾的问题、公共卫生的问题，不但是大众出力、大众出钱，而且是大众主持。由这些具体的活动以引起大众管理公共事务的兴趣，以训练大众管理公共事务的方式，以完成地方自治的组织，尤其是进入现代的经营。举一个例：北碚面临嘉陵江，高出江面八丈以上，然而是要被洪水淹没的。后面被一条溪围绕着，中央高而周围低，每被洪水淹没的时候，市场的人无法逃避。最好是将溪流填了起来与北碚一样平，作人们逃避的道路，而且增加了现在无法发展的市场到一倍以上的地面。分头征求市民的意见都很赞成，于是召集一次全体市民会议，决定全市总动员。除市集的日期外，八百五十余家人，每家人皆担任运石、运泥，每天由一挑以至五挑。各种营业的人，不问卖

米的、卖肉的,都出钱,都由他们决定。尤其是私人的厕所,由警察指定为公用,一向粪是肥料,年有收益,仍然是私人的;召集这许多私人一度会议之后,这许多收益都让归公有了。这许多钱来雇用筑堤的工人,每天加以数百市民在那里工作,狂呼歌唱,非常热烈。许多老年人亦常在那里欣赏他们的工作,尤其是选举了二十位执行委员,必常常有人在那里照料、指挥并处理各种问题。每夜必开会一次,都列席,列席的人都发言。对于一个问题必提意见。必考虑批评他人的意见,必得一个共同承认的方案。我们偶然去参加两次会议,亦震惊他们勇往和紧张的精神。谁说中国人无办法?最有办法的乃是老百姓!谁说公众的事情做不好?你看这一群老百姓是何等做好他们公众的事情!"[1]

北碚乡建故事

北碚修路过程中市民们的积极主动参与

帮助社会修路既经决定,当时即组织一个委员会,一度召集市民大会来讨论进行方法,议决路基泥土,由市民挑往填筑。最初以为一定无人愿挑,殊到后来,竟有预先挑来预备起的。其次又感觉无款,复议决将私人所有的公共厕所,收归公有,就是厕所出款,全由公家收入,每年只付相当租金于业主。一时北碚的公共厕所,统统被没收了,大家都高兴赞成。

夏溪口,宝源煤矿公司修有铁路,用人力来拉炭车,路的地基,是向各地主租用的。后来因路线略有变更,把原租路基地皮退还。当时驻夏溪口的特务队队长,商量各地主,就此旧路基,另修一条公路,由运河直至公园。初以为不易办到,殊各段

---

[1] 凌耀伦、熊甫编《卢作孚文集(增订本)》,北京大学出版社,2012,第281页。

> 地主，以事属公共建设，不但愿意，而且不取租金，自愿捐出地段。而这条公路线中间某一段，又恰恰与铁路改道后的路线重复，势必要另外通过一段地方修造，觅出路线上的各地主，也愿意捐出地段，并正在土中的青苗都不取值。这种乐于公共建设的情况，中国人何尝自私自利。
>
> 资料来源：《中国人并不自私自利，只看社会的影响如何》（1935年），载张守广、项锦熙主编《卢作孚全集》（第二卷），人民日报出版社，2016，第696页。

卢作孚利用农闲时间、工余时间训练大众管理公共事务的能力，通过多元化社会参与实践，推动城乡治理现代化。以社会动员和公益集资等方式，开展多种形式的民众活动，培育现代集团生活，将乡绅、农民和商户转变为具有新知识、新道德、新生活的现代人，参与到城市的各项建设之中，实现人的现代化。通过参与乡村建设活动，实现了政府、公众对城乡发展的共建共管，促进社会福祉、公共利益的普惠化。

这些工作，训练了大众管理公共事务的能力，使其参与到本地区的各项建设之中，推动了城乡治理能力提升。共治共享的乡建精神，也高度契合了习近平总书记提出的"人民城市人民建""人民城市为人民""贯彻以人民为中心的发展思想"。

兼善文化育新民

卢作孚的眼光非常长远,在他看来,创办实业也好、建设实验区也好,其根本目标在于训练能够适应现代新社会的人,即教育的工作。而他对于教育之本质的认识在于培养能改善社会的人,即"学校不是培育学生,而是教学生如何去培育社会"①。卢作孚为他创办的学校命名为"兼善",取自孟子"穷则独善其身,达则兼善天下",意在以培育新人来建设一个美好的北碚,进而建设美好的国家和社会。

在北碚这个花园中,卢作孚希望其中居住的人是建设社会的新型人才,可以拥有更美好的生活方式与新的文化。他认为,新人与新生活的核心在于建设"现代集团生活"②。现代集团生活包括三个主要因素:"第一是整个生活之相互

卢作孚先生手迹

---

① 卢作孚1936年12月为临江小学校纪念办学23年《临江小学一览》一书写的题词。
② 凌耀伦、熊甫编《卢作孚文集(增订本)》,北京大学出版社,2012,第187-188页。

依赖,而不是仅仅生活之某点所需;第二是集团间之悬为标准相互争夺或相互比赛;第三是因维持前两项的集团关系,有强有力的规定人们行动的道德条件。"[①]为了在乡村地区建设新的生活、培育新人,就需要开展教育的革新和普及,构成新的社会文化。

一、实用小学

卢作孚推行的文化教育建设,是有选择和方向的。既不是直接照搬城市里盛行的西式教育体系,也没有沿用乡村传统私塾教育的儒家学说教条。他结合本地具体的实业建设和现代生活建设需要,提出了"实用教育"。他的实用教育就超出了职业教育、技术教育的层面,而更具有人文性和开放性。

卢作孚非常重视基础教育的普及和实用。1928年,他接任峡防局局长的次年,就在北碚创办了"实用小学",1932年春并入兼善中学附属小学部。"实用"二字,体现出教育服务社会的理念。对于实用教育的宗旨,他提出,第一要"改革一般读死书的陈法,训练儿童有应用知识的能力,可靠的行为",第二要"预备以此校试验新的教育方法,并养成新的小学人材。进而改良其他的学校"。在教学方法上,实用教育也不拘一格,"每科都从实际生活中提出问题,作为教材,不限于讲堂上,不限于教科书,随时随地用各种方法训练儿

---

① 凌耀伦、熊甫编《卢作孚文集(增订本)》,北京大学出版社,2012,第257页。

童运思,谈话,作事,作文"①。1936年,经调查,峡区内的学龄儿童约为11759人,于是全峡区增设义务小学75所,把旧有各镇小学或两级小学,一律改设完全小学校②,总计有教师106人,学生2954人,③入学率提高到22.06%。小学教师经由峡防局集中培训后任用。同时,市镇中心的小学再与周围乡村中的私塾相配合,形成了完整的基础教育网络。

二、兼善中学

1930年秋,卢作孚创办了兼善中学,校名出自《孟子》中的"穷则独善其身,达则兼善天下"。他对这所中学的理念是"建立一个符合时代的中学,训练出的学生是生产的而不是享受的,是平民的而不是特权的,是前进的而不是保守的,是强有力的而不是懦弱的,为教育寻求一条正确的道路,为国家训练无数的人才"。兼善中学初中第一班临时设在北碚的火焰山东岳庙平民公园。随后,在平民公园侧旁修建了新的校舍(后称"红楼"),于1932年3月启用授课。至1939年,为了躲避日军轰炸,兼善中学再次搬迁,并于同年增设高中部。

北碚小城不仅有普及的实用小学,完备的中学,还有专门培养乡村建设人才的大学。在卢作孚和卢子英的支持下,1940年,晏阳初在北碚建立了私立中国乡村建设育才院,后经当时民国教育部批准提升为乡村建设学院,成为一所独特

---

① 江巴璧合四县峡防团务局编印《两年来的峡防局》,1929,第15页。
② 完全小学指包含初级小学和高级小学两部分的小学。
③ 黄子裳、刘选青:《嘉陵江三峡乡村十年之经济建设》(1937),载北碚图书馆编《北碚月刊(1933—1949)》第二册,国家图书馆出版社,2018,第296页。

的乡村建设高等学府。

三、民众教育与社会教育

北碚乡村教育事业非常重要的特色是,灵活多样的民众教育、社会教育。卢作孚提出"义务教育与社会教育,以普及为度"①,因此特别强调要让教育覆盖到大多数的人。为了开展社会教育,1931年11月,峡防局专门成立"民众教育办事处",开展各项社会教育组织工作。为服务于不同群体的受教育需求,北碚有专门为贫苦劳动者开办的"力夫学校""船夫学校",有针对妇女的"妇女学校",有扎根社区的"挨户学校",还有趁赶场时人员集中开展宣传教育的"场期学校",等等。另外,民生公司还根据本地企业的需要在北碚开办各种专业培训班,比如"水手班、茶房班、理货员班及护航员班等,前后培训了1000余人"②。

整个北碚市镇亦被布置成学习的环境。在北碚街头人流较多的地方,设置了很多"揭示牌",张贴《嘉陵江报》、海报图画等宣传品。还在"各茶社、酒店里都张贴着一切国防的、产业的、交通的、文化的和生活常识的照片、图画,都悬着新闻简报的挂牌,在市集正繁盛的时候都有人去作简单的报告……每一个地方有人进出的时候,即是实施民众教育的时候"③。

---

① 凌耀伦、熊甫编《卢作孚文集(增订本)》,北京大学出版社,2012年,第25页。
② 卢国模:《八十年前的北碚少年义勇队》,《红岩春秋》2010年第2期。
③ 凌耀伦、熊甫编《卢作孚文集(增订本)》,北京大学出版社,2012,第280页。

峡区民众教育办事处　　当时编写的资料
《传习教育在北碚》

  在农业方面,鉴于北碚农业生产比较落后,卢作孚很早就开始带领峡防局进行农业技术与品种改良的实验,并通过文化宣传和教育的途径向农民进行普及。中国西部科学院成立之后,科学院的农林研究所在进行农林技术研究的同时承担了农民教育的工作。其内容包括,在北碚周边乡村地区组织举办农民夜课学校,专设农林图书编辑处来编纂科普读物,设置农业展览室、农林图书馆、农林读书会,为农民提供农业生产技术知识普及与推广协助等工作。在本书中会有专门的章节介绍中国西部科学院的建设与组织和科学院农林研究所的工作,这里就不详细描述了。

  总之,北碚的文化建设与生产建设是相辅相成的。北碚广泛和基础性的文化教育工作,为北碚诸多生产企业提供了一大批训练有素且理念认同的高素质人才,降低了企业的人力建设成本。同时,众多企业商铺的平稳发展,也为本地居民提供了稳定的就业机会与各项社会建设的坚实物质基础。

公众服务惠平民

1927年之前的北碚场，甚至整个峡区，都没有一家图书馆、体育场、现代医院和现代学校。医疗教育服务由本地村医和乡镇私塾提供，而公共读书与公共体育运动空间并不存在。1927年开始，峡防局一边治理匪患，一边开始在北碚场及峡区市镇逐步推进公共文化服务空间建设，且免费或低收费地向所有乡民开放，包括平民图书馆、民众会场、平民公园、博物馆、动物园、公共体育场、峡区医院等。各项新建的公共设施为北碚场的城乡居民提供了之前乡村地区难以获得的公共服务，并承担着面向全体民众的社会教育功能。

一、平民图书馆

卢作孚到任峡防局次年就在北碚市场附近开设了图书馆。1928年，峡防局创办峡区图书馆，1933年更名为民众图书馆，为北碚居民提供图书借阅服务。

图书馆创立之初，只有四百多本书，用北碚场上的关帝庙作场地。当时的乡民根本不知道什么是图书馆，最初日常只有两三人来看新鲜。经过长时间的不断宣传和扩充，到1935年，每天到馆阅览的人可有百余人之多。同时，峡区图书馆还提供图书报刊给附近的澄江镇、黄桷镇、水土沱设立分馆。并特设巡回文库，巡游于峡区各市镇乡间，提供免费的图书报刊阅览服务。在各市集的茶馆中也设有图书陈列。中国西部科学院成立后，逐渐建设了科学院图书馆并对外开放，和峡区图书馆一起将标本照片等张贴于茶馆之中，供人参观。

抗战胜利后，1945年11月，由民众图书馆、中国西部科学院图书馆和民生公司图书馆合并组成北碚图书馆。建馆之初即选出晏阳初、卢作孚等15人组成北碚图书馆理事会，由晏阳初任理事长，张从吾为首任馆长，馆址选在红楼。

左图为当年的北碚图书馆，右图为今天仍然矗立的北碚红楼

二、平民公园

北碚平民公园建设于1929年，由峡防局学生队的年轻人们修建。平民公园位于北碚市场附近的火焰山上。公园使用原有的东岳庙建筑修建。此前，东岳庙曾经有传统庙会，在每年的农历三月十二举行，四里八乡的农民都会来这里赶场、参加庙会。但是，随着军阀战乱之下北碚社会经济的衰落，庙会也逐渐凋落。卢作孚带领峡防局对东岳庙进行了改造，把传统庙宇改成了现代公园，成为北碚人民新的公共娱乐休闲空间，也成为传播新文化、营造新生活的场所。

修建平民公园的峡防团务局学生队（1930年）

平民公园中还陆续修建了动物园、博物馆，以及清凉亭、迷园、松声亭等设施，并引进种植了大量花木品种。为北碚民众带来了崭新的现代知识和广阔视野。

三、民众会场

此前北碚场有一座禹王庙，既寄托着依水而居的乡民对于风调雨顺的朴素期待，也是本地民众聚集议事、看戏的场所，庙前有平坝戏台。1933年4月，峡防局正式将禹王庙改建为民众广场，用来开会讲事、举行讲演、演戏、放电影等。民众剧场设有戏台，还购置了旧式幻灯机一部、新式德国幻灯机一部、无线电收音机一部。每周日，民众会场开放，会演出话剧、川剧、京剧等，还会播放幻灯片、电影等。卢作孚常在演出前讲话，宣讲时事和新知识，并邀请各界人士在此作各种讲演报告、常识讲解等。

民众会场还设置了民众俱乐部（也叫作平民俱乐部），其中设置了很多中西乐器，还有挂图照片等，长期为广大民众提供科普教育、开展平民教育。

> **北碚乡建故事**
>
> ### 老鼠苍蝇电影票
>
> 根据峡防局1933年的《工作周刊》记载：
>
> 有电影院要来北碚放电影，需借用民众会场地址并请当地人维持秩序，因此峡防局获赠免费票80张。如何分配这些电影票，峡防局决定"用油印小传单分散各茶园酒肆，写大广告十张，贴于各处，及各茶社揭示牌，并由特务队学生挨户催请，小甲沿街鸣锣，使市民知道，拿耗子两只，苍蝇一钱，向特务队领取收据，向民众问事处换欢迎票。又农、工、劳动者小贩来民众问事处考验识字及常识，合格者给票入场，来者甚多，可惜后来的票子嫌少了"。
>
> **资料来源**：周兰若：《民教办事处工作报告》，《工作周刊》1933年第13、14期合刊，载北碚图书馆编《北碚月刊（1933—1949年）》第一册，国家图书馆出版社，2018，第193—194页。略有改动。

1933年组建的江巴璧合峡防局小朋友剧社

峡防局还陆续组建了北碚民众剧社、北碚旧剧改良社以及以话剧为主的北碚剧社。剧社成员包括峡防局职员和本地有文化特长的民众,北碚区域外的戏曲名伶也参与其中。民众剧场的演出非常热闹,极大地活跃了北碚的文化生活。峡防局还组建了小朋友剧社游艺学生班,招收学童学艺排练,创作并演出了很多戏剧,在抗战宣传中起到了很大的作用。

四、公共体育场

为了提高民众身体素质,培养健康的运动习惯,1927年峡防局在北碚街市旁租地建设了民众体育场。此后又在澄江镇、夏溪口、文星场、白庙子、二岩镇陆续设立了体育场。体育场不仅成了各场镇民众日常锻炼身体的地方,也成了开展运动会以及各种大型集会、士兵检阅等活动的场所。

1928年9月,北碚公共体育场历时一年建成,面积13952平方米,有足球场、篮球场和器械场各1个,还有沙坑。1929年又增设了1个篮球场和2个网球场。1928年秋和1929年先后开了两次运动会,重庆、合川以及附近很多场镇的学校数千人前来参加。现代体育、比赛方式和观念被引入了这个乡村。

1928年建成的北碚民众体育场

五、峡区地方医院

1928年秋,峡防局在北碚开设峡区地方医院,结束了本地没有现代医院的历史。医院从最初的一间诊疗室不断扩大完善、增设人员、购置器械等。同时,峡区医院指导周边场镇开设诊所,分别于黄桷镇、澄江镇、水岚垭、二岩镇设立分诊所,并于文星场设戒烟医院。

峡区地方医院在提供医疗服务的同时,也承担卫生知识普及与公共防疫服务功能。每逢场期,医院都会到场宣讲各种疾病来源与预防方法,还会在民众会场使用讲演和悬挂宣传画的方式宣传各种卫生常识。1927年开始,每年峡防局都会组织乡村卫生队与防疫队到附近各乡镇免费点种牛痘,并宣讲个人卫生、公共卫生和疾病预防知识。自1927年至1949年,在区内及邻县各乡镇共普种牛痘逾100万人次。[1]每年,峡防局还会到各场镇调查产妇及婴儿情况,并普及妇幼健康知识和家庭卫生常识。

北碚医院的乡村防疫队(1937年)

---

[1] 重庆市北碚区地方志编纂委员会编《重庆市北碚区志》,科学技术文献出版社重庆分社,1989,第484页。

峡区第一届婴儿健康比赛的优胜母与子（20世纪30年代）

总而言之，通过建设面向民众免费开放的图书馆，让峡区民众有机会接触到现代公共生活，通过平民公园、温泉公园、动物园、博物馆等设施，来陶冶民众情操，打开其视野，通过建设公共运动场并举办农民运动会，弘扬进取品格与团队精神，通过建设地方医院来提供公共医疗服务和卫生教育……这一切都在潜移默化中逐渐改变了民众的生活方式。在当时，北碚的现代化公园、充满乐趣的动物园、丰富的博物馆，以及民办研究院，在整个西南地区，甚至全国都具有首创性。

中国西部科学院

北碚还有一家具有首创性的文化教育机构,那就是中国西部科学院。这是中国第一家民办的科学院,兼具了科学研究、教育实践与民众科普功能。中国西部科学院的创办,奠定了北碚成为文化之城、科教之城的百年之基。

卢作孚很早就有创办科学院的想法。早在1924年在成都开办通俗教育馆时,他就尝试将科学展览与实践教育相结合。1927年,卢作孚接手峡防局工作后就开始构思筹划成立更大规模的科学研究与教育机构。1930年3月,卢作孚率峡防局、民生公司、川江航务管理处、北川铁路公司四团体合组考察团出川,赴东北、华北、华东考察,8月底返回北碚。此行之中,他与蔡元培等学者多次交流创办科学院的设想,并获得了多方面支持。1930年9月,卢作孚倡导并一手创办的中国西部科学院,在京沪各团体及其领导人蔡元培、翁文灏、王尧臣、黄炎培等支持下正式成立,成为中国西部地区第一家民办科学院。

中国西部科学院以"从事于科学之探讨,以为四川未来开发宝藏,富裕民生之预备"[1]为目标,先后设立理化、农林、

---

[1] 江巴璧合四县特组峡防团务局编《峡区事业纪要》,重庆新民印书馆,1935,第1页。

生物、地质四研究所。科学院最初设在火焰山东岳庙，1934年搬迁至由军阀杨森捐建的"惠宇楼"。

中国西部科学院主体建筑"惠宇楼"

同时，卢作孚在外出考察的过程中，带回很多矿物标本、鸟类等，1930年10月10日在火焰山东岳庙创办峡区博物馆，在平民公园成立了北碚动物园。随后，这些机构统归中国西部科学院管理。科学院先后设立了图书馆、博物馆、气象测候所，并管理三峡染织工厂、兼善中学和西山坪农场等。科学院逐渐成为北碚公共文化、教育科研事业的总体协调机构。1944年，中国西部科学博物馆建成，并于1946年更名为北碚科学博物馆。

中国西部科学院成立以来，在北碚这个小城之中创造了很多的中国第一。除了是中国第一家民办科学院之外。中国第一座全国地形浮雕在这里制成，中国第一座恐龙骨架在这里组装。

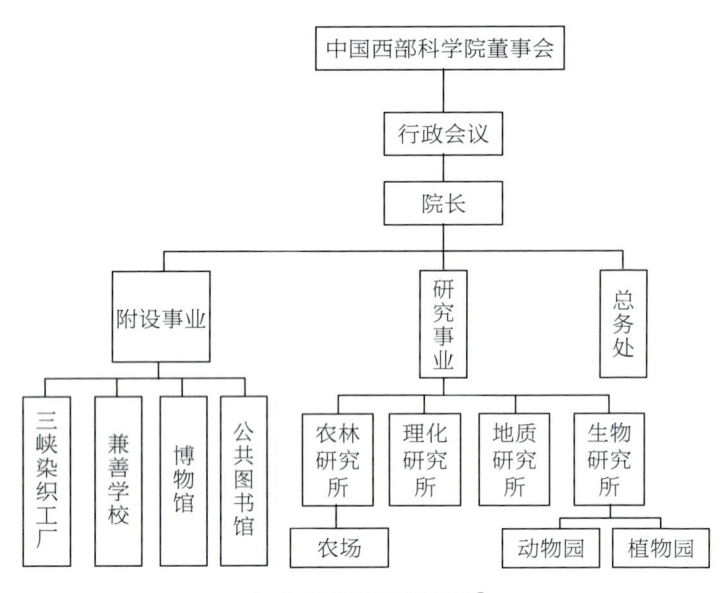

```
                    ┌─────────────────┐
                    │中国西部科学院董事会│
                    └────────┬────────┘
                             │
                       ┌─────┴─────┐
                       │ 行政会议  │
                       └─────┬─────┘
                             │
                       ┌─────┴─────┐
                       │   院长    │
                       └─────┬─────┘
         ┌───────────────────┼───────────────────┐
    ┌────┴────┐         ┌────┴────┐         ┌────┴────┐
    │附设事业 │         │研究事业 │         │ 总务处  │
    └────┬────┘         └────┬────┘         └─────────┘
```

中国西部科学院组织图[①]

中国西部科学院不仅是个研究机构,还进行科普教育,协助生产研发,并指导各项建设事业。科学院始终坚持"一切学术都应着眼或竟归宿于社会的用途上",形成了当时北碚乃至重庆教育与建设的"活水之源",推动了西部地区科学的发展和社会的长足进步。中国西部科学院的不断发展,吸引着更多学者和科研机构来北碚,北碚逐渐成为战时中国最大的科学中心,形成"三千名流汇北碚"的壮观景象,丰厚了北碚精神文化底蕴,铸就了文化之城、科教之都的城市个性。

---

① 江巴璧合四县特组峡防团务局编《峡区事业纪要》,重庆新民印书馆,1935,第2-3页。

创设报刊广宣传

为了使北碚的民众"都逐渐能够认识现代是一个什么样的世界"[①]，卢作孚在就任峡防局局长的次年就创办了《嘉陵江》报，对各项工作和新的文化理念进行宣传。这份报纸初名《嘉陵江》，一开始为三日刊，后改为双日刊。1931年，报纸更名为《嘉陵江日报》，成为日刊。1948年9月，更名为《北碚日报》。它及时地向北碚民众宣传建设事业的进展，同时也为我们今天认识北碚乡村建设的发展过程留下了完整的史料。《嘉陵江日报》分正刊和副刊，正刊内容为各类新闻，包括"现代的国防信息、现代的产业信息、现代的交通信息、现代的文化信息"。副刊内容更活泼一些，主要介绍"现代的新发明，现代的新发现，现代的新纪录，现代的新活动"[②]。所有的内容前面都使用了"现代"这个词作为定语，鲜明地体现了报纸的文化导向。同时，为了方便不识字的农民阅读，还创办了《新生命画报》，作为《嘉陵江》报的附刊，随报发行。

为了让民众更充分地了解峡防局的各项社会建设工作，峡防局将各部门工作推进情况汇总为《工作周刊》出版。

[①] 凌耀伦、熊甫编《卢作孚文集（增订本）》，北京大学出版社，2012，第268页。
[②] 江巴璧合四县特组峡防团务局编《峡区事业纪要》，重庆新民印书馆，1933，第38页。

1936年调整为每月发行,改称《工作月刊》,并从第五期开始改称《北碚月刊》。同时,峡防局还会根据各项事业进展情况增发特别刊物,其所涉内容广泛、表现形式灵活多样。报纸不仅寄送至各机构团体,还在市镇揭示牌及各种公共空间中张贴展示。随着民众识字教育的普及,报刊的影响力也日益扩大。

《嘉陵江日报》　　　　北碚民众阅读《嘉陵江日报》

　　为了改变当地农民的陈旧意识,推广现代文化。卢作孚还在北碚开展了四项运动:现代生活的运动、识字的运动、职业的运动、社会工作的运动。他规划把整个区域都布置成可以学习的地方,峡防局经营的乡村电话总机关,训练学生和士兵的营房,中国西部科学院的生物、地质两个研究所,三峡染织厂,兼善中学,实用小学,都设置在当时北碚人流聚集的场集区域附近,这样就可以用这些新式的生活把农民们整个包围起来,在生活中开展教育。"布置一种环境去包围那不识字的人们,促成他们识字",最终"促起他们最后能够管理公众全部的事务,完成乡村自治的组织,担任乡村一切公共的任务。尤其是使这乡村现代化起来"①。

多种教育文化设施的设立和灵活广泛的民众教育,改变了整个北碚的精神面貌。抗日战争全面爆发后,大量高校、科研院所、文化出版机构迁至北碚,更让北碚成了大后方的文化之都、教育高地。

---

① 凌耀伦、熊甫编《卢作孚文集(增订本)》,北京大学出版社,2012,第281-282页。

北碚的乡村现代化

可以说,卢作孚的北碚乡村建设既是系统全面的,又是聚焦本质的,他的本质目标是实现"乡村现代化"。这个"现代化"不是生搬硬套地学习西方现代化经验,而是基于当时中国山区乡场的社会经济特点进行的探索。他以适度的北碚城镇发展辐射带动周边乡村区域,将整个区域错落有致地串联进一个庞大的生产、市场网络之中。这样的方式,使城市不会因过度膨胀而畸形发展,也使乡村不会成为被甩出去的包袱。

以北碚为中心开展的乡村建设实践推进了八年后,卢作孚在1934年发表了《四川嘉陵江三峡的乡村运动》一文,对此前的工作与思考进行了深入且系统的总结。在这篇文章中,他清晰且明确地提出了自己开展乡村建设工作的目的:"不只是乡村教育方面,如何去改善或推进这乡村里的教育事业;也不只是在救济方面,如何去救济这乡村里的穷困或灾变。……我们的要求是要赶快将这一个乡村现代化起来。"[1]值得一提的是,1930年,卢作孚带队赴华东、华南、华北、东北地区的28个地区进行考察,他强调要"带着问题出去,求得办法回来",在推动工农业、科学、文教事业的发展,以及现代城市建设等方面,都学习了很多经验,并迅速转化

---

[1] 凌耀伦、熊甫编《卢作孚文集(增订本)》,北京大学出版社,2012,第278页。

应用在了北碚建设上。

卢作孚所提出的"乡村现代化"是指的什么呢?不是简单地让乡村城市化、工业化、市场化或者资本化。他所追求的,是另一种不同样式的现代化。他指出:"现代是由现代的物质建设和社会组织形成的,而现代的物质建设和社会组织又都是由人们协力经营起来的,人都是训练起来的。"[1]这个社会建设的"经营",首先是形成安定的秩序。在此基础上,卢作孚带领同仁们开展了几方面的工作:吸引新的经济事业、创造文化事业和社会公共事业。经济事业的开展,并不是多赚钱那么简单,卢作孚在北碚兴建了新的工厂、煤矿、农村银行的同时,还要把这整个地方变成"现代的生产陈列馆"。他期望通过这些在当时属于新兴产业的生产方式,启迪人们对于生产方式的认知与创造。

第二个方面,他以北碚的市场为中心,举办文化和社会公共事业。这在当时的乡镇建设之中,是"无中生有"的事情。他以新的文化和新的社会服务取代了传统的赌博、抽大烟,拓宽了人们的视野和思想,并成功营造出一种新的社会氛围与环境。

而最重要也最持久的工作,是人的训练工作。除了通过生产和文化的创新,营造新的社会环境之外,卢作孚还在北碚训练了学生队,以此进行社会的文化建设和民众教育。总结起来是四个方面的运动:现代生活的运动、识字的运动、职业的运动、社会工作的运动。从而通过帮助人、引导人、

---

[1] 凌耀伦、熊甫编《卢作孚文集(增订本)》,北京大学出版社,2012,第278页。

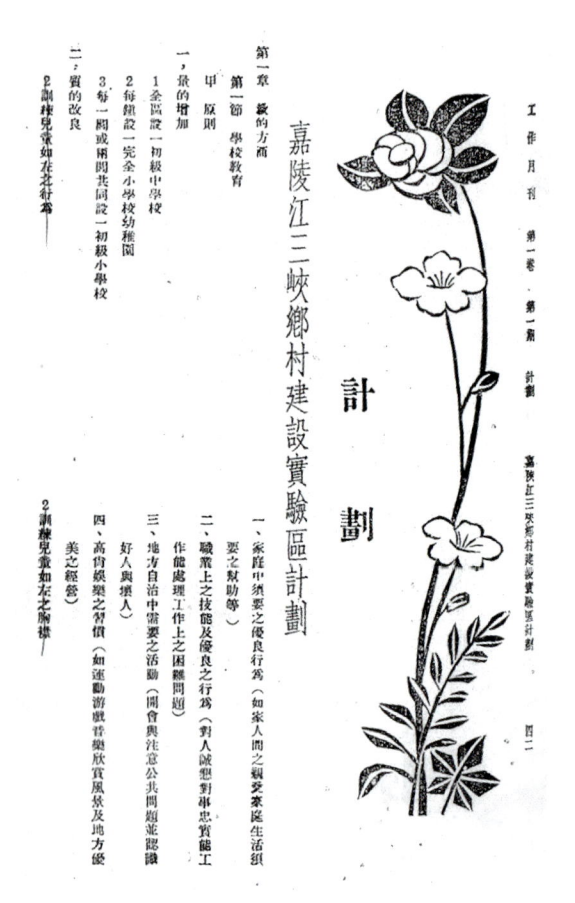

教育人，形成了整个区域的现代化建设。

嘉陵江三峡乡村建设实验区计划

可以说，卢作孚的"乡村现代化"，追求的是生活方式的革新，是社会文化的革新，是生产方式的革新——根本上是人的革新。正如他将自己创办的第一个实业定名为"民生"一样，卢作孚社会建设追求的，是服务于民生整体提升的现代化，而非服务于企业与资本不断扩张的现代化。而他的理论与理想,也在北碚这个小城中获得了集中的体现。

用卢作孚自己的话说,北碚乡村现代化建设运动包含了诸多事业:

第一是吸引新的经济事业

……除开我们直接经营的三峡染织厂,集资经营的北碚农村银行而外,凡这许多事业需要帮助的时候都尽量予以帮助。一方面盼望这许多事业成功;一方面盼望乡村里的人们对这许多事业有一种认识,认识生产是应这样变成现代的。可以说他是几个现代的模型,是想将这一大幅地方变成一个现代的生产陈列馆,以上一些事业便首先陈列在中间。而将来的如水泥厂、发电厂、炼焦厂……是正在预备着要经营的,都将他们装置在乡村人们的理想里。

第二是创造文化事业和社会公共事业

先以北碚乡而且北碚乡的市场为中心……另外造成功一种社会的环境,以促使人们的行动发生变化……

我们训练我们的士兵一队,其后更训练学生一队,担任北碚的警察任务。维持公共秩序,管理公共卫生,预防水火灾患,训练人们在一切公共地方或公共问题发生的时候有秩序的行动,取缔人们妨害公众的行动。创办一个地方医院,为远近的人民治疗疾病,尤其是普遍送种牛痘到纵横百里间的区域每季到几万的人数。创办一个图书馆,供给近的人们到馆里读书,远的人们到馆里借书。创办一个公共运动场,集中了青年,尤其是小孩,在那里活动;集中了无数中年以上的人们在那里围着欣赏那许多青年和小孩活动。创办一个平民公园,在公园里有一个博物馆,一个动物园。每天下午集中了无数本地和嘉陵江上下过此停宿的人们在那里游玩。有一小小的嘉陵江日报馆，每天出版一张日报，载着现代的国防、交通、产业、文化各种新消息，在一切公共的地方陈列着，在一切公共经过的地方贴着，让人阅读。峡防团务局所经营的乡村电话总机关，训练的学生和士兵，和新创办的中国西部科学院，其中生物、地质两个研究所，附设的一个三峡染织厂，一个兼善中学校并附设一个小学校，都在这市场的旁边。每年总有几个时期让人尽量进去参观，由办公、上课、研究的地方以至于寝室、厨房、厕所，都让他们参观完。

我们更认为中心运动的是民众教育，由峡防局设了一个民众教育办事处。联络各机关服务的几十个青年，白天各担任机关的工作，夜晚便共同担任民众教育。他们曾经办了十个民众学校，现在更进化而为挨户教育，派教师到人家去，周围几家或十几家都集中在一家里授课。今夜晚在这家里，明夜晚在那家里。他们在这个机会当中除受教育外，还大大地增进了人群集会的快乐。在船夫休息的囤船上办了一个船夫学校，在力夫休息的茶社里办了一个力夫学校，为训练妇女的职业技能办了一个妇女学校。设置了三个书报阅览处。在各茶社、酒店里都张贴着一切国防的、产业的、交通的、文化的和生活常识的照片、图画，都悬着新闻简报的挂牌，在市集正繁盛的时候都有人去作简单的报告。设置了一个民众问事处，帮助人解疑、写信和写契约；一个职业介绍所，一方面帮助需要人工作的事业和人家，一方面更帮助了需要工作的人。他们与运动场、图书馆、博物馆、动物园以至于地方医院联络，利用每一个地方有人进出的时候,即是实施民众教育的时候。尤其总动员的是民众会场的活动。因为这里不仅集中市场上的人,亦并集中了四乡的人。其中有电影、有幻灯,电影里边有三峡的事业或人们活动的影片,有四川风景的影片;幻灯有实物、图书、照片、书报、显微镜下的薄片都可以映射出来幻灯片。每星期有两次演剧,新剧或川剧,演员都是各机关服务的青年。在这民众会场的机会当中尤其注意的是闭幕时间的报告,是要给予民众以深刻的刺激和影响。[1]

卢作孚在北碚提出的"乡村现代化",不谈任何理论,而是全部落实于具体的建设工作。他明确提出了以北碚为中心的嘉陵江三峡地区的现代化图景:

1.经济方面:

(1)矿业:有煤厂,有铁厂,有矿厂。

(2)农业:有大的农场,有大的果园,大的森林,大的牧场。

(3)工业:有发电厂,有炼焦厂,有水门汀厂,有造纸厂,有制碱厂,有制酸厂,有大规模的织造厂。

(4)交通事业:山上山下都有轻便铁道,汽车路,任何村落都可以通电话,可通邮政,较重要的地方可通电报。

2.文化方面

(1)研究事业:注意应用的方面,有生物的研究,有地质的研究,有理化的研究,有农林的研究,有医药的研究,有社会科学的研究。

(2)教育事业:学校有试验的小学校,职业的中学校,完全的大学校;社会有伟大而且普及的图书馆、博物馆、运

---

[1] 凌耀伦、熊甫编《卢作孚文集(增订本)》,北京大学出版社,2012,第79—280页。

动场和民众教育的运动。

3.人民

皆有职业,皆受教育,皆能为公众服务,皆无[不良]嗜好,皆无不良的习惯。

4.地方

皆清洁,皆美丽,皆有秩序,皆可住居,皆可游览。①

---

① 凌耀伦、熊甫编《卢作孚文集(增订本)》,北京大学出版社,1999,第282页。

听卢作孚讲述怎样做乡建[1]

一、工作

1. 做事有两要着:大处着眼,小处着手。

2. 事求妥当,第一要从容考虑;第二要从容与人磋商。

3. 事应着手做的,便应立刻着手;不可今天推明天,今年推明年。

4. 做事要免忙乱,总须事前准备完善。

5. 无论做什么事,事前贵有精密的计划,事后尤贵有清晰的整理。今天整理出来的结果,不但是今天的成绩,又是明天计划的根据。

6. 办事须尽力延揽人才,更须尽力训练人才。

7. 我们第一步要训练的是组织:怎样分工?怎样合作?怎样会议?

8. 望人做好一桩事业,自己应在前面指导,不应在后面鞭笞。

9. 事贵做得好,莫嫌小。

10. 做事不怕慢,只怕断。

11. 天下事都艰难,我们如能战胜艰难,天下便无艰难事。

---

[1] 节选自卢作孚:《怎么样做事——为社会做事》(1934).凌耀伦、熊甫编《卢作孚文集(增订本)》,北京大学出版社,2012,第230—232页。

12.事业的失败不为病,只病不求失败的原因,不受失败的教训。

13.不失败的人,就是不甘失败的人。

二、学问

14.书,只能介绍知识,却不是知识。读书只能作求知识的帮助,不能只从书本上求知识。

15.我们应从野外去获得自然的知识,到社会上去获得社会的知识。

16.人每每有透彻的知识,深厚的感情,但不能影响自己的行为;所以贵从行为上增长知识,培养感情。

17.我们应一致反对的是空谈,应一致努力的是实践。

18.可靠功夫,须从实地练习乃能得着。学骑马须在马上学,学泅水须在水上学。

19.人不贵徒有抽象的知识,贵能随时随地解决具体的问题。

20.目前的中国,是一切人不能解决问题,不是一切问题不能解决。

21.我们天天从办事上增加经验,从读书上整理经验,从游戏上增进我们身体健康。

三、移风

22.今天以前的社会兴趣,在以个人的所有表现在社会上;今天以后的社会兴趣,应以个人的所为表现在社会上。

23.我们要随时随地转移社会,不为社会所转移。

24.我们要改造社会环境,应从我们一身的周围改造起。

25.我们应以建设的力量,作破坏的前锋,建设到何处便破坏到何处。

26.我们为社会努力,莫因事坏而不管,效缓而不为,事惟其坏,更应设法弄好;效惟其缓,更应设法提前。

27.好人只知自爱,不顾公众的利害,结果便是让坏人[愈]坏。

28.要在社会上享幸福,便要为社会造幸福,社会不安宁,绝没有安宁的个人或家庭。

29.我们应努力于公共福利的创造,不应留心于个人福利的享受。

30.造公众福,急公众难。

四、待人

31.我们对人[要]有两[个]美德:一是拯救人的危难;二是扶助人的事业。

32.做事不应怕人反对,但应设法引起人的信心和同情,减少人的反对。

33.我们做事应取得利益,但应得自帮助他人,不应得自他人的损失。

34.人对人的行为宜找出好处;对自己的行为,宜找出错处。

35.搜寻人的坏处,不但无由望人好,倒把自己的思想引向坏处了。

36. 我们最可惜的精神是：不做事而对人，专门防人图己，或更专门图人。

37. 对人诚实，人自长久相信；好逞欺饰，人纵相信，只有一次。

38. 忠实地做事，诚恳地对人。

39. 对人说话，须先想想，使人了解，并须使人感动，才有力量。

40. 从行为上表现自己，自得人佩服；从口头上表现自己，徒讨人厌恶。

41. 给人饭吃，是教人吃饭靠人；不如给人一种自找饭吃的能力。

42. 人有不可容的事，世无不可容的人。当日应办的事必须办好了，坏事却绝不做。

43. 消灭社会上的罪恶，不是消灭在罪恶里面的人，是要拯救出他们。

44. 但愿人人都为园艺家，把社会布置成花园一样美丽；[人人]都为建筑家，把社会一切事业都建筑完成。

五、励己

45. 人生真味在困难中，不在安泰中。最有味的是一种困难问题的解决，困难工作的完成。

46. 做事应在进展中求兴趣，成绩上求快慰；不应以得报酬为鹄的，争地位为能事。

47. 人要在饿的时候，才知道饭的味，在累的时候，才知道睡的味;所以人生的快乐,不贵有太丰的享用,贵在极感需要的时候才享用。

48.勤、俭是中国人争得生存的两把利刀,勤则"大胆生产",俭则"小心享用"。

49.我们的时间,便是我们的生命。时间过去一天,便是生命减少一天。我们爱惜生命,更应爱惜时间。

50.人应当爱惜时间,所以应当不辍地做事;尤应当爱惜经验,所以应当不辍地做一桩事。

51.我们工作与休息应调匀;用心与用力的时间须常交换。

52.人贵有不拘泥习惯的习惯,贵能立刻养成优良的习惯,去掉不良的习惯。

53.侥幸是误事的大原因。人因为有侥幸的心,便常做莫把握的事;常坐待祸免,或坐待事成。

54.苟安是成功的大敌,应该做的事,每因苟安终于不做;应该除的嗜好,每因苟安,终于不除。

卢子英先生小传

卢作孚先生担任峡防局局长的八年里,从文化、教育、经济、治理多个层面为北碚的乡村建设绘制了完整的蓝图、打下了坚实的基础。这不是卢作孚一个人的功劳,背后还有峡防局官兵、学生等大量同仁的努力,其中一位很重要的领导人物就是卢子英。他于1927年随同卢作孚来到北碚,扎根北碚二十三载,历任峡防局常练大队队附、学生队队长、峡防局督练长(代行局长职权)、嘉陵江三峡乡村建设实验区区长、北碚管理局局长。卢作孚之子卢国纪回忆说,"(卢作孚)始终是北碚一切事业的指导者,而四叔卢子英则是他所指导下的具体执行者"[1]。

卢子英先生

卢子英(1905—1994),卢作孚胞弟,1905年出生于合川县。幼年时,长期跟随卢作孚生活、学习。1925年大革命时期,经共产党早期领导人恽代英介绍,到广州考入黄埔军校四期,并参加东征战役。在即将毕业前的三个月时,因染上恶性疟疾,只得离校到上海就医。在上海治病期间,与共产

---
[1] 卢国纪:《我的父亲卢作孚》,重庆出版社,1984,第134页。

党人刘披云、阳翰笙成了知交,并加入社会主义青年团。

1927年,卢子英随卢作孚来到北碚。在北碚历任峡防局常练队队附、学生队队长、少年义勇队队长和军事主任、督练长等职,协助其兄卢作孚做了大量的清匪和建设工作。1936年北碚成立嘉陵江三峡乡村建设实验区,卢子英先后任副区长、区长。1942年成立北碚管理局,又任局长,一直到北碚迎来解放。

在抗日战争期间,在卢作孚的帮助下,卢子英发起了轰轰烈烈的抗日救亡运动和抗日志愿兵运动,使北碚成为抗战大后方模范区。解放战争期间,他掩护了不少的共产党人,并为北碚的和平解放做了大量工作。新中国成立后,一直担任重庆市建设局副局长,直到退休。冯玉祥将军曾有诗赞云:"区长卢老四,精明又要好。作孚升次长,区政难顾到。遗缺补其弟,地方都欢笑。"

卢子英与少年义勇队

卢作孚初任峡防局局长时,旧的团练组织方式不足以建设新的社会秩序,需要采用新的措施,培养既有牺牲精神,又要能够带动民众,推动社会建设的新生力量。于是招新人、育新人的工作必须马上展开,这项工作的重任就落在了时年22岁的卢子英身上。1927年5月,卢作孚亲自主持,面向峡区内16至25岁的青年采取公开招考的办法,组建起学生队。曾就读于黄埔军校的卢子英到峡防局,先是担任常练大队队附,随后调任学生队队附,专门负责管理、训练青年学生,培养乡村建设人才。据卢子英之女卢国模回忆:"从1927年起,卢作孚亲自主持,采取公开招考的办法,在辖区内招收了500余名16至25岁的文化青年,组建起学生一队、二队、警察学生队以及少年义勇队一、二、三期。"[1]

卢子英强调"成人重于成事,人才重于资财"[2]。他采用军事化的管理方式对青年们进行体质、组织、能力、思想等多方面的训练,并率领他们参加峡区各项公共建设,从事科学考察与文化学习,培养了一批从事北碚乡村建设的多面手人才。1928年,少年义勇队一队成立,义勇队强调训练与服务并重,在训练方面,除了军事训练和政治理论学习之外,

---

[1] 卢国模:《八十年前的北碚少年义勇队》,《红岩春秋》,2010年第2期。
[2] 卢国模:《八十年前的北碚少年义勇队》,《红岩春秋》,2010年第2期。

还专门有旅行生活。卢子英亲自带队前往峨眉山、峨边、大小凉山等地进行实地参观考察和标本采集。在服务方面，学员训练期满后会到峡防局、中国西部科学院、北川铁路、民生公司等机构服务实习。1934年组建了少年义勇队二队，共有学生96名，训练目标在于"以科学的方法讲学，以科学的方法作事，以科学的方法应付自然，以科学的方法应付社会，并适应新兴事业的需要培养实务人材"[1]。1933年起，招收特务学生队，与少年义勇队略有不同的是，这些学生在经过三个月的军事训练、四个月的社会建设训练后，主要从事的是警察、市政建设、教育、救济组织的工作。第一期毕业95人，也分别进入了峡区各项事业的机构中。

> **北碚乡建故事**
>
> ### 卢子英训练学生队
>
> 卢子英训练学生队的时候，精明干练、克己奉公，处处以身作则，身体力行。
>
> 数九寒天，他会带领学员集体到嘉陵江中，率先下水洗冷水浴。夜间军事演习，越野行军登山，出师时他在前面，返回时他殿后。生活上，他和士兵同吃一桌饭，同着一样的服装，上班准时签到，下班最后离开。晨间运动，晚间读书，他都带头参加。
>
> 1927年夏，在带领学生队清理街道污水沟的时候。大雨中，他和卢作孚一起跳入污水沟，清除污泥。在他们的带领下，学生们也纷纷跳入，终于把多年淤积脏污的臭水沟清理干净。

---

[1] 江巴璧合四县特组峡防团务局编《峡区事业纪要》，重庆新民印书馆，1933，第46页。

峡防局开展为乡民免费种牛痘的工作,卢子英带领学生队走乡串户,从北碚场开始,发展到峡区48个场镇,种痘达到数十万人次。卢子英还带领学生队开展社会调查,查清北碚市街、乡间人口户数;带领学生队安装乡村电话、架设电线、下嘉陵江淘滩等等。

在卢子英的带领下,学生队学员在军事训练和社会建设中,锻炼了自身的能力和体魄,也为北碚的乡村建设作出了巨大的贡献。

资料来源:李萱华:《第二卢作孚——子英区长》,载李萱华:《小陪都传奇——抗战北碚的文化大气象》,作家出版,2010,第14-15页。略有改动。

学生队升旗仪式

卢子英率少年义勇队到峨眉山、川边、西昌等地采集标本时在峨眉金顶留影（1929年）

学生队的学员们毕业后，很多成为北碚地方事业或民生公司的骨干人才。经过不断的发展，峡防局设督练部，包含少年义勇队（学生队）、一特务队、二特务队、三特务队和手枪队。卢子英担任督练长，训练了大批本地青年乡民，成为北碚乡村建设的骨干力量。在资金匮乏、资源短缺、匪乱横行的社会背景下，学生队、少年义勇队的组建，为重振社会风气、维护社会稳定、发展社区建设作出了重要贡献。

峡防团务局学生第二队模范第一队毕业合影（1928年）

卢氏兄弟与文化基金会

从峡防局时期开始,文化建设就一直是北碚乡村建设的重要组成部分,包括教育、研究、艺术、游览等在内的文化机构。文化是教育乡民,形成新的生活方式、新的社会氛围的核心。而与产业建设相比,开展文化建设,特别是公众文化建设,经常需要大量的资金投入,却收入较微。北碚的乡村建设工作是怎样保证文化建设得以持续并繁荣发展的呢?

北碚的文化建设有一个重要的保障机制——文化基金委员会。1938年,由卢子英发起成立北碚"文化基金委员会"(简称"文基会")。卢子英倡议,以造公产,不造私产,造社会团体产来创造财富,用以支持地方事业。文基会的资金来源于各界捐赠以及部分地方公营创收企业(生产滑石的华生公司、和平煤矿厂等)。其资金重点用于文化、地方事业的开支,支持北碚的科学、医疗、文化事业和地方建设。文基会首推晏阳初为主任委员,继由熊明甫任主任委员,卢子英为常务委员。①

1941年,卢作孚的另两位兄弟卢尔勤、卢魁杰将其经营的全济煤矿的全部资产捐给中国西部科学院,加上卢作孚将天府煤矿等单位给他的车马费赠予科学院,一并作为文化建

---

① 卢国模:《北碚乡村建设的重要支柱——记北碚文化基金会》,《纵横》2009年第11期。

设基金,成立了"卢氏文化基金会",后改名为"嘉陵文化基金会"。该基金会以发展地方文教事业,奖励科学研究,资助清贫学生与有志上进青年为宗旨。抗战后期,嘉陵文化基金会并入北碚文化基金会,称为"三峡文化基金会",即新的"北碚文化基金会"。它仍以开发及筹备财源用以资助文化事业与学术研究、支援地方建设为宗旨。并将所有地方公营的创收单位,如全济煤矿、和平煤矿厂、北碚自来水厂、北碚建筑公司、北碚印刷公司、兼善公司以及后来建成的民众会堂等划归新组织的文基会领导,将其全部收益用于地方文化社会建设。①

基金会的建立,通过经济上自力更生的办法,来独立且可持续地发展北碚的科学、文化、教育等地方事业。为了保障文化事业的建设运行,在成立文基会的同时,还成立了北碚文化建设委员会,简称"文建会"。它主要是着眼于地方文化科学建设及发展的设计、规划和部署的建置等事宜,不涉及生产财源的经济收入和管理。文建会推卢作孚为理事长,卢子英为常务理事,是实际的主持负责人,通常由他会同有关人士协同进行工作。文建会拟置计划实施的项目,常靠文基会的经济予以支撑落实,二者相辅相成。

有了文基会的支持,文建会推行了多项文化项目。其中,最具代表性的,是民众会堂的修建。1947年初,堪称西南第一大礼堂的民众会堂建成,这是文建会拟置的著名精品项目,其建筑耗资约法币1.2亿元,加上从美国购置的高级放映机和音响等其他放映设备共计1.4亿元,其中8000万元出

---

① 卢国模:《北碚乡村建设的重要支柱——记北碚文化基金会》,《纵横》2009第11期。

自文基会。

民众会堂由著名建筑泰斗杨廷宝设计,规模宏大,堂厢和楼厢能容纳1248人,每个座位均能清楚地观看演出。它设施一流,结构科

1947年建成的民众会堂

学,很多艺术团体来此演出,都惊叹于它出色的音响效果。民众会堂经常进行文化演出、播放电影,极大地促进了北碚文艺、电影、广播事业的发展。1949年2月成立的北碚民教电影院,开始在民众会堂长期放映电影。管理局从美国购置的大功率播音设备,不仅用于会场内,还用于整个北碚广播站的播报,形成了一道靓丽的风景。

1947年,北碚管理局邀八乡镇老农代表为民众会堂踩台,于北碚公园前合影(第二排右三:卢子英;右四:黄子裳)

北碚乡建故事

白区的苏联电影

根据卢子英之女卢国模回忆。卢子英曾在民众会堂举办过的声势最大的一次活动,是对辖区广大城乡民众免费放映在白区极罕见的苏联电影以及抗战后体育大检阅的彩色纪录片《体育之光》《青春的旋律》等。卢子英为激发辖区群众热爱体育、加强锻炼,不仅要求学校、团体组织观看,还特别组织了北碚所辖各乡农民也来观看,当时曾创下每天观看者数以万计的纪录,为此他前后曾三次到重庆租片,经多次放映才完成了招待任务。人们从电影里开始了解到苏联,随之学校里也陆续出现模仿影片中的大型集体操进行操练的情景,乃至以后不久在全区运动会上首次出现了有多种图案列队的团体操展示。

民众会堂还曾放映过《八千里路云和月》、《希望在人间》、《遥远的爱》和美国影片《翠堤春晓》、卓别林的《淘金记》、根据海明威反映西班牙抗战的名著改编拍摄的《战地钟声》等电影。1949年秋,又面向广大民众免费放映抗日爱国电影《松花江上》,北碚当局鼓励全区民众都去观看,电影院连续几天免费放映。民众会堂还上演过川剧、杂技、话剧《桃花扇》《孔雀胆》《林冲夜奔》等。本地各学校、团体也经常在会堂演出。在北碚形成了浓郁、活跃的文化氛围。

资料来源:卢国模:《北碚乡村建设的重要支柱——记北碚文化基金会》,《纵横》2009年第11期。略有改动。

北碚民众学唱歌(20世纪40年代)

文基会还拨款资助中国西部科学院建设。特别是1944年拨款为新成立的中国西部博物馆充实内容,加设项目,添置大量陈列的品种、物件等。形成了北碚,乃至重庆最好的科学常识教育基地。1947年,文基会又出资,为北碚医院从加拿大、美国购置了共约2万美元的多种先进医疗设备,使北碚医院逐渐成为邻近几县的医疗中心。

嘉陵江三峡乡村建设实验区举办敬老会,
图为区内70岁以上应邀参加的老人合影(1936年)

正是因为北碚公共文化、教育、卫生事业的繁荣昌盛,并具有独立的发展土壤。全面抗战时期,北碚作为迁建区,迎来了大批文化机构内迁,成为大后方的文化重镇。卢子英通过文基会、文建会的创新工作机制,率领经过现代文化训练的年轻人,投入北碚社区的社会文化建设之中,"焕发了社会风气和面貌,以较低的社会组织成本实现了独立高效的社区文化治理"。

杨家骆与倡修北碚志

1944年,卢子英邀请著名志书专家杨家骆编撰《北碚志》。杨家骆被称为"民国编纂各大丛书第一人",对乡村建设也颇有见解。他少年时代即随祖父杨星桥编纂《国史通纂》。1930年春,创办中国辞典馆和中国学术百科全书编辑馆,任馆长。1937年3月,因避战祸迁来北碚。卢子英聘请他担任嘉陵江三峡乡村建设实验区署设计委员会委员。他带领中国辞典馆迁来北碚,并附设人文印刷厂,在此开展了大量编纂出版的工作。他还创办了北泉图书馆,并担任馆长,专门搜集川人著述,包括地方志书、川剧剧本、民歌民谣等大量四川地方性资料。抗战胜利后,他将藏书三万多册留给了北碚图书馆。

接受了卢子英的修志委托后,杨家骆亲自起草了《创修北碚志缘起》。他邀请了在碚机关团体59个、旅碚人士41人、地方人士12人参与发起编修《北碚志》。由卢子英召集,商讨成立了以顾颉刚、杨家骆、卢子英等为首的北碚修志委员会,顾颉刚任主任,杨家骆实际负责。卢子

《北碚城镇化变迁:北碚志九篇及相关资料汇编》封面

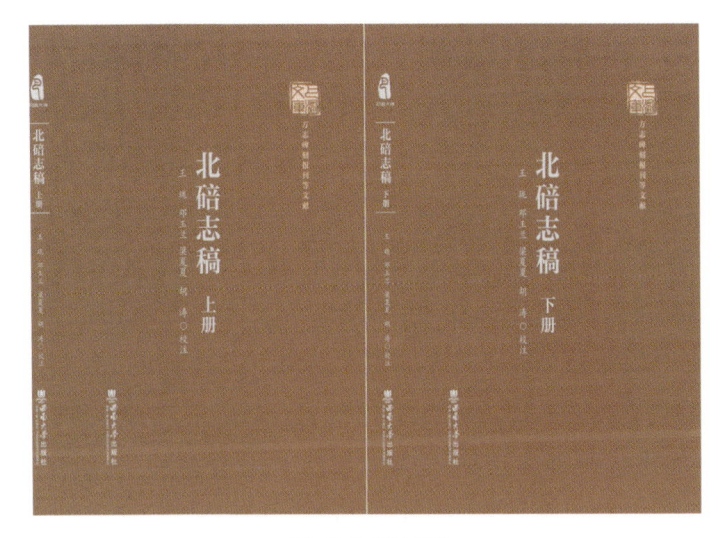

英又在北碚管理局成立北碚修志馆,聘请傅振伦担任馆长。

《北碚志稿》封面

经过多年编撰、辗转,1948年在《地理》杂志第五卷第三、四期合刊,以"北碚专号"发表了当时整理好的九篇志稿。2017年,人民日报出版社出版了《北碚城镇化变迁:北碚志九篇及相关资料汇编》。2022年,由西南大学出版社整理并出版了完整的《北碚志稿》,终于使这套七十多年前由各界名家合作编修的北碚志重见天日。

听卢子英讲述乡建北碚[①]

　　现在乡村建设运动之于我国实属五花八门，莫衷一是……溯乡建运动之兴起，约二三十年于现在矣，……在各乡建运动，较有历史的地方，对于当地民力的培养，民智的启发，以及乡建风气之提倡，颇得帮助不少……

　　乡建工作之目的，有的毋乃言之过大，其实不为建设新农村之一大主力，与复兴民族之一大帮助而已，在办法方面，全国各实验所在，有文化方面入手者，有由经济方面入手者，制度组织，亦每有特殊，不甚一致，如其集全国之同志，有统一组织，并明订一共同之目标，与一进行计划之原则，分工合作，或者对于新农村之创造进展上收效更大。

　　…………

　　我们应该认清的要先有好的国家，而后乃有好的全世界；有好的各地方，而后乃有好的整个国家；吾人直接效忠于地方，即间接努力于国家，要国家好，同时必须地方好，才能收效更大，倘各地方人士除注意大局外，都能诚心于地方经营之努力，各个地方自成为好的地方了，举国如此，自然便成为好的国家了。

　　我们现在努力于三峡，第一也是为了这个意义，第二还

[①] 节选自卢子英：《我们应该一齐努力乡建》，《工作月刊》1936年第1卷第1期。略有改动。

颇愿预备有以帮助其他地方,第三还颇愿进而预备能够共同负起更为较大的责任底能力。现在预备进行种种的实验,很期望有所成功,无论是办法或品种或工具或人物等,总期有以贡献于全川。

乡建是一种救民福人的工作,应该为大家所欢迎。……我们的社会是要求不断的改良的,因此必要有不断的有所实验,所以实验的工作,是长期的需要,犹如一个人生,边学边做边教,学一辈子,做一辈子,教一辈子一样。

我们乡建,既与农村全体攸关,因此我们从事于这个运动之前驱的机关,更应该欢迎各方面有所扶持,督策,指导,期有以不负人民的厚望,政府的期许,我们的一百个义务教师,在乡间要自处于领导的地位,要帮助农民,组织农民,训练农民,与农民共同生活。我们大家,更应特别的群策群力,奋勉从事,尤其是要以教育的力量,来建设地方,进以复兴民族。

乡建名家汇北碚

> 中国的根本办法是建国不是救亡。是需要建设成功一个现代的国家，使其有不亡的保障。
>
> ——卢作孚

一、战时机构内迁对北碚乡建格局的改变

1937年7月7日卢沟桥事变爆发，日本帝国主义发动了全面侵华战争。面对救亡压力，乡村建设实践多数发生转型，并以包括宣传动员、政治调停、人才培养等各种方式直接间接地参与抗战救国。为适应长期抗战的需要，11月16日国民政府宣布迁都重庆，并确定四川为战时大后方，于是华北、华东、华中等地的机关、学校、工厂企业纷纷向四川特别是向重庆搬迁，逐渐形成了一股宏大潮流。以重庆为中心，包括西南与西北的抗战大后方，成为支持抗日战争的战略基地。北碚因地理、资源方面的优势，加之对迁碚机构和人士开怀接纳，成为陪都重庆的重要迁建区，一时间机构林立、人才荟萃、工矿企业繁盛。北碚从此闻名遐迩，被誉为"陪都的陪都""小陪都"，乡建事业也上了一个新的台阶，更加蓬勃发展。

北碚的抗日志愿兵

全面抗日战争爆发后，各类机构大批陆续迁驻北碚，涉及的内迁机构有政府机关、文教机构、科研院所、工矿企业等上百家，云集了上千的各界名流、专家学者。北碚地区呈现出"人口繁盛"的景象。1940年3月的人口普查数据显示，全区总人口19771户，97349人，较1936年增长7100户，32065人。大体而言，战时机构大规模迁碚可分为两个时期。

第一个时期为宜昌大撤退后，大体在1937年末至1938年末之间，厂矿企业多在此时迁入。对于内迁企业，卢子英带领实验区署积极争取其入驻，尽量给予便利，促成合作。这方面以大成纺织染公司的例子最为典型。位于常州的大成纺织染公司是近代中国纺织业巨子刘国钧经营的一家知名企业，其产量和规模在业界独占鳌头。1937年11月，侵华日军入侵常州,大成纺织染公司的一、二、三厂均因日机轰炸而遭受重大损失。1938年2月28日,大成纺织染公司骨干人员及其211吨设备终于抵达北碚。1938年6月10日,大成纺织染公司、汉口隆昌织染厂与北碚本地三峡染织厂签订协议,合并为大明染织厂。推选卢作孚担任董事长,常务董事彭瑞成、马润生,董事倪麒时、刘国钧、刘汉塑、郑东琴,监察张昌培、徐吟甫等。并由董事会聘请刘国钧为总经理,王莱山为协理。①在北碚人民的热情接纳下,这两家知名的内迁纺织企业以合并重组的方式重获新生,大大提升了北碚织染业水平。

第二个时期为大轰炸背景下的二次迁建,大致在1939年后至1943年之间,党政机关和科教文卫机构多在这时迁入。随着1939年前后日机对重庆日益频繁的轰炸,为兼顾防空,并解决内迁大潮下渐显臃肿的重庆市区,机关迁建和人口疏散成为国民政府在渝的新政策。1939年3月31日,行政院下函重庆市政府沿成渝公路自老鹰岩至北碚一段,已指定为中央各机关迁建区域。②北碚迁建区划成后,国民政府党政机关、文化团体、高等院校大量迁碚。1939年国民政府中央海外部及国民政府立法院、司法院、司法行政部、最高法院、最高法院检察署、财政部税务署等大量党政机关陆续来碚办公。

---

① 《大明染织公司开会成立》,《四川经济月刊》1938年第2期。
② 《关于指定老鹰岩至北碚一段为中央各机关迁建区域的函、代电》(1939年3月31日),重庆市档案馆藏,档案号:0053000200082。

在卢作孚、卢子英大力支持和北碚人民热情欢迎的感召下，迁来北碚的党政机关、文化教育及科研机构等共计100多个，聚集了老舍、梁实秋、翦伯赞、陶行知、晏阳初、陈望道、曹禺、林语堂、顾毓琇、熊十力等各界名流，使北碚成为大后方文化高地。北碚当局和民众对内迁机构、团体、人员热诚欢迎和竭诚相助。在国家危亡之际，北碚没有抱狭隘的地方主义，而是敞开大门，努力接纳来碚人员，为维系抗战大局和民族延续作出重大贡献。

二、北碚对乡建同道的接纳与支持

在这一时期，包括晏阳初、梁漱溟、陶行知等名家在内的很多乡村建设运动倡导者和知名团体，相继汇聚北碚。对于这些乡建同道，卢作孚、卢子英兄弟给予了热情接纳与大力支持。他们在各自的事业中，相互关心和支持，建立了深厚的友谊。这些支持大致体现在以下方面：[①]

（1）提供现成房舍。将清凉亭让与陶行知主办的晓庄研究所。把地方医院刚建成的新址，让与国立江苏医学院，即行开学。将女职校全幢校舍，让与国立二中师范部，将关帝庙、天上宫大片房屋，让与国立二中女子部，将兼善中学红楼让与中央银行。将黄桷天神庙让与通俗读物编刊社。将绍隆寺和禅岩寺让与两个慈幼院。将旅客服务处招待所让与战区教师服务团作办公室。无地方公房可腾让者，则助其

[①] 葛向荣：《北碚地方当局抗战事略》，载中国人民政治协商会议重庆市北碚区委员会文史资料委员会编《抗日战争时期的北碚（北碚文史资料第四辑）》，1992，第62-63页。

租用民房，如国立戏剧专科学校租用齐家湾（现朝阳小学山堡），家畜保育所租用新桥蒋家院等。

（2）提供建房基地。没有适当现成房屋符合需要的，则划地完全新建，如在歇马场建设晏阳初成立的私立中国乡村建设育才院，建复旦大学校舍于东阳下坝，建立信会计专科学校于北碚黄山堡。还征购北碚邻街西南面大片土地，辟为新村，成立了新村建设委员会，设计规划并协调建设材料与人工。中山文化教育馆、国立礼乐馆、中央地理研究所、国立编译馆、全国度量衡局、社会部儿童福利实验区、国立重师音乐科都迁入了新村。

（3）提供经济和设备支持。卢子英曾从文化基金会中拿出资金，对梁漱溟开办勉仁中学、陶行知在合川创办育才学校予以捐助，还资助郭沫若赴苏旅费、高士其赴香港就医等。在中国西部科学院的协调与支持下，为迁在惠宇楼附近的中央研究院动植物研究所、经济部中央地质调查所、中国科学社生物研究所等提供家具器物、设备、仪器、标本。

晏阳初、梁漱溟、陶行知等先生都是当时在其他省市进行乡村建设探索的著名人士，他们从不同的角度开展实践工作和理论研究，积累了大量的宝贵经验。他们的到来，以及与卢作孚、卢子英的密切合作，让北碚的乡村建设形成了前无古人后无来者的集成优势。下面简要介绍一下这些乡建同道与卢氏兄弟的合作与友谊，随后将分章节介绍他们在北碚开展的乡村建设工作。

三、知交聚首谋乡建——卢作孚与晏阳初

1982年,在爱国实业家、乡村建设的探索者卢作孚逝世30周年之际,远在海外的九旬老人晏阳初撰文《敬怀至友卢作孚兄》,表达对卢作孚的怀念和钦佩之情。文中写道:"我一生奔走东西,相交者可谓不少;但唯有作孚兄是我最敬佩的至友……我常说:'生我者父母,知我者作孚。'"可见晏阳初对卢作孚感情至深,并引为终生知己。[1]晏阳初和卢作孚这两位四川同乡,虽然他们的成长经历不同,所受的教育不同,但是,他们拯救国家和民族的共同理想,为实现理想而百折不挠的奋斗精神,以及在事业上的相互理解、相互支持,使他们由相识到相知,成为莫逆之交。

1935年10月在江苏无锡参加全国乡村工作讨论会第三届年会的代表合影

---

[1] 晏阳初:《敬怀至友卢作孚兄》,载重庆市北碚区政协文史资料工作委员会、重庆市北碚区卢作孚塑像及配套设施筹建委员会编《北碚开拓者卢作孚·北碚文史资料·第三辑》,1988,第19页。刘重来、周鸣鸣:《卢作孚与晏阳初》,载政协重庆市北碚区文史资料委员会编《北碚文史资料·第9辑》,1997,第188页。

卢作孚与晏阳初的初次见面是在1935年10月。当时，晏阳初到无锡参加全国乡村工作讨论会第三届年会，会后在南京与从广西考察回来的卢作孚第一次会面。两人一见如故，相谈甚欢。返回定县后，晏阳初在给中华平民教育促进会同仁作报告时说："在南京还遇到了卢作孚先生。他是四川的一个实业家。我们彼此相知已久，却从未会过面。这次在南京会面之后，一见如故。大家谈谈奋斗的经过，不禁引为同志。因为他在四川的努力，不仅是为四川而四川，目光也是注于全国，对于救亡图存的问题，非常注意的。他最近从广西回来，他认为广西的前途很有希望。他也希望我们派人到四川去帮他们的忙。"此次会面后，卢作孚和晏阳初相互引为知己，开始了长达十多年的密切交往，结下了终生不渝的友谊。

卢、晏初次会面时，卢作孚已任四川省建设厅厅长，他积极筹建机构，以联络各界人士推动全川的建设事业。他热切地希望晏回四川，推动四川建设，晏阳初遂下定了回川襄助的决心。1936年10月，四川省设计委员会正式成立，除省政府各委员为当然委员外，又采纳晏阳初的建议，聘四川大学、华西大学、重庆大学3所大学的校长及中华平民教育促进会同仁陈筑山、霍六丁、傅葆琛、陈志潜、陈行可、常得仁为委员。同时联络省内外各学科专家，参与各方面设计工作，延揽了大批人才为四川建设出力。晏阳初所领导的中华平民教育促进会到四川开展乡村建设工作和卢作孚主持四川省建设厅，他们相互配合，各展所长，给四川建设带来了新气象，为四川的开发和建设奠定了基础，尤其为抗战时期四川成为国民政府的战略大后方作出了贡献。

全面抗战爆发后,中华平民教育促进会辗转迁至重庆北碚。为了培养平民教育和乡建人才,晏阳初决定筹建中国乡村建设育才院。在筹建过程中,卢作孚给予了大力支持和援助。由于战时土地居奇,极难获得土地出让,建校征地时卢作孚大力协助晏阳初,用时八个月才购得500亩土地。为了筹集到足够的办学经费,争取政府和社会各界的大力支持,晏阳初、卢作孚又多方奔走,联络各方政府要员、社会名流成立学院董事会,共襄办学大事。1940年10月,私立中国乡村建设育才院(1945年更名为"私立中国乡村建设学院")正式成立并开始招生,晏阳初担任乡建院院长,卢作孚担任会计董事,共同担负起培养乡建人才的重任。

四、清凉亭上思育才——卢子英与陶行知

抗战时期,卢子英与陶行知在北碚建立了深厚的友情。几十年后,卢子英回忆起往事,称"陶行知先生是我的恩师,是旧社会北碚人民的恩人"[①]。1934年,卢子英随他的二哥卢作孚到上海,参观了陶行知创办的山海工学团,对其创造的小先生教学法特别感兴趣。回到北碚后,进行了推广。1939年陶行知来到北碚,在卢子英陪同下,到各乡镇参观,这时,北碚"小先生"已发展到1000多人,传习学友近3000人。[②]

战时重庆的房屋极为紧张,陶行知刚来北碚时,卢子英腾出北碚公园的清凉亭交其使用。陶行知在这里创办了晓

---
① 卢子英:《陶行知先生在北碚》,载中国人民政治协商会议北碚区委员会文史资料委员会编《北碚文史资料第一期·陶行知在北碚专辑》,1984,第4页。
② 邝忠炽主编《陶行知与重庆育才学校》,西南师范大学出版社,2006,第32-33页。

庄研究所。卢子英对陶行知鼎力相助，与其往来密切，为此受到一些人的"好心"劝告甚至指责，但卢子英却置之度外，不改初衷。后因日本飞机空袭频繁，为安全起见，卢借机将自家为躲轰炸在北碚檀香山借住的一所小土碉楼让予陶家住，陶行知这才离开了清凉亭。

北碚平民公园中的清凉亭，陶行知抗战期间曾于此设立晓庄研究所

卢子英大力支持陶行知兴办育才学校。1939年7月20日，育才学校在北泉小学成立。当天，卢子英陪同邵力子、邹韬奋到校发表了演说，随后便陆续迁往古圣寺。学校迁至古圣寺后，卢子英又出面在澄江镇设宴请客，恳请各界人士支持、赞助育才学校。宴后，陶行知又请各位亲临育才学校参观，学校师生组织了隆重欢迎会，来宾非常感动。宝源煤矿董事长蓝文彬当即捐赠了一大笔钱支持育才办学。驻军十八军十八师参谋长赵秀昆，借旧枪50支给学校保卫学校安全。当此事被人通报给蒋介石，十八师将枪收回时，卢子英便借出20支枪和1000发子弹给育才学校,作为训练师生,以备抗日之用。育才学校的孩子曾一度流行"癞子",学校曾多方设法医治,都无法控制疫情,搞得全校师生惶恐不安,陶行知也弄得焦头烂额,束手无策,只得求助于卢子英。卢子英便到各处去访医寻药,最后找到一个民间偏方,学校一用,很快见效。[1]

陶行知也积极协助卢子英的抗日救亡活动。在1940年,敌机狂轰滥炸时期,陶行知经常来往于黄桷、文星、朝阳等乡镇,轰炸之后,又同卢子英共同去慰问受灾者,无论寒暑,在所不辞。[2]陶行知在筹备创办育才学校的同时,亦研究兵役制度。他一贯反对以拉壮丁来补充兵源,主张自愿参军。他向卢子英建议,在北碚开展志愿兵运动。卢求之不得,立即组织了公教人员和中学生3000多人,分赴城乡动员宣传,不到半个月,自愿报名参军的多达400余人。1941年春,国统区被视为禁书的《新民主主义论》刚一出版,陶行知就秘密送给卢子英一本。

陶行知与卢子英私交甚笃,陶经常出入卢家,与卢子英畅谈时局。据卢子英之女卢国模女士回忆:"在父亲的朋友里,使我们深感亲切和熟悉的人中,就有陶行知伯伯。"卢子英任北碚管理局局长,住处与办公的区署紧相连,为免人猜忌,陶行知每次与卢子英相见,总不由区署大门进出而是通

---

[1] 卢国模:《难忘的陶行知伯伯》,《卢作孚研究》2007年第4期。
[2] 李萱华:《卢子英与北碚》,载中国人民政治协商会议重庆市委员会文史资料委员会编《重庆文史资料》第42辑,西南师范大学出版社,1994,第89—90页。

过卢家厨房后门进出。"每次他来我家,都要和母亲、外婆寒暄几句。见到我们兄妹时,总是大声叫出名字,问这问那。有时他会从衣袋里摸出几颗花生、胡豆给我们,令我们十分高兴;他甚至顺手把我高高举起转圈子,逗得我很开心。我们非常爱他,总盼望这位没有长辈架子的陶伯伯到来,盼着那从口袋里面摸出的'见面礼'。"①

五、勉于行仁笔作犁——卢作孚与梁漱溟②

著名乡村建设理论家与践行者梁漱溟先生,在1983年写的《怀念卢作孚先生》一文中说,"卢作孚先生是最使我怀念的朋友",足见他对卢作孚的尊重与情感。梁漱溟于1941年迁来北碚,直到1949年全国解放离开,共在此生活了九年时间。他在北碚写作了著名的《中国文化要义》,并于1948年兴办勉仁文学院。

梁漱溟(中)与民众代表到嘉陵江边迎接解放军(1949年12月5日)

早在1932年,卢作孚赴上海主持民生公司上海分公司

---
① 卢国模:《难忘的陶行知伯伯》,《卢作孚研究》2007年第4期。
② 本节主要参考:刘重来:《梁漱溟与卢作孚——'精神上彼此契合无间'——兼议梁漱溟对卢作孚乡村建设的评价》,《孔子研究》2018年第4期。

成立仪式时,就在黄炎培的宴请中初次结识了梁漱溟。1937年,梁漱溟应四川乡村建设学院(今西南大学的前身之一)邀请到该校讲学而来到了重庆,这是梁漱溟第一次入川。他此时正在山东邹平进行乡村建设实验,而卢作孚也正在主持以北碚为中心的嘉陵江三峡地区的乡村建设实验。所以,卢作孚热情地邀请梁漱溟到民生公司和北碚参观考察,听取他的意见。

梁漱溟欣然应邀,在民生公司朝会上作了题为《我的过去与山东工作概况》的演讲。随后,6月7日,梁漱溟又应卢作孚、卢子英的邀请到北碚参观。为了表示对梁漱溟的尊重和欢迎,卢子英派区署秘书黄子裳专程去重庆迎接,并一同乘船来北碚。而在北碚码头,卢子英又组织了机关和学校师生数百人前来欢迎,使梁漱溟大为感动。在这次演讲中,梁漱溟系统阐述了乡村建设的三大意义和知识分子下乡的重大意义。

梁漱溟先生一生曾多次对北碚的乡村建设工作给予高度评价。1983年梁漱溟90高龄之时,在《怀念卢作孚先生》一文中,对卢作孚的乡村建设事业进行了系统全面的评价:"作孚先生还热心致力于地方与农村建设事业。重庆北碚就是他一手筹划和开创而发展起来的,作孚先生及其胞弟卢子英,从清除匪患,整顿治安入手,进而发展农业工业生产,建立北碚乡村建设实验区,终于将原是一个匪盗猖獗、人民生命财产无保障、工农业落后的地区,改造成后来的生产发展、文教事业发达、环境优美的重庆市郊的重要城镇和文化区,现在更成为国内闻名的旅游胜地。"

前面我们看到,从王锡五、周宝箴、胡南先到卢尔勤、卢作孚、卢子英三兄弟,为开拓北碚、建设北碚,付出了大量的心血,在这里谱写下了中国近代史上独树一帜的乡村建设篇章。同时,在每章的专栏中选录了一部分卢作孚、卢子英的文章。让我们从几十年前的回忆中,去体会当年北碚乡村建设的感人气象!下面我们将更具体地介绍在卢作孚、卢子英支持下,来到北碚的著名乡村建设倡导者晏阳初、梁漱溟、陶行知等志士仁人是怎样在北碚这片热土上耕耘,携手谱写中国乡村建设的多彩篇章。

听梁漱溟讲述卢作孚的故事[1]

卢作孚先生是最使我怀念的朋友。我得结交作孚先生约在抗日战争军兴前后(1937年),而慕名起敬则远在战前。我们相识后,彼此都太忙于各自所事,长谈不多,然而在精神上则彼此契合无间。

大约是民国七八年间(1918年或1919年),我去拜访住在天津的周孝怀(善培)老先生,就首次听到他谈起作孚先生。周老先生为宋儒周濂溪之后,于清末曾任四川省劝业道台,后又出长广东将弁学堂,任监督(校长),著名将领如伍庸伯、邓铿、熊略、叶举等,都是周老主持该学堂时培养出来的。周老先生在向我谈起作孚先生时,对其人品称赞备至。在六七十年后的今天,周老谈起他时的情景我至今依然记得。周老将拇指一挠,说道:"论人品,可以算这个!"由此可见周老对作孚先生卓越不群的品德之称道。

可是我得与作孚先生见面相识,则在此之后将近二十年。那是因抗日战争爆发,我撤退到大后方的四川之后。当时作孚先生与我所从事的活动虽不同,但地点均多在重庆,因此交往较多。在彼此交往中,更感到作孚先生人品极高。我尝对人说:"此人再好不过!他心中完全没有自己,满腔

---

[1] 梁漱溟:《怀念卢作孚先生》,载《梁漱溟全集·第7卷》,山东人民出版社,1993,第525–526页。略有改动。

里是为社会服务的事业。这样的品格,这样的人,在社会上找不到。"作孚先生有过人的开创胆略,又具有杰出的组织管理才能,这是人所共见。人们对他的了解较多的在此,人们常称道他的自然也多在此,但岂知作孚先生人品之高尚更是极难得的呀!

作孚先生是民生轮船公司的创办人和领导者。他在当时旧中国,内有军阀割据,外有帝国主义的压迫侵略的情况下,创办民族工业,迂回曲折,力抵于成,真可谓艰难创业,功在国家社会。毛泽东主席五十年代在谈到民族工业时说有四个人不应忘记:讲重工业,不应忘记张之洞;讲轻工业,不能忘记张謇;讲化学工业,不能忘记范旭东;讲交通运输业,不能忘记卢作孚。作孚先生受到这样的赞誉是当之而无愧的!

作孚先生还热心致力于地方和农村建设事业。重庆北碚就是他一手筹划和开创而发展起来的,作孚先生及其胞弟卢子英,从清除匪患,整顿治安入手,进而发展农业工业生产,建立北碚乡村建设实验区,终于将原是一个匪盗猖獗、人民生命财产无保障、工农业落后的地区,改造成后来的生产发展、文教事业发达、环境优美的重庆市郊的重要城镇和文化区,现在更成为国内闻名的旅游盛(胜)地。1941年我将创办不久的勉仁中学迁至北碚。1946年尾,我退出和谈、辞去民盟秘书长职务后,便在这景色宜人的北碚息影长达三年之久,静心从事著述;《中国文化要义》一书即写成于此时。1948年我又与一般朋友创办勉仁文学院于北温泉,从事讲学活动，直至1949年底四川解放后来北京，才离开北碚。在上述我在北碚从事的种种活动中，自然都得到作孚先生以及子英先生的热心支持和帮助。

作孚先生是1952年故去的，距今已有三十余年！作孚先生与我是同年，都出生在甲午之战前一年，如果他今天仍健在，也当是九十岁高龄了！

作孚先生是个事业家、实干家，是个精神志虑超旷不凡的人！我们应当永远向他学习！

晏阳初先生小传

晏阳初（1890—1990），祖籍四川省巴中县（今巴中市），中国著名平民教育家和乡村建设家。1913年就读于香港圣保罗书院（香港大学前身），后转入美国耶鲁大学，主修政治经济，并于1917年当选为耶鲁华人协会会长。1918年毕业后，随即到法国为参加第一次世界大战的20万华工服务，教他们识字学文化。通过四个月的服务

晏阳初骑驴下乡（20世纪30年代）

实践，他认识到"世界上最宝贵的资源不在金矿银矿，而在'脑矿'。世界上最大的'脑矿'资源在中国"。1919年他入美国普林斯顿大学研究院，攻读历史，获硕士学位。1920年回国，从此开启了他毕生的平民教育事业，开一代知识分子新风。

晏阳初先在北京发起组织大众教育联合会，发起全国识字运动，号召"除文盲、作新民"。1922年3月，他转到湖南长沙组织平民教育讨论会，并在长沙等地创办平民学校，推行

"全城平民教育运动计划",主持编著了国内最早附有注音符号的成人白话识字读本——《平民千字课本》。1923年8月23日,他在北京成立了"中华平民教育促进会"(简称"平教会"),由朱其惠任董事长,晏阳初任干事长,陶行知等任干事,先后在华北、华中、华西、华南等地开展义务扫盲活动。

随着平民教育运动的开展,晏阳初逐渐认识到中国的平民教育重点在农民的教育,平教会设立了乡村教育部。经历了两年的实地调查,1925年,平教会选择河北定县作为乡村建设、平民教育的实验基地。1926年晏阳初与志同道合的一批知识分子来到定县翟城村,开展农业教育、农民研究和农村调查。1929年平教会迁往定县,晏阳初自己也举家迁往定县农村,全力以赴地在这里开展乡村教育的实践。

1936年,日本对华北的侵略步伐步步逼近,晏阳初和平教会在战争威胁下离开定县。几经辗转,1939年初迁至重庆北碚。在卢作孚、卢子英的支持下,1940年7月成立"私立中国乡村建设育才院"。1940年开始成立华西实验区,直至新中国成立。1943年5月,晏阳初应邀赴美国纽约参加世界几百所大学和高等学术机构发起的"全美纪念哥白尼逝世400周年大会",会上他与爱因斯坦、杜威、福特等一道被评为"现代世界最具革命性贡献的十大伟人"。1947年9月,晏阳初受聘为联合国教科文组织基本教育特别顾问。

1956年,在晏阳初的帮助下,菲律宾建立了国际乡村改造学院。晏阳初致力于向世界推广他的乡村教育与乡村建设理念,并担任联合国教科文组织顾问。在他的协助下,菲律宾、加纳、哥伦比亚等欠发达国家纷纷推行类似计划。

1985年和1987年,他以90多岁的高龄远涉重洋回祖国参观访问,受到党和国家领导人邓颖超、万里、周谷城的亲切接见。他仍然关心农村的建设,他表示:"我们愿意把我们七十多年在乡村深入民间认识问题、研究问题、协助人民解决问题所取得的一点知识献给祖国。"

晏阳初与中国乡村建设学院

乡村建设不是任何一面可以单独解决的,而是联锁进行的全面的建设。因为社会与生活都是整个的、集体的、联系的、有机的,决不能头痛医头,脚痛医脚,支离破碎的解决问题。[①]

——晏阳初

一、中华平民教育促进会的乡村建设

1923年夏,晏阳初发起的以"除文盲,作新民"为宗旨的中华平民教育促进会(简称"平教会")在北京成立。从1926年起,平教会在河北定县(今河北定州)开展平民教育与乡村改造运动的实验,工作范围也由先前的识字教育扩展到乡村建设,全力推行以县为单位的乡村建设实验,被称为"定县实验"。在十余年的探索中,晏阳初总结中国农村的主要问题,集中表现为"愚、贫、弱、私""四大病"。对此,他以"除文盲、作新民"为宗旨,以"民为邦本,本固邦宁"为核心,倡导以学校、社会、家庭三位一体的连环教育方式(即"三大方式")来推动生计、文艺、卫生、公民"四大教育"[②],即以"文艺教育治愚",以"生计教育治贫",以"卫生教育治弱",以"公

[①] 晏阳初:《开发民力 建设乡村》(1948),载宋恩荣主编《晏阳初全集》第2卷,湖南教育出版社,1992,第341页。
[②] 晏阳初:《中华平民教育促进会定县实验工作报告》,载宋恩荣主编《晏阳初全集》第1卷,天津教育出版社,2013,第269页。

民教育治私",来进行乡村改造,以实现政治、教育、经济、自卫、卫生和礼俗"六大建设"。

中华平民教育促进会绘在定县贡院影壁上的"除文盲、作新民"的宣传画

平教会的"定县实验"引起了国内外的广泛关注,与梁漱溟先生领导的山东邹平实验一起,并称为华北乡村建设典范。

1936年后,为将定县实验经验向全国推广,加之华北政局日益紧张,平教会的工作重心逐渐南移。平教会总部在短暂迁驻长沙、成都后,于1939年初迁到抗战大后方的中心城市——重庆。

二、私立中国乡村建设育才院/私立乡村建设学院

1940年7月,在卢作孚、卢子英的支持下,平教会在极其艰难的条件下在北碚歇马场大磨滩成立"私立中国乡村建设育才院"(以下简称乡建院),设专修科和研究部,学制两年。1945年升格为独立学院,更名为"私立乡村建设学院",设乡村教育学、农学、社会学、农田水利学四系。办学十一年,共招新生1180人,毕业生共379人,其中专修科毕业134人,本科毕业245人[①]。1951年1月,由重庆市军事管制委员会接

[①] 谭重威:《中国乡村建设学院的创办和它的特点》,载中国人民政治协商会议重庆市北碚区委员会文史资料委员会编《抗日战争时期的北碚(北碚文史资料第四辑)》,1992,第321页。

管。2月,改名为川东教育学院。1952年在全国高等学校院系调整中,并入西南师范学院和西南农学院。

乡建院不是一所普通的高等院校,正如历史学者王先明所指出,私立乡村建设学院是将乡村建设与高等教育有机融合的新式学校。它的创设标志着乡村建设运动的第三次转向,是乡建运动走向新阶段的开始。这所学院在"学术自由""研习体制"和"自治管理"多方面开创新制,别具特色。无论是从乡村建设运动角度还是从近代教育制度取向上而言,它都有值得深入探讨的价值和意义。①这座学校的创建,"是'乡村建设'在中国教育史上被认为学术的新纪元"②。

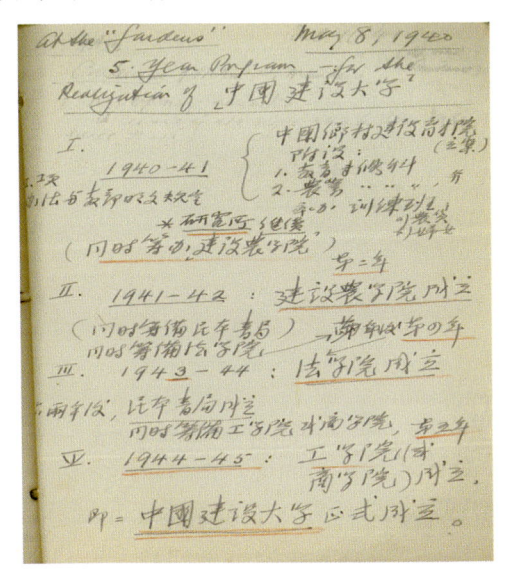

晏阳初关于创办私立中国乡村建设育才院计划的工作笔记
(1940年,现藏于中国国家博物馆)

---

① 王先明:《从社会运动到学科建设的转向——试论"私立乡村建设学院"与民国乡建运动》,《安徽史学》2018年第2期。
② 吴相湘:《晏阳初传》,岳麓书社,2001,第321页。

1. 乡建院的缘起与筹建

晏阳初号召知识分子走出"象牙塔",从书本、课堂中走出来,深入农村,进行乡村教育和乡村建设。为了解决乡村建设人才奇缺问题,他决定在大后方的重庆创办一所乡村建设学院。为了筹建乡村建设学院,平教会于1939年5月在重庆成立了"中国乡村建设学院筹备委员会",晏阳初任主任委员。卢作孚、卢子英在选择校址、筹措经费、购买地皮、建设校舍、添置设备等方面提供了热诚的大力帮助。无怪晏阳初在给平教会同仁的信中说,卢作孚"不仅是我私人最好的朋友,而且是平教运动的重要支持者"①。

私立中国乡村建设育才院校园全景

私立中国乡村建设育才院位于重庆北碚歇马场大磨滩附近,占地500亩。为了使师生更好地与乡村社会互动融合,院址设在乡村且没有围墙。培养乡村建设人才,除了学校教学外,必须有实验基地供学生实习。卢作孚为此也极力

---

① 晏阳初:《复汤静怡》,载宋恩荣主编《晏阳初全集》第3卷,湖南教育出版社,1992,第693页。

帮忙。卢作孚与家乡合川的士绅商量后,有三位乡绅答应捐赠土地100亩给平教会①。经农业专家实地勘察,认为捐出的这一部分土地很适合种茶树、烟草、玉米和马铃薯,且距学校只有60公里,是实习的好地方,于是将此土地确定为学校的实习基地。

要创办一所高等学校,不但要筹集到足够的办学经费,还要得到政府和社会各界的大力支持。为此,晏阳初、卢作孚多方奔走,联络各方热心教育、关心乡村建设运动的政府要员、社会名流成立学院董事会,共襄办学大事。董事长选定为张群。张群是晏阳初、卢作孚的好朋友,时任四川省主席,对晏阳初、卢作孚的事业一贯很支持。董事会由19人组成,其中有蒋梦麟(国民政府委员、1930年10月至1945年10月任北京大学校长)、翁文灏(国民政府委员、经济部部长)、熊式辉(曾任江西省主席、东北行营主任)、张治中(曾任湖南、新疆省主席,军委会政治部主任)、吴鼎昌(国民政府文官长)、陈布雷(国民政府委员)、甘乃光(中央政治委员会委员)、蒋廷黻(行政院善后救济总署署长)、康心如(美丰银行总经理)、何廉(南开大学经济研究所所长)、黄炎培(中华职业教育社董事长)、卢作孚(民生公司总经理、交通部常务次长)、何北衡(四川建设厅厅长)、梁漱溟(中国乡村建设学会常务理事)、梁仲华(前山东乡村建设研究院院长)、陈筑山(前四川建设厅厅长)、郑璧成(民生公司主任秘书)、张伯苓(南开大学校长、平教会董事长)、晏阳初(中华平民教育促进会干事长)。

---

① 晏鸿国:《晏阳初传略》,天地出版社,2005,第203页。

董事会设书记1人,由晏阳初担任;会计1人,由卢作孚担任,负责处理建校重大事宜。经董事会决议,晏阳初任乡村建设育才院院长。院长之下设院务主任1人,辅助院长处理院务。按教育部规定,学院下设教务、训导、总务3个处,汪德亮任院务主任兼管教务、训导二处,张鸿钧任总务处主任。

私立乡村建设学院教室

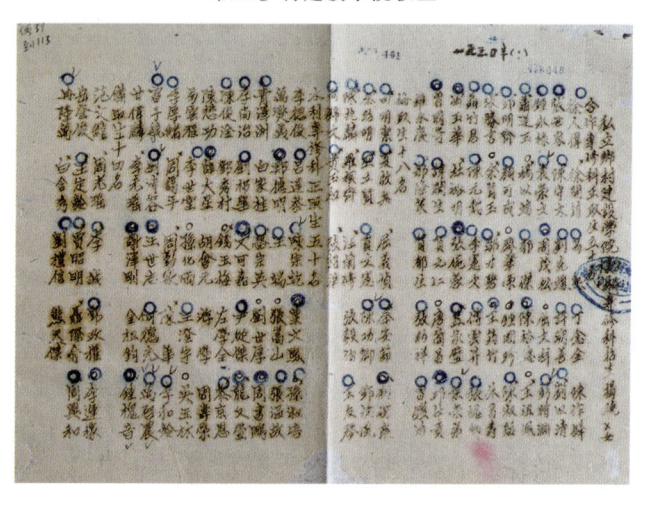

私立乡村建设学院招生名单

经过一年多的筹备,终于在1940年7月19日,经教育部高字第236574号指令准予备案,定校名为"私立中国乡村建设育才院",于1940年10月28日正式开学。育才院的环境十分优美。著名实业家、经济学家薛明剑1944年参观育才院时,对其环境有生动的描述:"到歇马场跨下公共汽车,由车站向东走4里许,就到中国乡村建设育才学院,院址原已呈准政府,划地2000亩(免一切赋税),闻因限于经费,仅购500亩(每亩1000元,加费100元,约计50余万元),绕在碧绿的河岸旁,四面高枕着山坡,院内建筑了七幢新房屋,每幢约一二十间宽广,做了办公室、教室、宿舍等。另有四五处就农家修改的院子,坐落在有竹林、有树木的天然怀抱中,古色古香,可以当之无愧。办有农场,场里种植许多名贵的花木及日用的蔬菜。有11户特约的农家(纳租较普通为轻),他们每天耕耘着院中的田地。他们也参加院中的活动和消费合作事业。"①

育才院虽属私立,但实际上向学生收取的学杂费十分少。而主要经济来源是靠院长晏阳初向海内外募捐而来。晏阳初为育才院募集了可观的经费,而个人生活却非常节俭。卢作孚在美国时耳闻目睹了晏阳初募捐的辛劳,所以回来后在给乡建学院师生作报告时,十分感慨地说:"人多以为(他)在美国很享福,你们的院长在美国募捐,住一个小店。有一次我去看他,他正在洗袜子。捐款是天下最苦的事,其苦一言难尽。"

---

① 薛明剑:《中国乡村建设育才学院一瞥》,原载《教育与职业》1944年第199期,转引自陆阳:《薛明剑传:民国实业的布道者》,华文出版社,2013,第226页。

2.乡建院的办学宗旨与教育目标

晏阳初创办乡建院,是为抗战建国,为全国乡建运动培养人才。

关于乡建院的教育培养目标,晏阳初在1940年10月28日育才院"始业式典礼"上,在1940年所写《本院六大教育目标》一文中,在1942年10月5日对育才院学生作的题为《农村建设育才院的宗旨与今后的使命》的讲话中,都一再阐明育才院的六大教育目标,而且每一个目标都有具体的要求:

1942年10月5日乡村建设育才院开学典礼,晏阳初手书的演讲提纲(现藏于美国哥伦比亚大学图书馆)

第一,劳动者的体力

(1)利用自然环境,爬山游泳;

(2)养成最低限度的卫生习惯;

(3)养成健康的思想;

(4)自力生产,以锻炼体魄。

第二,专门家的知能

(1)有一技之长;

(2)即学即作,即作即习;

(3)理论与行动打成一片。

第三,教育者的态度

(1)人人都是可造人才;

(2)学而不厌,诲人不倦;

(3)作之君,作之师。

第四,科学家的头脑

(1)对一切求真知;

(2)用科学的态度来解决一切问题。

第五,创造者的气魄

(1)不苟安,求进取;

(2)不享受,不畏难;

(3)敢作敢为,耐劳任怨。

第六,宗教家的精神

(1)有信仰,坚定不渝;

(2)临大难,处之泰然;

(3)重博爱,爱人如己;

(4)能牺牲,舍己为人。①

晏阳初还向育才院的学生提出了"四自教育"。他说:

> 育才院不是一个普通的学校,我们要造就新的学风,新的校风,要有特别的风度、精神和能力。育才院的"四自教育"——自习是培养智识力;自给是培养生产力;自强是培

晏阳初在私立乡村建设学院的办公室前

---

① 晏阳初:《本院六大教育目标》,载宋恩荣主编《晏阳初全集》第2卷,湖南教育出版社,1992,第135-136页。

养体力；自治是培养纪律——战斗力。育才院的学生都要做到四力并兼，不然，像那些只有资格没有能力的饭桶，是大可不必去造就的。①

私立乡村建设学院部分教职工及特邀嘉宾（左六卢作孚，左七晏阳初）在毕业典礼上

3. 乡建院的学科设置

从乡建育才院到乡建学院，其最大的特点就是它有独特的系科和课程设置，这些系科的设置属于半教半农的性质。其学科和课程不仅是依其办学宗旨、社会需求而设置，而且也随着学校的扩充和上档升级而不断变化。

（1）研究生学科设置。

由于育才院或乡建院所培养的人才毕竟是最具体接触农业、农村、农民的人，因而学院历来十分重视应用研究，重视研究生的培养。1939年7月5日，晏阳初在《把乡建学院办成一个革命性的大学》一文就提出了招收研究生的计划：

---

① 晏阳初：《对育才院学生的勖勉》，载宋恩荣主编《晏阳初全集》第2卷，湖南教育出版社，1992，第141–142页。

"先招收研究生。每系收几个人，重质不重量，予以严格训练实习机会。"①在学院拟定的教学大纲中，对于研究工作就有较明确的规定：

（一）进行现实研究，应用科学方法，以实际需要为研究对象，检讨社会事实，提供改进计划。（二）致力社会证验，表证实验所研究的结果，以期完成实际的改造。（三）进行研训合一，以研究的结果，证验的过程，为教学的内容与方法。（四）实现任务训练，以国家建设计划，社会实际任务，为培养人才之目标。（五）推进联锁教学，着眼于社会上各种任务活动之联锁关系，求得共同学术基础。（六）发展集体服务，注重计划的组织的训练，俾于实际服务国家社会时能收分工合作之效。②

育才院在1940年10月设乡村教育系和农村经济系，招研究生8名，实到7名，两年后毕业。

（2）专修科的学科设置。

育才院最初决定先设农业、农村教育、农业经济三个专修科，目的是培养县级单位乡村建设的行政与技术人才。学生则要求是高中、高等师范学校、高等农业学校毕业，且有两三年工作经验者。

但开学时，只有农业和乡村教育两个专修科开始招生，原拟议的农业经济专修科却因一次意外事故被迫停招：1940

---

① 晏阳初：《把乡建学院办成一个革命性的大学》，载宋恩荣主编《晏阳初全集》第2卷，湖南教育出版社，1992，第119页。
② 瞿菊农：《平教会、乡建学院、华西实验区简述》，载重庆市北碚区地方志编委会、西南师范大学校史编委会、乡村建设学院校史研究会合编《中国乡村建设学院在北碚》，西南师范大学出版社，1992，第24—25页。

年4月20日,平教会同仁及家属共21人乘"民用"轮到北碚,船行至磁器口时,突遇激流触礁沉没,21人全部遇难。其中平教会骨干,预定为育才院农业经济专修科主任的姚石庵教授全家不幸遇难,致使已计划的农业经济专修科不得不停办,原计划招生150人,也只好改为50人。

乡建学院农学系学生田间实习

私立乡村建设学院乡村教育系46级毕业合影(中排教师,从左到右:张向初、高振业、李建勋、代院长魏永清、系主任徐国启、何志汉)

由于专修科学习期仅两年,第一年上课,第二年实习,所以第一年两个学期安排的课程很多。除按教育部统一规定开设的必修课外，还根据乡村建设工作的实际需要，开设了8门共同必修课，即乡村建设概论、农村经济、社会工作法、公共卫生、生活训练、农业概论、乡村教育概论、乡村建设问题等。这8门共同必修课都尽量安排在第一学期，共23学分。[①]

第二学期上专业课，科目也不少，以农业专修课为例，第二学期的专业课就有畜牧兽医、果树园艺、森林学、设计研究、乡村教育概论、公共卫生等[②]。

1942年9月，又新设水利工程专修科和社会行政专修科，前者为应四川各地水利工程的急迫需要，后者是认识到战时及战后社会变化，急需注意把握社会问题而设立的。

农田水利系45级学生水利测量实习（1948年）

[①] 重庆市北碚区地方志编委会、西南师范大学校史编委会、乡村建设学院校史研究会合编《中国乡村建设学院在北碚》，西南师范大学出版社，1992，第47页。
[②] 谭重威：《中国乡村建设学院简介》，载重庆市北碚区地方志编委会、西南师范大学校史编委会、乡村建设学院校史研究会合编《中国乡村建设学院在北碚》，西南师范大学出版社，1992，第12页。

社会系同学排演舞蹈（1948年）

（3）本科的学科设置。

育才院自1945年改为学院，由专科升为本科后，对各系开设的科目和学分有更严格的要求。特别是晏阳初及代院长翟菊农、梁仲华等，针对当时大学生教育脱离实际的通病，主张大学生不仅要在课堂上学习书本知识，还要投身社会实际，参加科学实验，提高其发掘问题、分析问题和解决问题的能力。所以学院强调课程教学外，对深入农村实习都有规定，且设置的课程也与实验密切配合。当时学院各系开设的课程有：

乡村教育系：教育概论、国民教育、社会教育、小学教材教法、地方教育行政、乡建概论等；

社会学系：社会事业、社会行政、地方自治、个案工作、社区组织、社团工作、合作事业、公共卫生、家庭问题、乡建概论等；

农学系：农学概论、农业推广、农业经济、果树培育、土水保持、畜牧兽医、农产加工、乡建概论等；

农田水利系：测量学、河工学与河工设计、工程材料、道路工程、水工计划、农田灌溉、乡建概论等。①

晏阳初(1排左8)、卢作孚(1排左7)在礼堂前与乡建学院师生合影

(4)实习课程的设置。

晏阳初创办乡建院,特别强调实习课,他认为乡建院的最大特色就是理论与实践的有机统一。他要求"学院必须使课堂教学与现场的实践活动有机地结合起来",主张"学校要求学生在学好原理和理论之后必须再在现场实践中学习"②,而且要做到"上台能演讲(做群众宣传),下田能种地(传播农业科学技术)"③。他不但在学校附近划定了专门的实习区,还把他在璧山等地的乡村建设实验基地——华西实

---

① 西南大学档案馆、校史研究室编印《西南大学记忆·私立中国乡村建设学院专辑》,2017,第18—19页。
② 晏阳初:《抗日战争以来的平民教育》,载宋恩荣主编《晏阳初全集》第2卷,湖南教育出版社,1992,第326—327页。
③ 资料来源:私立中国乡村建设学院学生刘孝仲(后为中国农业科学院柑桔研究所研究员,现已逝世)访谈口述。

验区也作为学校的实习区。他认为实习区"不仅是乡建运动的生命线,同时也是乡建学院的生命线"①。

正因为如此,乡建院要求学生几乎用一半的学习期来实习。如育才院时期,学生的学习期才两年,就要用一年的时间实习,以提高学生的实际能力。

乡建院的实习方式多种多样,有平时安排的短时实习,有集中一段时间实习,有在行课中间穿插实习,也有利用寒暑假和课余时间实习。在教师的带领指导下,各系学生走出课堂,到农村、到华西实验区去实习。

实习的方式,有参观见习、调查研究、乡建工作实习、专业实习、综合实习等,这些实习多半在他的"社会实验室"——华西实验区和研习区进行。为了解华西实验区经济、生产、生活、文化等实际状况,社会调查室会组织人员进行典型性调查和概况调查,通过调查及时掌握工作地区的基本情况。

1948年私立乡村建设学院社会系部分同学在璧山大路乡做社会调查

① 晏阳初:《实习区的意义》,载宋恩荣主编《晏阳初全集》第2卷,湖南教育出版社,1992,第129页。

（5）学生的学习生活。

育才院学生的学习生活可谓紧张、充实、活泼。实业家薛明剑对此也有生动的描述："院生的生活从天亮到黑夜，没有轻易地放弃过一刻，天才黎明，起床的铃声已经当当地响起来了，全体院生就起床、跑路、梳洗、早操、吃饭、升旗、演讲、上课，好像中央训练团的样子，一项紧接着一项，不容有一点懈怠，不许有一分因循。负有自治责任的队长们，会有形无形地催促着每一个人，做他每日内应做的事情。最感痛快的，是在这些青年人当中，看不见一个军事教官用口令驱使着他们，但他们的举止行动都很紧张正确，而且都是有教育意义的。"[1]

4. 独立的乡村建设学院成立

育才院自1940年建校以来，本着艰苦奋斗，一边开课一边建设的精神，到1945年，校舍设备和师资力量日渐扩充。此时晏阳初和平教会深感专科两年的学习期限太短，应学的专门知识和技能都很有限，特别是实习时间安排很难。为此，晏阳初与代院长瞿菊农与教育部多方商洽，将育才院升格为本科的独立学院。

1945年5月25日，在重庆曾家岩求精中学的何北衡家

---

[1] 薛明剑：《中国乡村建设育才学院一瞥》，原载《教育与职业》1944年第199期，转引自陆阳：《薛明剑传：民国实业的布道者》，华文出版社，2013，第227页。

召开了董事会,由董事长张群主持,张伯苓、张治中、何北衡、甘乃光、翁文灏、熊式辉、何廉、黄炎培等董事出席,讨论了代院长瞿菊农的工作报告,董事会决议同意将育才院扩充升格为独立学院,并同意筹集学院基金2000万元。

1945年,育才院终于被教育部批准成为独立学院,更名为"私立乡村建设学院",原有的四个专修科均改为系,即农村教育系、社会学和社会行政系、农学系、水利工程系,修业四年,实行学分制,毕业考试合格的,可授学士学位。

私立乡村建设学院1948年度第一学期教职员数报告简表(原件存于四川师范大学档案馆)

由于晏阳初大力引进人才,使规模不大、时间不长的乡建院荟萃了不少饱学之士,现将乡建院的教师列表如下:

乡建学院主要教师名册

（根据1950年1月名册整理）[1]

职别	姓名	性别	年龄	籍贯	学（经）历
院长	晏阳初	男	55	四川巴中	美国耶鲁大学硕士、圣约翰大学博士
代院长、教务主任	魏永清	男	43	北京	美国哥伦比亚大学博士、燕京大学校长、重庆实验救济院院长
副院长、讲座	瞿菊农	男	50	江苏	美国哈佛大学博士、清华大学教授
代院长、讲座	梁仲华	男	50	河南	北京大学毕业、山东乡村建设研究院院长、华西大学教授
秘书主任	赵永澄	男	55	北京	平教会专门干事，湖南省立十一师校长
总务主任	常得仁	男	44	山西	美国康奈尔大学农学硕士
教授	孙伏园	男	55	浙江	法国巴黎大学博士、中山大学教授
教授	冯志东	男	63	哈尔滨	北京燕京大学硕士、北京协和医院教授
教授	王秀泉	女	35	青岛	北师大毕业、四川大学副教授
教授	司福德	男		美国	
教授	席朝杰	男		四川	山东乡村建设研究院研究员
教授兼乡村教育系主任	徐国启	男	40	江苏	北师大毕业、四川大学教授
讲座	李建勋	男	65	河北	美国哥伦比亚大学哲学博士、东南大学、清华大学、北京大学、四川大学等校教授
教授	任宝祥	男	40	河北	美国威斯康星大学硕士
教授	张向初	男	39	山西	北师大毕业、西北大学副教授
教授	高振业	男	38	河北	北师大毕业
教授	刘又辛	男	37	山东	北京大学中文系，西南联大文学系毕业
教授兼社会学系主任	梁桢	男	40	河北	燕京大学毕业、美国芝加哥大学肄业

[1] 重庆市北碚区地方志编委会、西南师范大学校史编委会、乡村建设学院校史研究会合编《中国乡村建设学院在北碚》，西南师范大学出版社，1992，第64-67页。笔者略有增补。

续表

职别	姓名	性别	年龄	籍贯	学(经)历
教授	王启澍	男	34	贵州	中央大学文科研究所毕业、中山大学讲师
教授	孙渠	男	38	山东	金陵大学农学院毕业、前实验部技正
教授	黄勉	男	50		金陵大学毕业、华西大学副教授
教授	李世材	男	42	四川	金陵大学毕业、美国威斯康星大学肄业
讲座兼农田水利系主任	白季眉	男	56	河北	教育部核定大学教授、复旦大学土木工程系主任
教授	郭跃观	男	41	四川	交大唐山工学院毕业、四川公路局副工程师
教授	李昌图	男	42	河北	北洋大学毕业、黄河水利委员会副工程师
教授兼卫生系筹备主任	谷韫玉	女			
教授	王正仪				
副教授	于淑安	女			齐鲁大学医学院毕业,国立第一助产学校医务主任
副教授	任致嵘	女	57	北京	燕京大学音乐系毕业、华西大学、金陵女大等校音乐教员
副教授	郭士坤				
副教授	赵守忠	男	41	河南	中央大学毕业、四川大学副教授
副教授	张之光	男	38	山东	金陵大学毕业、金陵大学讲师
副教授	李焕章	男	38	河北	金陵大学毕业、华西大学副教授
副教授	张石诚	男	34	江苏	山东大学副教授
副教授	自眉寿	男			
讲师	何志汉	男	26	湖南	乡村建设学院教育系毕业
副教授	邓托夫	男	42	四川	成都师范大学毕业
讲师	陈行可	男	57	四川	北京高等师范学校毕业,美国密执安大学研究院毕业
讲师	黄景美	女			

乡建院还聘请了许多客座教授,如马寅初、费孝通、胡絜青等。

1945年夏季,学院招收本科新生,报考学生踊跃,达1014人,但录取标准相当严格,只录取了新生160名,实到116人,加上专科旧生改读本科二年级生67人,全院学生183人,其中女生37人。到1946年夏季招生时,报考学生达1500余人,只录取113人。1948年夏季招生时,报考学生达3300余人,也只录取了100多人。①

1947年8月25日,晏阳初出席联合国教科文组织在巴黎召开的研讨会时以《平民教育与国际了解》为题演讲。图为晏阳初与世界各国乡建运动成员的合影

5. 乡建院的军管、更名与新生

1951年1月18日,乡建院正式由重庆市军事管制委员

---

① 谭重威:《中国乡村建设学院简介》,载重庆市北碚区地方志编委会、西南师范大学校史编委会、乡村建设学院校史研究会合编《中国乡村建设学院在北碚》,西南师范大学出版社,1992,第12页。

接管并改组,成立了新的组织机构:在院长之下设教务、总务两处。原有的乡村教育、社会学、农学、农田水利四个系改为数学物理系、生物化学系、教育行政系、社会科学系、语文(俄语组、文艺组)系等五个系。原农学系和农田水利系的学生,分别到四川大学农学院和重庆大学土木工程系借读或转学。原有本科生183人,留下72人,农林、水利、合作三个专修科的学生176人转学或分配工作。原有老师73人,职员38人,工人56人,经军事管制委员会接管和改组后,余教师28人,职员27人,工人35人。[①]

从育才院到乡建院,在动荡艰难的岁月里办学十一年,共招收学生1180人,经教育部核准毕业的学生379人,占入学总人数的32%,其中专科毕业生134人,本科毕业生245人。其中乡村教育系毕业生129人,社会学系毕业生88人,农学系毕业生104人,农田水利系毕业生58人。之所以会出现68%的学生未能修业期满,正式毕业,是因为学校发生过两次大的波动:一次是1949年底至1950年初,在校学生因参军、参加工作而离校89人;一次是1950年底学校被军事接管后,在校生348人被分散安排。其他有被国民党逮捕牺牲5人,新中国成立初参加征粮工作牺牲5人,还有中途休学、退学、转学而离校的,所以正式毕业生只占总招收学生的三分之一。

---

① 重庆市北碚区地方志编委会、西南师范大学校史编委会、乡村建设学院校史研究会合编《中国乡村建设学院在北碚》,西南师范大学出版社,1992,第156页。

1951年2月,奉中央人民政府教育部令,将私立乡村建设学院改名为川东教育学院,由原重庆市军管会驻乡建院军代表姚大非任川东教育学院主任委员,刘又辛、邓托夫任副主任委员,刘主管教学,邓主管行政总务。1951年秋季,川东教育学院除数学物理系招数学二年制专科外,其他各系均招四年制本科各一班,约50人左右。1952年8月,全国大专院校院系调整开始,川东教育学院的教育行政系、语文系、生物化学系师生全部并入西南师范学院,部分职工也调入西南师范学院,其他系科师生分别调入西南农学院、南充师范学院等院校。乡建院原校址改建为中国农业科学院柑桔研究所,2001年并入西南农业大学。2005年,西南师范大学和西南农业大学合并组建为西南大学,所以乡建院也是西南大学的前身之一。

　　2012年,为了继承百年乡建丰富的历史资源,扩大文化影响,延续晏阳初及其乡建院的办学理念、人才培养、科学研究的传统,西南大学决定成立中国乡村建设学院。12月8日,在西南大学召开的"可持续实践与乡村建设国际研讨会"上,举行了西南大学中国乡村建设学院揭牌仪式,西南大学校长张卫国任院长,特聘著名"三农"问题专家温铁军教授任执行院长。成立仪式上,晏阳初先生的后人晏鸿国先生赠送了他亲笔题写的"承前启后,继往开来"八个大字。由此,晏阳初所创建的乡村建设学院在西南大学再获新生。

北碚与华西实验区

1948年4月,国民政府划定四川省第三行政督察区范围,为"四川省第三行政区中华平民教育促进会华西实验区",简称"华西实验区"。华西实验区包括北碚管理局和璧山、巴县、江北、合川、江津、永川、綦江、铜梁、荣昌、大足10县1局,共有人口532万,耕地面积1230万亩。[①]1949年11月的统计数据显示,实验区工作实际扩展到7县1局的160个乡镇,永川、荣昌、大足尚未展开工作就已解放了。

同时,四川省政府主席张群按照晏阳初的推荐,任命孙则让(字廉泉)为第三行政区专员,兼任华西实验区主任。孙则让曾留学日本研究农业经济,回国后历任山东乡村建设研究院副院长、菏泽实验县县长、湖南衡山专区专员、四川省干训团教育长,有乡建经验和实际知识,让他掌握政治权力,就是为了在第三行政区和华西实验区实行统一领导,便于推广乡村建设实验。

一、华西试验区的定位

平教会认为,中国农村蕴藏着极大的潜在力量,国家若想民主富强,则必须开发这一潜在力量,主张以和平的、渐

[①] 谭重威:《中华平民教育促进会华西实验区的乡村建设实验》,《四川师范大学学报(社会科学版)》1994年第1期。

进的方式进行乡村改造。提出"唯有由经济、教育、卫生、地方自治四种建设工作入手,借建设促进农民之自觉,借建设逐步改善农民生活,此等建设既为有组织的活动,故农民在建设进展中遂能形成组织,并逐渐提高其知识力、生产力、健康力及自治力,而能以自力解决问题,发展建设,使农村日进于现代化"①。

为此,《中华平民教育促进会华西实验区组织大纲》将实验区的工作目标设定为"启迪民智、培植民力、建立民主、改善民生"。提出本区实验方式为"采辅导办法,针对乡村问题分析研究,参酌实际情形,订定具体改造方案,为建设性实验,并与乡村建设学院配合,作为学生实习研究之场所"②。在稍晚的一份文件中,平教会又将实验区的工作目标归结为"探寻一套方法,以开发广大生产农民的生产力、知识力、健强力和组织力,要使他们能自觉地,自动地改善其全部生活"③。

平教会提出华西实验区工作的基本原则有四点④:

(1)实验的。着重方法和技术的实验,根据平教会及国内其他乡村建设团体二十多年的经验,实验区先拟定初步计划,而在实际工作中不断加以检讨和修改。

(2)辅导的。认为乡村建设唯有农民自己的力量才能完

---

① 《四川省第三行政区中华平民教育促进会华西实验区农村建设计划》,重庆市璧山区档案馆藏,档案号:9-1-22。
② 《中华平民教育促进会华西实验区组织大纲》,重庆市璧山区档案馆藏,档案号:9-1-22。
③ 《中华平民教育促进会工作简述》,重庆市璧山区档案馆藏,档案号:9-1-261。
④ 《中华平民教育促进会工作简述》,重庆市璧山区档案馆藏,档案号:9-1-261。

成,因此实验区在工作中是居于辅导的地位。

(3)教育的。认为要开发和培养农民自觉自发的力量,舍教育方法无他途,因此一切工作都由教育入手。

(4)着重组织的。组织是建设的必要条件。实验区的工作重心,在于完成农民的教育组织和经济合作组织;由教育组织来推动和完成最重要的经济合作组织。

一言以蔽之,华西实验的指导思想可以概括为:推动建设工作的中心力量是教育,建设的重心是经济,经济要有组织地生产,就是生产合作化。

二、华西试验区的组织建设

华西实验区成立之后,逐步完善组织体系,管理制度日臻成熟。在组织结构方面,实验区总办事处下设三室六组,分别是秘书室、社会调查室、会计室,教育组、合作组、农业组、水利组(水利队)、卫生组、编辑组。行政辖区划分方面,各县(局)就原有乡镇划分为若干辅导区,平均每区辖4~6个乡镇,每乡镇设辅导员1~2名,驻于乡镇,以推动教育、建设事业的发展。每乡镇划分为若干社学区,每社学区平均有1000人(180户)左右,耕地面积约2000亩,要适宜建立一个农业生产合作社,一所学校。社区即学区,故名"社学区"。每个社学区设民教主任1人,下设传习处若干处,并筹办生产合作社、卫生站等建设组织。社学区是建设农村的基层组织,各社学区还设有保国民学校,校长由民教主任兼任,保国民学校之下又有传习处,传习处由导生主持,导生系自愿担任,条件是有一定知识水平的成年人。

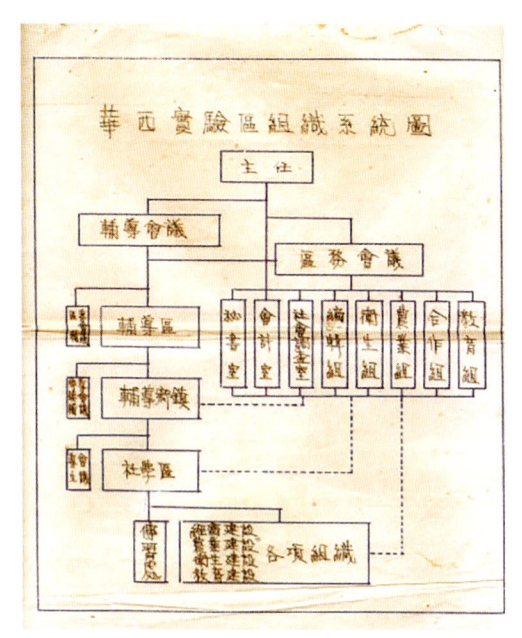

华西实验区组织系统图

华西实验区与地方政府虽有合作关系,但机构和人员是分开的,是两套班子。实验区成立后,除了孙廉泉身兼二职,国民政府的县、乡、镇、保、甲人员原来机构保留不变,实验区的建设工作则由社学区来承担。诚如孙廉泉所言:"(征兵、征粮、防匪等)委托事务由乡镇保甲长办,积极的建设工作,用有组织的教育来完成。也就是说推动建设工作的中心力量是教育、是学校,乡镇保甲长只站在辅助的地位。"①

---

① 孙廉泉:《华西实验区工作述要》(1949年),重庆市璧山区档案馆藏,档案号:9-1-5。

三、华西实验区的经济建设

经济建设是华西实验的工作重心,经济建设的主要目标是实现农村中农业和副业生产的合作化、组织化。而推动经济建设和合作组织的主要方式便是教育。总之,即用教育方式达成组织化、合作化的经济建设目标。

中华平民教育促进会在华西实验区探索推进土地改革,通过创置社田、统租分佃、农地减租等措施以安定乡村。

经济建设的实验方式是辅导佃农及自耕农组织农业生产合作社,施行保租保佃,稳定土地使用权,改良耕作方法,繁殖及推广优良品种,兴办农田水利,并创置社田,使佃农社员之耕地逐渐变为合作社所有。对于农民副业之家庭工业及农产品之加工运销等,分别组织运销合作及供销机构,免去中间剥削,增加农民收益。[1]

华西实验区宣传土地改革场景

---

[1] 谭重威:《中华平民教育促进会华西实验区的乡村建设实验》,《四川师范大学学报(社会科学版)》1994年第1期。

（1）通过创置合作社社田解决土地问题的方案。

首先要做的是"把这些贫穷无助的农民组织起来",成立生产者合作社。孙则让也感叹农村面临着农田细碎零散、土地买卖频繁、撤佃换佃事件增多、租佃纠纷严重等严峻的土地问题,提出"现在就大势来看,土地改革势在必行","我们应趁此提倡合作社,借以促成土地问题的解决"①。在此基础上,实验区提出了符合"农业生产组织化"理念的土地方案,其内容主要有两点②：

一是统租分佃。由合作社向业主统一承租,另立新约,其土地仍由原承佃人耕种,佃农缴租与地主收租,均向合作社办理,使佃农与地主不发生直接隶属关系。合作社一方面保障地主法定地租,一方面保障佃农不被撤换及加租加押。

二是创置社田。农业生产合作社普遍成立之后,凡社区内有土地出卖时,合作社可优先承买,成为社田,仍由原来耕种该田之社员佃耕。所纳租金成为社里公有财富。

创置社田的方案集中体现了华西实验区的建设理念,即通过支持由佃农和自耕农组成的合作社租佃和购买土地,达到逐步改变土地关系,建立组织化、集体化的农业生产模式。它具有四个特点：第一,以农业生产合作社为依托；第二,以美援贷款为保障；第三,以和平赎买为手段；第四,以

---

① 孙则让：《华西实验区工作述要》(1949年),重庆市璧山区档案馆藏,档案号：9-1-41。
② 《四川省第三行政区平教会华西实验区农村建设计划》,重庆市璧山区档案馆藏,档案号：9-1-22。

农业组织化、现代化与科学化为目标。①创置社田的最终理想是"合作社之社员及家属均实施集体耕作,共同分配,而形成为大型之集体农场,以达农业组织化、现代化与科学化之目标"②。

但是,创置社田的方案需要巨额资金的保障。因此,创置社田的土地方案成功实施的比较少。仅有的例子是1949年6月,北碚朝阳镇十九保6000银元贷款创置社田③。而朝阳十九保原本就是北碚的扶植自耕农示范区,该保80户农户早已是自耕农④,因此工作开展比较顺利。

(2)传习教育推动合作组织和经济建设。

平教会特别重视合作社建设。认为乡村建设"乃农村社会全体成员共同合作之建设"⑤。合作社是"农业生产组织化之中心","农村经济之各项建设,如农田社有,土地使用权之保障,农业生产之改进,乡村工业之兴办,皆以此项组织为基础"⑥。

---

① 李军:《从"创置社田"到"农地减租":中华平民教育促进会对土地问题的探索》,《开放时代》2018年第3期。
② 《华西实验区工作答客问》(1949年),重庆市璧山区档案馆藏,档案号:9-1-57。
③ 《合作组关于北碚示范创置社田的签呈》,重庆市璧山区档案馆藏,档案号:9-1-194。
④ 黄立人、章欣:《论"北碚扶植自耕农示范区"》,《档案史料与研究》1998年第1期。
⑤ 《四川省第三行政区平教会华西实验区农村建设计划》,重庆市璧山区档案馆藏,档案号:9-1-22。
⑥ 《四川省第三行政区平教会华西实验区农村建设计划》,重庆市璧山区档案馆藏,档案号:9-1-22。

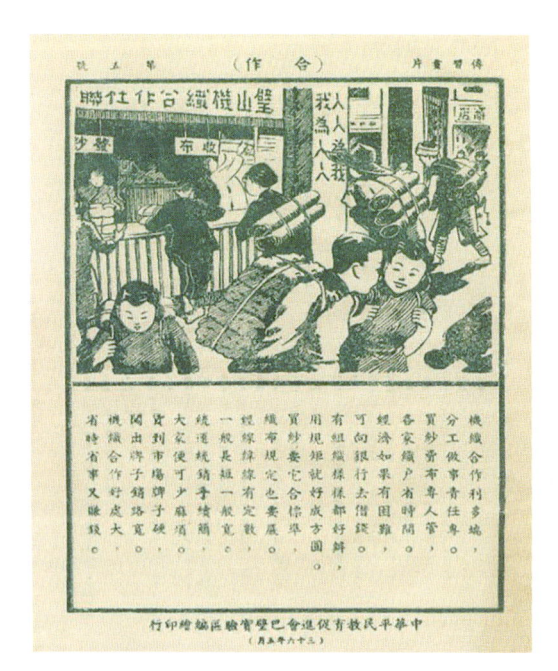

华西实验区注重发展乡村特产及特色工业。
图为实验区编印的机织生产合作社宣传资料

组织农业生产合作社的步骤和方法是：首先，划定社学区，每一社学区组织一个合作社；其次，进行社会调查，然后运用传习教育推动合作社的组织和经济建设。一个合作社包括生产农民约170户，水田约2000亩，全区计划组织合作社约4000社。参加合作社的人员有限制，社员以自耕农和佃农为主，限制地主和士绅加入。①据统计，截至1949年11月，实验区组织农业生产合作社699个，社员65137人。②

---

① 《华西实验区组社须知》，重庆市璧山区档案馆藏，档案号：9-1-60。
② 谭重威：《中华平民教育促进会华西实验区的乡村建设实验》，《四川师范大学学报（社会科学版）》1994年第1期。

农业生产合作社的工作大体可分为以下几方面①:(1)推广优良作物品种;(2)推广优良家畜品种,增加耕牛和猪;(3)农产加工,成绩较好的一部分合作社,已举办磨粉、酿造等农产品加工作坊;(4)家畜病疫防治,设有家畜保育站,指导及协助各合作社防治牛瘟猪瘟;(5)修建小型水利工程,实验区组织乡建学院水利系师生参加了巴县梁滩河水利工程的建设;(6)协助减租工作。

四、华西实验区的平民教育

在平教会的乡村建设实验中,教育是建设(特别是经济建设)的手段,建设是教育的内容。教育的内容不只是文化知识,而是包括四大类:文字的学习、合作与农业、卫生、公民常识。平教会把这种教育称为传习教育。正如华西实验区主任孙则让所言:"我们所说的教育不是一般所谓的教育,内容和做法都与传统的不同。我们把教育作为经济建设的手段。用教育的力量,来完成农村的经济组织。所以要经济建设能成功,教育是应当特别注意的。"②

实验区的教育工作,是以传习办法普遍实施成人教育,用以扫除文盲,推动一切建设。并指导改进国民(小学)教育,使学龄儿童尽量入学,减少文盲来源。

第一,建立成人教育网,推行导生传习制,扫除文盲。每

---

① 谭重威:《中华平民教育促进会华西实验区的乡村建设实验》,《四川师范大学学报(社会科学版)》1994年第1期。
② 孙廉泉:《华西实验区工作要述》(1949年),重庆市璧山区档案馆藏,档案号:9-1-5。

一社学区设专职民教主任1人,在社学区内组织5~10个传习处,每一传习处有失学成人约20人,每处聘请导生2~3人。教学时间,4个月为1期(农忙停开),每日教学2小时。导生受民教主任的辅导,民教主任受辅导员的辅导。各种合作社在组成前先由传习处进行教育工作,组成之后社员训练便是教育的主要项目。

第二,传习处的传习内容。为了使教材更切合生活实际,1948年,平教会研究部新编了一套《农民读本》,包括农业、水利、卫生、合作、捐税、选举等内容,还编了《应用文》,包括写通知、记流水账、书信、日记、会议记录、契约文据等,以上是基本教材。另有补充教材,是为建设活动所需的。补充教材的形式多样,如防治螟虫、机织合作、预防疾病等,编印了6种传习画片。传习教育用的教材都是免费的。

第三,"即习、即传、即用"是实验区传习教育的口号。平教会把"传、习、用"看作一个不可割裂的历程,试图做到学与用、知与实践的合一,提倡"有一套教材,便有一种活动,有一种建设活动便有一套教材"①。接受传习教育的民众中,主要部分便是农业生产合作社和机织生产合作社的社员。除了识字教育外,他们同时也传习了合作农业和卫生的常识与技能。教育内容紧密结合生产生活实际,只要教学有方,就能引起学生的学习兴趣和改造生活的积极性。

---

① 《中华平民教育促进会工作简述》,重庆市璧山区档案馆藏,档案号:9-1-261。

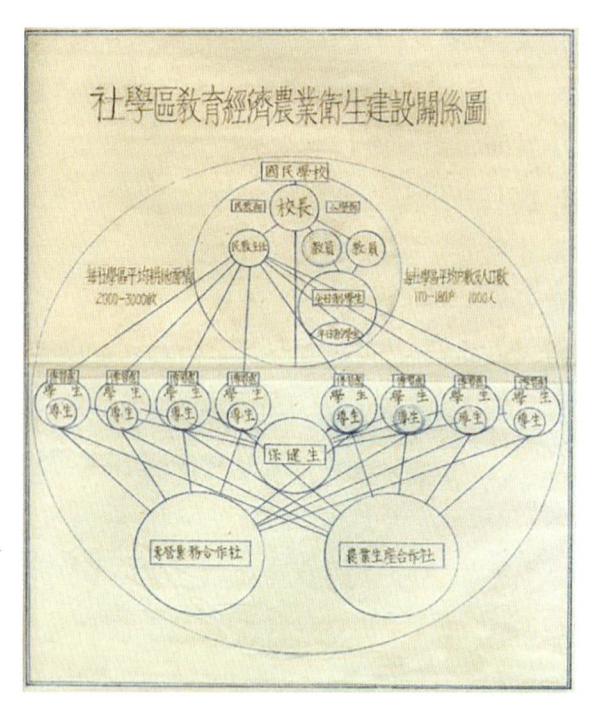

华西实验区努力促进教育与各项建设工作的结合，图为社学区教育经济农业卫生建设关系图

第四，导生的选拔和训练。在平教会的传习教育体系中，导生不仅是传授文化知识、引发自力的义务教师，也是将来组织和推动合作社工作的农民领袖。理想的导生应具备以下条件：(1)有相当教学能力；(2)有相当领导能力；(3)有良好的社会关系；(4)有服务热心。主要是从在乡知识分子、小学高年级学生和从事生产的农民中去发现和培养，最好是有文化的农民。所以在进行社会调查时就很注意访查"候选导生"，在访洽妥帖后，还要举行民众(户长)大会推选导生。不过，导生没有薪金，且有文化的农民特别缺乏,因而在实践中,也常见由本地乡绅担任导生的例子。

导生传习制在缺乏师资和经费、失学人数过多的情况下,是普及教育的好办法,也是选择培养乡村领导人的办法,更是通过传习组织完成建设活动的办法。

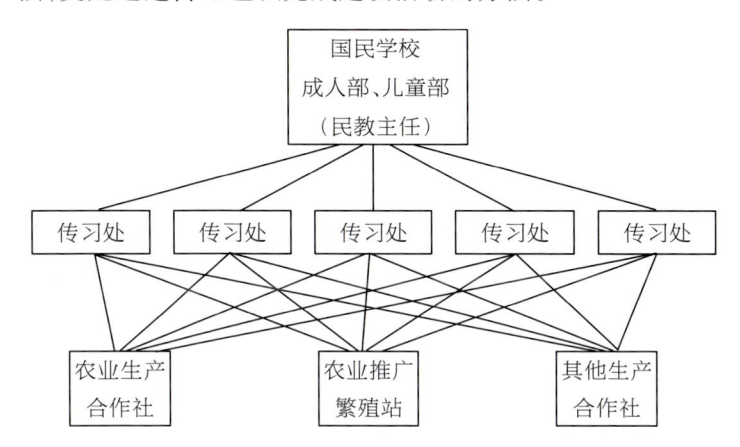

```
        国民学校
      成人部、儿童部
       (民教主任)
   ┌────┬────┼────┬────┐
 传习处  传习处 传习处 传习处 传习处
   └──┬──┴──┬──┴──┬──┘
   农业生产  农业推广  其他生产
   合作社   繁殖站   合作社
```

社学区教育与其他建设工作关系图

华西实验区的平民教育从1947年3月开始,到1949年11月止,一共开办了4期。截至第三期结束,平教会在璧山、北碚和巴县的西里共划分社学区461个,设置传习处1958处,有导生4232人。经调查,原有文盲93125人,其中参加传习处接受教育的53230人。[①]到第四期时,社学区增加4个,传习处增加13处,学生结业人数为54188人。[②]

[①]《华西实验区璧山巴县北碚民教工作按期比较表(1947年3月至1949年10月)》,重庆市档案馆藏,档案号:0089-0001-00116,转引自谢健:《抗战后的平民教育运动——以平教会华西实验区为中心》,《西华师范大学学报(哲学社会科学版)》2016年第4期。
[②]《璧山、巴县、北碚各辅导区所属传习处第四期学生结业人数统计表》,重庆市璧山区档案馆藏,档案号:9-1-62。

华西实验区于1947年8月在北碚设办事处,配合北碚管理局推行民众教育,设传习处。平教会编印并免费供给《国民传习课本》和《国民应用文》两种教材,各保甲负责选拔导生,解决传习处场所以及灯油、文具等问题。据1949年10月华西实验区北碚办事处统计,北碚有传习处436所,导生875人,学生12673人,已扫除的文盲占失学成人总数的60%。[①]

[①] 重庆市北碚区地方志编纂委员会编《重庆市北碚区志·教育志》,科学技术文献出版社重庆分社,1989,第421页。

听晏阳初讲述乡村建设[①]

一、乡建运动的渊源

乡村建设运动当然不是偶然产生的,它的发生完全由于民族自觉及文化自觉的心理所推迫而出。……涨红了脸吹破了胰子泡以后,沉下心来反求诸己,觉得非在自己身上想办法,非靠自己的力量谋更生不可。这就是所谓自力更生的觉悟。乡村建设更是这个觉悟的产儿。因为一回头来想到自己,就发现中国的大多数人是农民,而他们的生活基础(cultural base)是乡村,民族的基本力量都蕴藏在这大多数人——农民——的身上,所以要谋自力更生必须在农民身上想办法。而自力更生的途径也必须走乡建的一条路……而中国的"人"的基础是农民,其生活的基础在乡村,所以结果也就逼上乡建的一条路。

二、乡建运动的具体化

乡村建设运动已如上述,并不是偶然的发生者,它是由于全国各地的实验工作,大家从实际的追求中所体验出来的共同要求下产生的一个富有建设意义的运动。中华平民教育促进会在定县,山东乡建研究院在邹平,中华职业教育社

[①] 节选自晏阳初:《十年来的中国乡村建设》,宋恩荣主编《晏阳初全集》第2卷,天津教育出版社,2014,第79-88页。

在徐公桥,燕京大学在清河及其他学术团体的实验工作都是一样的向实际追求。结果使学术与实际工作得以联合。

从前中国的读书人只是读书写文章而已,一向的风尚都是不注重实际的工作的。实际的工作只让农、工、商各界的人做去,与读书人不发生密切关系,于是中国的读书人就成为一种特殊阶级。可是今日的读书人不是这样,他们认识了学问若果与实际生活不发生关系,必定陷入空虚,是"死"学问而不是"活"的。全国各地的实验工作就足以表明今日读书人的态度,即是要在实际的工作中去研究学问和获得学问……

学术与实际工作联合的表现就是各地的实验工作。小规模的研究与实验,结果就有其广大的波澜……这样的各方面的试验,从毫没有经验的试验中,正如探险家的探险一样在乡村社会中试探,到试探有了头绪,得到相当经验,进而有实验的计划与工作;在实验工作中更获得了办法;在获得办法之后更谋进一步的发展工作,积极地来训练人才与扩大实验区域。所以乡村建设各方面的研究实验,虽以片段分割,但都有其连贯的关系,都是顾到全般生活的。

三、乡建工作的各方面

乡村建设是整个新社会结构的建设,并非是头痛医头、脚痛医脚的事,而是从根本上谋整个的建设事业,所有文化、教育、农业、经济、自卫等各方面工作都是相互连贯的,是由整个的乡建目的下分出来的,各方面工作的发展,合起来就是整个乡建事业的发展。现在为便利起见,把它们分别地来略说一下：

（一）文化教育方面——教育的设施，在乡村建设的过程中，实有其深刻的意义。教育者不仅是对农民为知识的灌输和技能的训练，同时要注意到使一般农民即知即行而运用其知识技能以谋农村的建设。农村以教育的力量谋建设，即是教育的结果成为农村建设的力量；建设的推演，成为农村教育的环境；互为因果，以推进一切而促进新民社会的实现……

（二）农业方面——在积极方面则有产品之质的改良，及产量增进之研究或介绍良好品种与科学的生产方法……

（三）经济方面——农村经济与农业改良发生极密切的关系。改良农业，就要注意到经济组织的改进以谋适应。所有农业产品的生产、运销，货物的购买，农民的消费，一定要有新的组织，生活始能适应，于是合作社的办法就介绍入乡村……

（四）自卫方面——自卫工作……所谓管、教、养、卫四原则中，"卫"占着很重要的地位……

（五）其他方面——教育、农业、经济、自卫而外，还有卫生方面的工作，这就是保健制度的应用……在政治方面，有县政机构的改良与实验，使行政效率增进，得尽民众服务的能事……再如交通方面，公路的建筑，使内地交通便利，城市与乡村之间，得以沟通，这也算乡村建设事业之一……

总之，上述各方面事业的发展，合起来就是整个的乡村建设的推进。在"乡村建设"及"复兴民族"的目标下，谋这各方面事业的发展，才有其整个的主义与力量。

陶行知先生小传

陶行知(1891—1946年),安徽省歙县人,教育家、思想家,爱国者,中国人民救国会和中国民主同盟的主要领导人之一。

1908年17岁时,陶行知考入了杭州广济医学堂。1915年入读美国哥伦比亚大学,师从约翰·杜威,攻读教育学博士。1917年秋回国,先后任南京高等师范学校、东南大学教授、教育科主任等职,开始了他富于创意而又充满艰辛的教育生涯。

陶行知先生

他研究西方教育思想并结合中国国情,提出了"生活即教育""社会即学校""教学做合一"等教育理论。他特别重视农村的教育,认为在当时的3亿多农民中普及教育至关重要。1917年底,与蔡元培等发起成立中华教育改进社,1923年与晏阳初等人发起成立中华平民教育促进会,后赴各地开办平民识字读书处和平民学校,推动平民教育运动。

1926年,陶行知发表了《中华教育改进社改造全国乡村教育宣言》。1927年3月,在南京北郊晓庄创办乡村师范学校晓庄学校,创办第一个乡村幼稚园——燕子矶幼稚园。1929

年,圣约翰大学授予他荣誉科学博士学位,表彰他为中国教育改造事业作出的贡献。

1931年,陶行知主编了"儿童科学丛书",在上海先后创办"山海工学团""报童工学团""晨更工学团""流浪儿工学团"等,提出"工以养生,学以明生,团以保生",将工场、学校、社会打成一片,进行军事训练、生产训练、民权训练、生育训练等,还开展了小先生运动。1933年,他与厉麟似、杨亮功等来自政学两界的知名人士在上海发起成立中国教育学会。1934年,他在《生活教育》上发表《行知行》一文,认为"行是知之始,知是行之成",并改本名为陶行知。1935年,在中国共产党"八一宣言"的感召下积极投身抗日救亡运动。1945年当选中国民主同盟中央常委兼教育委员会主任委员。

1939年7月,在卢作孚、卢子英的支持下,陶行知在北碚创办了主要招收难童入学的育才学校,后迁到合川草街古圣寺。1941年,参与发起成立中国民主政团同盟,并于1945年加入中国民主同盟,同年当选为中国民主同盟中央常委兼教育委员会主任委员。1945年1月,在重庆创办社会大学并任校长,李公朴任副校长兼教务长。社会大学的宗旨是"人民创造大社会,社会变成大学堂""大学之道:在明民德,在亲民,在止于人民之幸福",有力地推动了民主教育的进程,培养出大批革命人才,并曾帮助一些进步青年前往革命根据地。其提出了"生活即教育""社会即学校""教学做合一"等著名口号,被毛泽东和宋庆龄等称为"伟大的人民教育家"

"万世师表"。

1946年7月25日上午,因长期劳累过度,健康过损,又受好友李公朴、闻一多在昆明被国民党特务暗杀的刺激,突发脑溢血,不幸逝世于上海,享年55岁。纵然英年早逝,但陶行知先生的教育思想和实践对中国近现代教育产生了重要影响。

陶行知与北碚乡村教育[1]

中国教育之通病是教用脑的人不用手,不教用手的人用脑,所以一无所能。中国教育革命的对策是手脑联盟,结果是手与脑的力量都可以大到不可思议。

——陶行知

嘉陵江畔的北碚公园内有一座清凉亭,一楼一底,色彩斑斓,依山傍水。1935年,卢作孚将众人为其母60大寿所赠的礼金捐出,修建此亭阁为公共使用。陶行知先生来碚时,在清凉亭设立晓庄研究所,筹划创办育才学校,帮助北碚培养"小先生",为新中国培养了大批人才。同时,他还研究兵役制度,在北碚开展了志愿兵运动。

一、陶行知的教育理念

陶行知对教育有着独特的见解,他认为"中国向来所办的教育,完全走错了路:他教人离开乡下向城里跑,他教人吃饭不种稻,穿衣不种棉,盖房子不造林。他教人羡慕繁华,看不起务农。……这种教育决不能普及,也不应该普及。前面是万丈悬崖,同志们务须把马勒住,另找生路。生路是什么? 就是建设适合乡村实际生活的活教育",因此"关于

---

[1] 卢子英先生称陶行知先生为自己的"恩师",更为北碚人民的"恩人"和"亲人"。

我们中国的根本问题,便是中国乡村教育之根本改造"①。

有鉴于此,1927年,陶行知在南京郊区创办晓庄师范,目的是依据乡村实际生活造就乡村学校教师、校长、辅导员。要有好的学校,先要有好的教师。有了好教师,就算是好的乡村学校。好的乡村学校,就是改造乡村生活的中心。晓庄师范倡导"师生共创共有""教学做合一""互助合作""社会即生活,生活即教育"等至今看来仍为先进的教育理念。

1930年,历经三年三个月的晓庄学校,被国民党当局勒令停办了。然而,正如陶行知所说,"晓庄是可以消灭的。过此以后,种子已遍撒全社会,在人所不到的地方,已经有了晓庄的生命"②。此后,陶行知参与了种种爱国教育运动和民主运动。1939年,他来到北碚,创办了育才学校,并在北碚发起志愿兵运动及推广小先生制等。

《我们的陶校长》(伍必端　木刻)

---

① 陶行知:《中国乡村教育之根本改造——在上海青年会的演讲》(1927),载陶行知:《陶行知全集》(第2卷),四川教育出版社,1991,第335页。
② 陶行知:《陶行知全集》(第2卷),四川教育出版社,1991,第571-572页。

二、培育北碚"小先生"

在20世纪上半叶,80%~90%的民众都不识字,民众教育对于乡村现代化的重要性不言而喻。北碚民众教育一直是北碚乡村建设的重要内容。峡防局专门设立了民众教育办事处,由该办事处联络各机关工作的青年人利用下班后的业余时间来开展民众教育,成立船夫学校、力夫学校、挨户学校、场期学校以及妇女学校,从而为乡村建设和进一步推进乡村的现代化培养人才。

除了各办事机关的工作人员利用闲暇时间开展民众教育外,北碚峡防局也发动学校的教师在学校不上课的时间对民众进行识字等文化教育。然而,这些人员的工作负担大大加重了,常有力所不能及之感。有鉴于此,北碚在1936年开始推行陶行知所倡导的"小先生制"用于民众教育——扫除文盲。

1945年儿童节大会会场,每逢过年过节,育才学校学生都要在操场上为附近农民演出节目,并作图片展览

北碚之所以推行"小先生制",是和陶行知的教育思想对卢作孚、卢子英的影响分不开的。1927年陶行知在南京创办晓庄师范的时候,卢子英就对其非常敬仰。1934年,卢作孚和卢子英参观了陶行知在上海创办的山海工学团,通过和陶行知的切磋交流,学习了陶行知一整套的民众教育方法,尤其是他的"小先生制"——即知即传的教育方法。

因此,1936年,嘉陵江三峡乡村建设实验区署为补救学校教育的供给不足,就采取了该方法来教学生。在北碚范围内的三十一、三十二、三十三保召集保甲长开会,商讨筹设"共学处",并挨家挨户动员、宣传和劝导。在当年10月,"小先生制"就在金刚碑即三十三保所在地开始了,该保的教师非常努力,尝试和农民及将作为小先生的学生的家属开扩大的集会,宣传识字的重要性,该保的教师认为,"对于施行小先生教学,毫不感觉困难"①。

到11月份,区署就成立共学处13处,共有小先生15人,学生91人,具体教学的实施方法为:(1)每天在天气晴朗时选授陶行知编的老少通一课,用瓦吹为集合信号;(2)用石板木炭或石灰等代替黑板白墨;(3)指导小先生为共学处学生作报告,对其进行唱歌、礼节、体育、清洁等训练;(4)每半月开共学处联合会一次,训练开会仪式及测验成绩,并派员讲演目前推行各项要政,如水利等。②可见该民众教育的发展速度很快。

---

① 舒杰:《小先生在金刚碑萌芽了》(1936),载北碚图书馆编《北碚月刊(1933—1949)》第二册,国家图书馆出版社,2018,第126页。
② 赵仲舒编《嘉陵江三峡乡村建设实验区廿五年十一月份工作报告书》,载北碚图书馆编《北碚月刊:1933—1949》第二册,国家图书馆出版社,2018,第373页。

当时区署给小先生教学提的口号是:"我们的工作——即知即传;我们的训练——用脑用手;我们的精神——愈难愈前。"这些口号和具体的工作开展情景在下面关于小先生教学的图片中也有体现。

小先生教学①

上图是1937年在《北碚月刊》上刊登的一组"小先生教学"的照片,仔细看来非常有趣:最右上方的文字就是实验区署给小先生教学提出的口号;左边的照片,黑板上写的是"谁知人小心不小",可以推测为一位女教师在动员"小先生"们;中间两张照片的右边一张,是一位"小先生"正在地上写什么,并一边写一边讲着什么,面前坐着的四位妇女

---

① 图片来源:《北碚月刊》,1937年第1卷第9、10期,载北碚图书馆编《北碚月刊(1933—1949)》(第三册),国家图书出版社,2018,第114页。

(可以看出其中两位是怀孕的)和三个小孩都在专心致志地听讲,说明的文字在左边照片的上面,有两行文字,第一行是"小先生到屋大肚子方便",第二行是"指头作粉笔黑板是大地",这两行文字正好对图片做了很好的说明。其他的图片,分别是儿媳妇搀扶着老人去听小先生上课以及小先生在教室、田间讲授知识的场景。

这些照片和文字,可以反映出当时北碚的民众参与民众教育活动的积极性是较高的,对"小先生教学"的方式也是非常欢迎的。如今看来,这些文字和场景仍能深深地打动我们。在当时普遍贫困的乡村,遍地都是文盲,而国家又笼罩在日军侵略的阴影下,民众的动员和教育迫在眉睫,囿于经费和人员的限制,唯有此方法最省钱和高效。

"小先生制"施行以来,区署各场镇纷纷仿效。到1936年底,据统计小先生已经约有116人,其中女性26人。[1]据卢子英回忆,在1939年春陶行知来到北碚时,北碚的小先生已经发展到1000多人,传习的学友已接近3000人了。此后,北碚民众教育工作在陶行知的指导和影响下,又得到了进一步的发展,对于北碚扫除文盲和普及教育的乡村建设工作都具有重大作用。

陶行知到达北碚后很快创办了育才学校,通过育才学校的学生——小先生们,进行农村服务工作,创办儿童识字班,两个月时间就从两个小区域发展到了21个单位,里面包括

---

[1] 赵仲舒编《嘉陵江三峡乡村建设实验区署廿五年十二月份工作报告书》,《北碚月刊》1937年第1卷第6期,载北碚图书馆编《北碚月刊(1933—1949)》第二册,国家图书馆出版社,2018,第518页。

两个妇女补习班、两个青年补习班、17个儿童识字班,合计人数为276人。这些小先生们走到村里,总被一大群孩子围着,连名字都被他们记得清清楚楚。特别让这些小先生兴奋的是,那些走在路上背着柴火的小孩,连走路都很吃力了,看到他们,还硬要把他们拉转过来,面对着鞠一躬,再继续默默走路。当然,在传习的过程中,这些小先生也遇到很多的困难,比如村里孩子因为"穷"和"忙"不能读书、空闲时间不一致、知识程度不一样等问题。他们通过提供粉笔、选出各个班的班长作为"小小先生"管理学生、多做游戏等方法来吸引和推进这些识字运动。在这种麻烦而有意义的农村工作中,他们自身也有了很多的收获。[1]重庆其他学校也开始仿效成立小先生推行委员会,并经陶行知的建议,将小先生制与抗战救国结合在一起,增加了抗战力量与抗战服务。

正如北碚民教处主任葛向荣所说,这种敏速的教育方法,虽然"他们的力量有限,但小小的山溪,也可成巨大的洪流"[2]。

三、清凉亭上育英才

陶行知是在1939年2月底到达北碚的。他到达北碚后,便在卢子英区长的陪同下,用一周的时间,到北碚各乡镇参观、调研。3月6日,陶行知在北碚实验区署纪念周大会上对北碚的建设事业作出了极高的评价,认为北碚的建设"可谓将来如何建设新中国的缩影";其次,他又提到,"感谢诸位

---

[1] 章静:《农村服务中的儿童识字班》(1945),张再为等搜集《育彼英才——陶行知和育才学校在重庆》,重庆出版社,1984,第101-106页。
[2] 葛向荣:《怎样施行小先生制》,《北碚月刊》1937年第1卷第5期,载北碚图书馆编《北碚月刊(1933-1949)》第二册,国家图书馆出版社,2018,第330页。

帮忙,决定将晓庄研究所移碚工作,同时筹办育才学校,将难童中的天才儿童定在云南和四川两处寻地办理,四川则定在北碚"①。

1939年初,在卢作孚、卢子英的热情支持下,陶行知先生在北碚平民公园的清凉亭设立了晓庄研究所,研究志愿兵改革,筹划创办育才学校。1939年7月20日,在卢子英和共产党人吴玉章等人的支持下,育才学校借用北泉小学的校址,正式开学,后在10月初搬往合川的草街镇的古圣寺。

图为部分育才师生在古圣寺大门

育才学校的学生是教师分赴各地儿童保育院、孤儿院等难童机构,择优选拔的具有特殊才能的儿童。到1940年6月,该校的学生达到168人,其中有32人是自费的非难童学生,其余均来自江苏、安徽、四川、河南等地的儿童保育院。②学校设有音乐、戏剧、美术、文学和社会科学5个组,教职工约有60人。

---

① 陶行知:《在北碚实验区署纪念周大会上的讲演词》,载陶行知:《陶行知全集》(第四卷),四川教育出版社,1991,第341页。
② 《育才学校学生统计表》,《战时教育》,1940年第6卷第1期。

作为生活教育的实验基地,育才学校实施因材施教、一校两轨的教育,在开设文化基础课的同时开设专业学习组,聘请一批著名学者为各专业组任课教师,如音乐组贺绿汀,戏剧组章泯,文学组艾青,舞蹈组戴爱莲等。

根据陶行知的设想,育才学校是根据抗战建国需要和中国国民教育的宗旨,用生活教育的原理与方法,培养难童中的优秀儿童,使之成为抗战救国的人才。他希望育才学校办成"知情意合一"的教育、"仁智勇合一"的教育。这样的教育有助于培养学生了解社会和大众的热诚、服务社会与大众的自我牺牲精神;这样的教育理念对于改变今天中国的应试教育和功利化教育仍然具有很大的价值。

陶行知提倡"脑、手、嘴、眼、空间、时间"六大解放,使受教育者得到全面发展。图为育才学校戏剧组为周边农民演出《朱大嫂送鸡蛋》(1945年)

更为重要的是,育才学校强调其全盘教育基础建筑在集体生活上。集体与个人的关系,仍然是当今时代的命题。陶行知认为集体生活可以逐渐培养学生的集体精神,可以推动学生向社会化的道路发展等。唯有这样,才能"使儿童团结起来做追求真理的小学生,团结起来做即知即传的小先生,团结起来做手脑并用的小工人,团结起来做反抗侵略的小战士"①。

在育才学校办学的过程中,陶行知坚持这样的理念并付诸实施。陶行知学习共产党的"大生产运动",在师生中发起"寸土运动",开展集体劳动教育,同时应对经费紧张、通货膨胀等困难。他号召师生在校内外开荒生产粮食和蔬菜。这项运动中的很多事令陶行知感到兴奋,"晚饭钟已经敲了,我见一位小同学身边放着十根辣椒苗,左近实在没有空地了,只剩下一个小水凹。他把水疏通流到别处去,拾了几块石头连泥做了个小堤,再拿好土把凹地填平,把辣椒苗栽完了才洗手回校吃晚饭"②。

具备"农夫的身手"是生活教育的首要目标。
图为育才学校学生在平整操场和修建露天舞台(1941年)

---

① 《育才学校教育纲要草案》(1940),载陶行知:《陶行知全集》(第四卷),四川教育出版社,1991,第461-462页。
② 陶行知:《育才二周岁之前夜》(1941),载陶行知:《陶行知全集》(第四卷),四川教育出版社,1991,第492页。

陶行知及其同仁开办的育才学校在重重的困难中坚强前行，在这个过程中，他们始终得到共产党人的大力支持。筹办之初，中共四川省委书记吴玉章就派王洞若、戴伯韬等协助。1940年9月22日，周恩来、邓颖超带《新华日报》记者张晓梅来北碚看望生病的陶行知，然后到育才学校看望师生，并召集学校地下党支部会，布置帮助陶行知坚持办学和对付应变的计划。返渝后，他们还给学校寄来捐款400元，后又派人送来延安大生产运动的照片和毛衣，启发育才学校生产自救。

杜鸣心在育才学校编曲

陶行知称育才学校为他的"石头爱人"，可见其对育才学校的感情与付出之心血。1947年上半年，育才学校校本部分批迁到上海。重庆解放后，留在当地的育才学校分部迁往谢家湾，改名为重庆二十中学，现已恢复校名为重庆育才中学。

四、陶行知对北碚乡村建设的贡献与评价

陶行知与北碚的思想关联也许比他的"小先生制"开始得更早。陶行知曾提到,他到农村去的方法,是学南通实业家张謇。张謇告诉陶行知,"要替农民做事,第一就得和农民打成一片"。可见乡村建设的方法是与陶行知的教育思想早有结合的。作为实业家,张謇和卢作孚之间也有联系,卢作孚曾见过张謇一面,并在1930年去南通考察过,学习南通的实业救国的思想。可以说,这些实业家和教育家之间的思想是相互影响和缠绕的,这也是其能心意相通、共创事业的前提。

陶行知的教育思想是与其在北碚的实践紧密联系的,无论是"小先生制"、育才学校还是抗战志愿兵的动员,都体现了他的抗战教育与民主教育的思想,对于北碚乡村建设的教育、地方建设等工作具有重要的贡献。

"小先生制"以及育才学校,对北碚的教育改革有很大的支持。"小先生制"的推行,增加了北碚民众教育的普及程度。而北碚亟须发展工业,对于工人的需求尤其是有文化的工人的需求是极大的,陶行知积极推动了北碚的民众教育,并且育才学校的学生也积极参与,去农村推行识字教育,这些举措都有利于北碚城乡快速融合以及工业化的快速发展。同时,育才学校的抗战教育和集体教育、艺术教育,不仅以多种方式鼓动了北碚乃至重庆地区的抗战热情,而且推进了抗战大后方的民主运动。

陶行知在北碚倡导和实施的志愿兵和志愿捐运动,对北碚地方建设和前线打仗都产生了巨大的贡献。首先,它维持了地方的生产等乡村建设事业。志愿兵运动,使得当地的工厂和企业等单位"按照政府配赋的兵额,准许几名志愿兵就行了",使"愿者上前",保障了工厂生产的稳定,使得"生产与兵源"可得兼顾。其次,它安定了社会人心。北碚的志愿兵运动,使民众看到了当兵的荣誉和家属能获得的优待,于是积极志愿从军,社会人心得以稳定。[1]由此,北碚的各项乡村建设事业得到稳定发展。对于抗战前线来说,该项举措则不仅减少了部队的逃亡,而且增强了部队的战斗能力。

因此,可以说,陶行知对北碚的乡村建设作出了不可估量的贡献,难怪卢子英称他为北碚的"恩人"和"亲人"。

---

[1] 葛向荣:《大家努力促进志愿从军运动》,载北碚图书馆编《北碚月刊(1933—1949)》第四册,国家图书馆出版社,2018,第331-333页。

听陶行知讲述乡村教育[1]

我们在普及教育运动实践中,常常发现老百姓中有许多穷苦孩子有特殊才能,因为没有得到培养的机会而枯萎了。这是一件非常可惜的事情,这是民族的损失,人类的憾事,时时在我的心中,提醒我中国有这样一个缺陷要补足。

育才学校提倡知行合一和手脑并用。图为学生互助理发

我们这里(育才学校)的教师们,要有爱迪生母亲那样了解儿童及帮助儿童从事特殊的修养,但在这民族解放战争中,单为帮助个人是不够也是不对的,必须要在集体生活中来学习,要为整个民族利益来造就人才。因此,我们要引导学生们团起来做追求真理的小学生;团起来做自觉觉人的小

---

[1] 节选自陶行知:《育才学校创办旨趣》(1940),载《陶行知全集》(第4卷),四川教育出版社,1991,第453—457页。

先生；团起来做手脑双挥的小工人；团起来做反抗侵略的小战士。

真的集体生活必须有共同目的，共同认识，共同参加。而这共同目的，共同认识和共同参加，不可由单个的团体孤立的建树起来。否则，又会变成孤立的生活，孤立的教育，而不能充分发挥集体的精神。孟子说："先立乎其大者，则其小者不能夺也。"我们中国现在最大的事是什么？团结整个的中华民族，以打倒日本帝国主义而创造一个自由平等幸福的中华民国。我们的小集体要成了这个大集体的单位才不孤立，才有效力，才有意义。与这个大集体配合起来，然后我们的共同立法，共同遵守，共同实行，才不致成为乌托邦的幻想。

我们的学生要过这样的集体生活，在集体生活中，按照他的特殊才能，给与某种特殊教育，如音乐、戏剧、文学、绘画、社会、自然等。以上均各设组以进行教育，但是小朋友确有聪明，而一时不能发现他的特长，或是各方面都有才能的，我们将要设普通组以教育之。又若进了某一组，中途发现他并不适合那一组，而对另一组更适合，便可以转组。总之，我们要从活生生的可变动的法则来理解这一切。

但是，育才学校有三个不是，须得在此说明：

一、不是培养小专家。有人以为我们要揠苗助长，不顾他的年龄和接受力及其发展的规律，硬要把他养成小专家或小老头子。这种看法是片面的，因为那样的办法也是我们极反对的。我们只是要使他在幼年时期得到营养，让他健全而有效地向前发展。因此,在特殊功课以外,还须给予普通功课,使他获得一般知能,懂得一般做人的道理,同时培养他的特殊才能,根据他的兴趣能力引导他将来能成为专才。

二、不是培养他做人上人。有人误会以为我们要在这里造就一些人出来升官发财,跨在他人之上,这是不对的。我们的孩子们都从老百姓中来,他们还是要回到老百姓中去,以他们所学得的东西贡献给老百姓,为老百姓造福利;他们都是受着国家民族的教养,要以他们学得的东西贡献给整个国家民族,为整个国家民族谋幸福;他们是在世界中呼吸,要以他们学得的东西帮助改造世界,为整个人类谋利益。

三、我们不是丢掉普及教育,而来干这特殊的教育。其实我们不但没有丢掉普及教育,而且正在帮助发展它。现在中国处在伟大的抗战建国中,必须用教育来动员全国民众觉悟起来,在三民主义抗战建国纲领之下,担当这重大的工作,所以普及教育,实为今天所亟需。是继续不断的要协助政府,研究普及教育之最有效之方法,以提高整个民族的意识及文化水准。

梁漱溟先生小传

梁漱溟先生

梁漱溟(1893—1988年),蒙古族,原名焕鼎,字寿铭,曾用笔名寿名、瘦民、漱溟,后以漱溟行世。原籍广西桂林,生于北京。中国著名的思想家、哲学家、教育家、社会活动家、国学大师、爱国民主人士。主要研究人生问题和社会问题,现代新儒家的早期代表人物之一,有"中国最后一位大儒家"之称。一生著述颇丰,存有《中国文化要义》、《东西文化及其哲学》、《唯识述义》、《中国人》、《读书与做人》与《人心与人生》等。

1911年,加入同盟会京津支部,顺天中学毕业后任京津同盟会《民国报》编辑兼记者。1912年,任《民国报》编辑兼外勤记者。总编辑孙炳文为其拟"漱溟"作笔名。1915年9月,在《东方杂志》发表《究元决疑论》。1916年12月受蔡元培之邀到北京大学任教。1923年秋,辞离北大,应邀前往山东菏泽任省立第六中学高中部主任。

1927年春,访南京陶行知所办晓庄师范学校。7月,任广东省立第一中学校长。在广州期间,代李济深任广东政治分会建设委员会主席。提出请办乡治讲习所建议案及试办计划大纲。9月,发表《请办乡治讲习所建议书》。1928年秋,赴河南辉县参与筹办村治学院,11月,发表《河南村治学院旨趣书》。1929年1月,河南村治学院开学,任教务长。6月,主编《村治月刊》,于该刊发表《主编本刊之自白》《中国民族自救运动之最后觉悟》等文。

1929年11月,发表《山东乡村建设研究院设立旨趣及办法概要》。1930年1月,赴山东邹平筹办山东乡村建设研究院。6月,该院成立,任研究部主任、院长,倡导乡村建设运动。1937年3月,《乡村建设理论》出版。1938年1月,梁漱溟以国民参议员的身份访问延安38天,八次与毛泽东主席面谈。其中两次更是通宵达旦。回渝后,他发表演讲,宣传团结抗战的主张。

1940年夏,他参加发起"中国民主同盟",任中央常务委员。在四川璧山来凤驿(今属重庆)创办勉仁中学。1946年5月,任民盟秘书长,以民盟秘书长身份,作为"第三方面"人士参与国共和谈。9月,勉仁国学专科学校在重庆北碚成立,后改为勉仁文学院。11月,国共和谈破裂后回到北碚,撰写《中国文化要义》。1946年7月,惊闻李公朴、闻一多在昆明被特务暗杀,他义无反顾地站出来,与民盟成员周新民一道飞抵昆明调查,并公开发表《中国民主同盟代表梁漱溟报告李、闻暗杀案调查经过》,打击了国民党特务的猖狂气焰,表现出他不畏强暴的气节和胆识。

1950年初，他离开重庆北碚，应邀赴京，历任第一、二、三、四届全国政协委员，第五、六届全国政协常委。1955年后主要在家从事理论研究，发表了《人心与人生》《东方学术概观》《中国人》等著作。1980年后，相继出任中华人民共和国宪法修改委员会委员、中国孔子研究会顾问、中国文化书院院务委员会主席、中国文化书院发展基金会主席等职。

1988年6月23日，梁漱溟先生在北京逝世，享年95岁。

梁漱溟与北碚乡村建设

> 乡村建设,实非建设乡村,而意在整个中国社会之建设。
>
> ——梁漱溟

在北碚,从北温泉去缙云山的路上有一个叫作"三花石"的地方,三花石有座房子叫作"花房子"。抗战时期,国民党将领孙元良在此修建了一座别墅。别墅用石头砌成,青灰色的墙面上淡黄色的石头错落突出,犹如花朵,由此得名花房子。1949年5月,我国著名的思想家和乡村建设专家梁漱溟先生从北碚另外一处住所迁居至此,并在此完成了著名的《中国文化要义》等作品。

一、《乡建的三大意义与智识分子下乡》

梁漱溟跟北碚的渊源,当然不止于此。1937年,梁漱溟就已受卢作孚和卢子英的邀请,第一次来北碚。到达北碚时,在码头边受到400多人的热烈欢迎。梁漱溟来碚,发表了一篇题为《乡建的三大意义与智识分子下乡》的重要演讲。这篇精练的演讲,以浅显易懂的语言凝练了他十年乡村建设探索的体悟与思考。此后,梁漱溟就陆陆续续在北碚以及重庆其他地方致力于培养乡村建设人才和实验"政教合一"等工作,为北碚等地的社会发展作出了突出贡献。也给北碚乡村建设的同仁们带来了力量与希望。

1. 梁漱溟的乡村建设思想与国家建设

梁漱溟一直认为,乡村建设谋求的从来不是一村一地的建设,而是整个中国的建设。所以,在北碚的演讲中,他也指出,"大家不要以在北碚作乡运的眼光,就只于北碚努力,这是不行的。我们要将我们所有的工作同志,联合起来,扩大起来,拼命地往前走。"他呼吁从事乡村建设的同仁们联合起来,以全国的视野推动乡村建设事业的深入发展。

他认为,对当时的社会来说,无论是抗日战争的胜利还是后方社会的建设,都需要从乡村建设入手。他指出当时"民众缺乏组织缺乏训练,下层基础可说没有"[1]。因此,梁漱溟从乡村建设入手,从注重乡村、注重教育两个原则出发,提出其改良主张。

首先,梁漱溟认为应该重视农业,从尤其关系人民切身利益的问题入手。建议国民政府应该先解除农业上的种种妨害,比如匪患、苛捐杂税、运输困难、土地问题等,进而积极促进农业的复兴,如兴办水利、金融、合作、技术改良等。

其次,梁漱溟认为要在民众身上下功夫,必须先对其日常生活进行组织训练。什么是日常生活的组织训练呢?就是组成合作社,农会,自治、自卫等团体。这些团体相比编制的保甲组织,更能贴近自身的实际,更为亲切。只有先有这些民众愿意组织在一起的团体,他们才能心甘情愿地接受

---

[1] 梁漱溟:《抗战与乡村》,载梁漱溟:《梁漱溟全集·第6卷》,山东人民出版社,1993,第78页。

对外抗敌的训练。

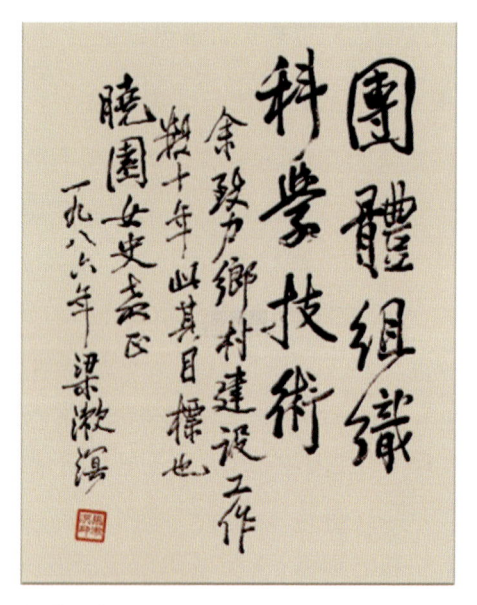

梁漱溟晚年对乡村建设目标的总结（1986年）

2. 知识分子下乡的乡村建设

梁漱溟认为，要使得上面的两条能真正实行，就必须发动全国的知识分子，大量地下乡去。把集中在都市里的资金和人才都转移到乡村里去，解决乡村社会无人办事、无钱办事的局面，才能办成实际的事情。但是，这些知识分子因不熟悉当地社会的环境，往往缺乏真正的动员能力，也难以找到和农民打成一片的方式，存在力量有限的问题。

梁漱溟认为一定要改造当时的教育制度和地方行政机构，要在乡村中把教育和行政结合起来，互相为用。而上面所说的知识分子下乡，就要在这个层面上去乡村里工作，掌握乡村社会的权力,只有这样才可以避免政府单单从行政上强力推行一切,也避免了外来的知识分子由于缺乏权力而无法与地方势力斗争的问题。

梁漱溟的上述思想,与其在山东邹平时期的"乡学村学"思想是有一致性的。"乡学村学"是将政治和教育结合在一起,它本质上是乡村社会的自治组织,由乡村领袖及地方教员推选出校董事会,再由董事会聘任学校校长,由校长及校董会负责当地的行政和教育工作。因此,运用"政教合一"的方式改革地方教育和行政体制,吸引外来知识分子能以正规的身份参与到乡村地方事务中,并对民众加以组织训练和技术训练,这是梁漱溟开展乡村建设的基本思想与实践。

二、四川乡村建设学院与实验乡建设

梁漱溟的乡村建设理念对重庆发生影响的时间很早。大约在1928年,杨励坚接受梁漱溟乡村建设理论,在巴县南泉办了一所乡村师范学校。1931年,梁漱溟的学生钟伯良、张俶知、赖钧伯、江东之等人,在涪陵北岩创建乡村师范学校,根据梁漱溟的乡村建设理论,开展了一系列事业。1932年,梁漱溟的学生,曾跟随他在山东、广东等地办学的王平叔回到重庆后,在南泉师范的基础上创办了巴县乡村建设实验区,自认区长,全面推行山东乡村建设研究院的办法。

1. 四川乡村建设学院

1932年7月,为改进培养乡村教育的基础人才,四川善后督办公署"拨定省款",在川东师范学堂内设立乡村师范专修科,聘请梁漱溟的学生、曾任山东乡村建设研究院研究部导师的张俶知任主任。此外,又在学校前门租佃一大幅土地,开办农事试验场。1933年7月,四川乡村建设学院获准成立,由川东师范学堂的乡村师范专修科和中心农事实验场两部分组成,并且迁入磁器口。该校是一所独立的高等院校,院长由甘绩镛兼任,由张俶知主持校政,张宗麟(陶行知的得意门生和亲密战友)主管学院的办学方向和校风等。该学校开学时,设有乡村社会和农业两系,加上乡村师范专修科,合计有100多人。

据参与过该工作的梁漱溟的另一个学生何更衡回忆,四川乡村建设学院的办学旨趣、组织大纲、课程设置和实验规划,均由张俶知、赖伯钧参照《山东乡村建设研究院设立旨趣及办法概要》内容,结合四川防区制的实际情况制定。该院成立时,即聘梁漱溟担任学院指导顾问,梁漱溟也到学院作过专题报告。1936年8月四川乡村建设学院更名为四川省立教育学院(以下简称"川教院")。

梁漱溟对川教院的工作一直非常支持。事实上,1937年6月,梁漱溟第一次到北碚的时候,正是因当年4月该院院长高显鉴来邹平参观,代表四川省政府邀请其入川讲演,才有此行。而6月2日他到重庆后的第一站,即到该院演讲。梁漱溟在重庆期间多住在该院,并为该院的工作做一切规划。

人才是推行乡村建设工作的基础。川教院首先进行了人才培养的工作。1937年8月,川教院与第三区行政督察区署联合,成立四川省第三区乡村建设设计指导委员会。该会成立后,立即开办乡村建设人才训练班,由第三区所属10县各考送具有专科、中师文化水平的学员共120余人入学,学期六个月,学习各种乡村建设的理论和实验乡规程等内容。1938年2月结业后,川教院便立即投入组建实验乡的工作。[①]

2. 乡村建设实验乡

梁漱溟的乡村建设与抗战救国的思想,对四川省内政府以及教育界有深刻的影响。同时,由于抗日战争全面爆发,政府亟须从乡村社会汲取人力和物力等资源,并控制和稳定乡村社会。因此,四川省第三行政督察区与川教院合作,推行了"政教合一"的实验乡工作。

1938年3月8日,第三区区署在永川召开推进各县乡村建设会议,在该次会议上,决定了在第三区10个县每县选定一个乡镇作为实验乡,分别为永川临江乡、綦江石角镇、大足邮亭乡、荣昌峰高乡、巴县龙隐镇甲、合川灵门镇、江北寸滩乡、铜梁板桥乡、璧山马嘶乡、江津石门镇。依据"政教合一"的旨趣,为"加紧非常时期民众组织训练工作,联合推进乡村政治、经济、教育之建设,以增加抗战力量,巩固国家基础",组织大纲将实验乡命名为××县实验乡乡公所乡农学校,实验乡乡公所乡农学校设乡长兼校长。为行政改革顺利

[①] 何吏衡:《四川乡村建设的回顾》,载重庆市北碚区纪念梁漱溟诞辰100周年筹委会编《梁漱溟在北碚》,1993,第101页。

计,区署直接分配了实验乡的乡长兼校长,乡长的来源分别是乡村建设人才训练班学员6人,川教院毕业生3人,及川东乡村研究院毕业生1人。这些乡长的选择是非常严格的,首先要学问品格优良、经验充足,而且要刻苦耐劳、有事业心与兴趣。同时,为了能全力推进工作,各县实验乡乡长兼校长,应回避本乡乡籍。根据规定,实验乡的一切地方政务,除必须由县直接办理外,通归乡公所乡农学校统筹办理。

1938年4月1日,该督察区实验乡正式成立,10县分别成立实验乡乡公所乡农学校,为加紧非常时期民众组织训练工作,推进乡村政治、经济、教育的建设,增加抗战力量,在总目标——安定社会、普及教育及增加生产的指导下,具体实验内容主要有政治、教育、经济、治安以及卫生。在政治方面主要为改革行政机构、实现地方自治;教育方面通过开展民众教育等活动推动区域内经济、自治、卫生组织的建立;经济方面根据实际情况组建合作社、进行农业技术推广等活动;治安方面通过训练全乡骨干,宣传教育等维护地方治安;卫生方面通过整理街道、码头等改善脏乱差状况,推动城乡建设。实验乡当时是个新事物,在得不到周边乡镇支持与理解的环境中坚持艰苦奋斗,在改革下级行政机构和扫除文盲等方面作出了很多的成绩。

梁漱溟的乡农学校是在乡镇一级的行政制度变革,这些新的制度变革看似平常,却对当地社会产生了较大影响。何吏衡认为实验乡的"政教合一"制度能有效解决当前政治与人民脱离的问题,而且容易与民众取得较多的联络。1940年之后四川颁布的新县制,也在一定程度上吸取了实验乡建设中取得的经验,部分地吸取了梁漱溟的"政教合一"思想。

三、梁漱溟与勉仁中学、勉仁文学院

1941年8月,梁漱溟将他和同仁在璧山创办的私立勉仁中学迁往北碚金刚碑。卢作孚和卢子英为勉仁中学的迁建提供了大力的支持,"拨给三万元,又将北碚部分面粉专卖权作经费来源之一,并划给毗邻风景名胜北温泉的金刚碑附近二百多亩山地"[①]。

梁漱溟重视中学教育,他在《创办私立勉仁中学校缘起暨办学意见述略》一文指出,青年期是人一生的关键时期,中学教育对于青年的成长尤为重要。要使学生将学校与社会联系起来,就首先要使学校与学生的家庭联系起来,因为家庭是社会的基本组织单位,这样才能使学校和社会合二为一,使学生成为社会的中坚分子,逐渐在维护社会的稳定上发挥作用。[②]他提出,"我们主张乡村建设的,开宗明义第一句话,就是说:一切实际的事(指中国的事)都在乡村里……第二句话,就是请国人以教育(广义的)来解决中国问题,用

[①] 段辉娣:《勉仁中学在前进——勉仁中学的创办和职业教育的发展》,载重庆市北碚区纪念梁漱溟诞辰100周年筹委会编《梁漱溟在北碚》,1993,第47页。

[②] 梁漱溟:《创办私立勉仁中学校缘起暨办学意见述略》,载梁漱溟:《梁漱溟全集·第6卷》,山东人民出版社,2005,第59-67页。

教育来进行一切的事……"①

勉仁中学迁到北碚后,一边建设校舍和教师宿舍,一边招生。由于经费的限制,起初暂停了高中班的招生,而只有初中班正常举办。为了维持生存,勉仁中学还着手经营学校承包的山地和田土。

1946年8月,仍由勉仁师友成员中的张俶知、陈亚三等人负责,初在勉仁中学后面的缙云山支脉五指山创办勉仁国学专科学校,后来迁往勉仁中学明远阁。1948年8月三迁于北温泉附近的松林坡(勉仁文学院现存旧址所在),即在原国学专科学校基础上成立勉仁文学院。

1946年,勉仁中学已经有初中三班、高中三班,而勉仁国学专科学校则招收了两班学生。国学专科学校由于直到1949年6月才被教育部立案获准,使得1946年在成都招生

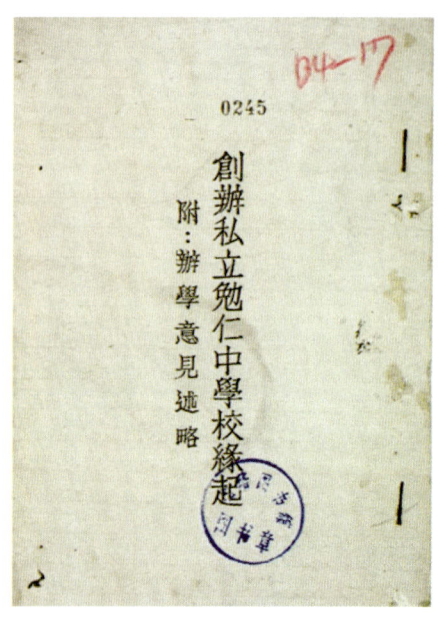

《创办私立勉仁中学校缘起》
(梁漱溟著,1940年1月)

---

① 梁漱溟:《抗战与乡村——我个人在抗战中的主张和努力的经过》,载梁漱溟:《梁漱溟全集·第6卷》,山东人民出版社,2005,第77页。

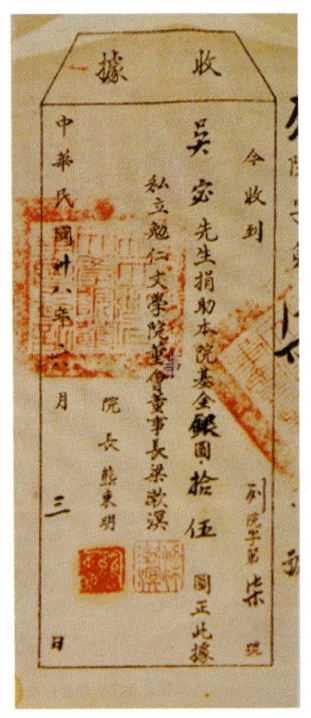

时，被四川省教育厅依法取缔该招生。①由此，勉仁学校背负了很多债务。

梁漱溟在为其募捐时称，自己创办勉仁后因"奔走大局疏于经营，今日归来颇负债务，又建筑一礼堂未竣，停工待举，敬求各界同情人士海内知交惠予援助，或现款或图书设备，或建筑材料，均当为同人拜受之"②。梁漱溟为了勉仁学校的存续，为了自己的教育理想，不惜以自己的名誉来募捐。除此之外，为了尽力减轻学生的负担，勉仁学校还自己办企业开源，依靠北碚管理局卢子英的帮助，办了面粉厂和农场，虽然收入不多，但也解决了不少的问题。

吴宓收藏的勉仁文学院捐赠收据（1949年）

勉仁文学院的宗旨在研究中国文化问题，从认识老中国以建设新中国，这是梁漱溟乡村建设思想的基础，也是其一直以来的目标延续。在此思想的指导下，勉仁中学在北碚的办学与一般的中学教育相比，是有很大的特色的。

---

① 《教育部代电》（1946年10月24日），《教育部公报》1946第18卷第10期。
② 《梁漱溟为勉仁学校、书院募捐启事》，载梁漱溟：《梁漱溟全集·第6卷》，山东人民出版社，2005，第701页。

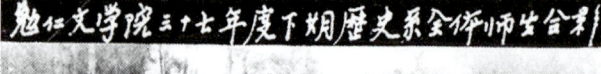

勉仁文学院历史系师生合影(1948年)

其一是培养品德高尚的人才,勉励学生为仁成仁。梁漱溟认为"仁"是中国文化的理性特征,因此,他办乡村教育,就是为了贯彻"仁"的理念。为了"讲理性",在实际的课程安排中就特意加上了中国文化一类的课程。

其二是教育师生热爱祖国,开展民主运动。

其三是有一支热爱教育事业和一定水平的教师队伍。这些教师是一直以来都追随梁漱溟的学生,他们大多数是从山东邹平来到抗战大后方的,他们热爱教育事业,并且学有专长。如王平叔,为了筹办勉仁中学竭尽全力,后因太过劳累不幸病逝。这些人的无私奉献,是勉仁能办好的原因。

最后,勉仁学校常组织学生参加劳动和社会实践,通过这样的方式,增加教育与社会、家庭之间的联系,使得学生了解农民生活,学会管理自己的生活,提高学生的组织能力,为走向社会奠定坚实的基础。①

新中国成立后,勉仁中学受到党和政府的关怀和重视,继续保存了下来,并一直秉承着梁漱溟的办学精神。

梁漱溟与勉仁文学院教师留影于北碚北温泉(1948年)

四、"精神上彼此契合无间"——梁漱溟与卢作孚②

"卢作孚先生是我最怀念的朋友……我们相识后,彼此都太忙于各自琐事,长谈不多,然而在精神上则彼此契合无间",这是梁漱溟在1983年即90岁高龄时写的《怀念卢作孚先生》一文中的开头,一个"最"字,一句精神上"彼此契合无间",体现了梁漱溟与卢作孚之间的君子之交、深厚友谊。

根据刘重来教授的考证,梁漱溟与卢作孚起码在1932年就相识了。更早之前,大约在1918或1919年,梁漱溟去拜

---

① 段辉娣:《勉仁中学在前进》,载重庆市北碚区纪念梁漱溟诞辰100周年筹委会编《梁漱溟在北碚》,1993,第49页。
② 刘重来:《梁漱溟与卢作孚——"精神上彼此契合无间"——兼议梁漱溟对卢作孚乡村建设的评价》,《孔子研究》2018年第4期。刘重来:《1938年卢作孚为何招餐梁漱溟?》,《世纪》2019年3月10日。

访住在天津的周孝怀老先生的时候,就首次听到周老先生谈起卢作孚先生,并对其人品大为称赞。1937年6月初,得知梁漱溟在重庆,卢作孚就邀请其到民生公司访问并发表演讲《我的过去与山东工作概况》。1937年6月26日,梁漱溟应卢作孚的邀请来北碚访问,在梁先生到来之前,北碚实验区署就召开了各机关团体负责人的会议,筹备盛大欢迎。当梁漱溟一行7人从重庆乘明德轮于上午11点左右来到北碚时,江岸已有400多人排队迎候。这次北碚之行,梁漱溟在北碚作了两次演讲,题目分别为《乡建的三大意义知识分子下乡》《中西文化差异》。在这些演讲里,梁漱溟也首先对卢作孚创办的民生公司和北碚乡村建设事业进行了肯定,他说:

各位先生:兄弟以前没有到过四川,这是第一次。兄弟对于四川向往甚久,但惜没有机会来观光,觉得很是歉然。地方事业,在早听说北碚办得很有成绩;后来又听说民生公司,是四川最有希望的实业团体。因此,北碚和民生公司的事业,都是我久慕而且极愿参观的。①

1937年后,梁漱溟与卢作孚、卢子英等的关系日益深切。1939年夏天,梁漱溟来北碚北温泉公园看望正在休养的吴玉章,并讲述了他1938年秋去前线和敌后根据地考察的情况。1940年1月,梁漱溟携二子来北温泉休假,又对北碚实验区的各项事业,做了一次系统的考察。

---

① 梁漱溟:《我的过去与山东工作概况》,载项锦熙主编《民生公司演讲集》(下),人民日报出版社,2016,第462页。

此后，1946年末至1949年末，他在北碚整整住了三年，并在花房子完成了《中国文化要义》一书，这是一部"认识老中国"的集成之大作，其本意并非"保守"，而是为了"建设新中国"。

1948年梁漱溟在北碚撰写《中国文化要义》

五、梁漱溟对北碚乡村建设的贡献与评价

抗战前后梁漱溟在重庆北碚的文化教育活动以及其学生依托四川省立教育学院开展的实验乡活动，对当时北碚甚至重庆的文化教育和乡村建设都产生了相当大的影响。他注重乡村社会和依托乡村的教育观念，对当代社会也仍然具有较大的借鉴意义。除此之外，梁漱溟与卢作孚之间所形成的深厚情谊，也使得身为思想家的梁漱溟和身为实业家的卢作孚的思想和实践关系颇深，共同影响了北碚的发展。他在重庆和北碚开展的工作，都直接或间接地促进了北碚的乡村建设和城镇社会的发展，成为北碚乡建历史经验中不可缺少的一部分。

听梁漱溟讲述乡建北碚[1]

我们现在努力的是乡村建设。在山东的工作，全省推行乡建的机关已成立起来。这边北碚的乡村建设实验区，大家也是同一方向在努力。可是努力乡建究是怎么一回事，意义在那里，它所希望是什么？在这最短的时间内，我要让大家更多明白这几点。

乡村建设是多方面的，今天我们只选出三点来说明乡村建设。

乡建运动的意义究在那里？我想：

第一是内外沟通。我说的"内"是指"国内"，"外"是指"世界"；再"内"指"内地"，"外"指"中国沿江沿海各大商埠"。乡建第一要求的就是内外沟通。因为中国从前是闭关自守，不喜与外交通，不但本身的不输送出去，就外界的亦不让它过来。近百年来世界交通打开了我们的闭关主义，这样被动似的中国与世界才慢慢的交通起来，就影响到我们生活上发生许多变化……就是受到西洋的文化，确立我们新的教育制度……这种新教育制度，在本意上是很好的，可是所学西洋的结果，没有成功……只受着西洋式的教育形态，仅染上西洋的生活习惯。既染上西洋的生活习惯之后，便与中国社会离开，如多学则离开社会愈远，如学的更清楚，则越

---

[1] 节选自梁漱溟：《乡建的三大意义与智识份子下乡》，载北碚图书馆编《北碚月刊（1933—1949）》第三册，国家图书馆出版社，2018，第439-442页。

是向外，离开内地越远，离开农村更远。……中国新教育制度，三十年来之结果，反而将人才吸收到外面去。比较说：北碚的青年到了重庆，便不想再回来，重庆的青年到了上海、北平……也便不想再回到重庆了……

至于中国根本最重的是农业。因社会生产，农民生活，大半靠农业，所以我们要在农业上求改进和进步。如中国在农业上经济上生活上没有进步，中国社会也没进步……要沟通中外文化，要沟通内地与各埠的文化，只有智识份子普遍的下乡，尽量与外面沟通，不断的与外面连络，将内地输出去，外面传进来。这样，乡村才能进步，中国也才有进步。但是内外不能沟通的原因，乃是中国八九十年来受西洋文化的结果，这是第一点意义。

第二是上下沟通。我说的"上"是指上层政府，有知识、有钱……的人；"下"指穷人，没知识、无权的人，乡村建设的意义即是使上下紧接、沟通。这是最大的一个问题，也是非常困难的一个问题……每每一切力量发动都在上面，如改造文化，这问题发生于上和人民没有关系，政府虽然隐隐约约的知道一些下面问题，总是没有方法。……如要中国前进使上下相协合，那就要把知识份子大规模散播到乡下去，发动乡村建设，将下面的问题事实能够宣达出来……

第三是宣达农民的痛苦。农业问题，是中国整个的社会问题，农业与农民，支持了全部社会，因大家生活共同所倚赖的，是农业与农民，但是目前中国农民根本在痛苦中，农业亦在最大破坏里，还有许多的问题，痛苦矛盾……埋伏在下面，不能表达出来，使社会的人士都知道，所以我们乡建的第三点意义,就是要知识份子下乡,将埋伏在下面的问题痛苦宣达出来。……目前最不得了的,就是乡民对一切问题,根本不理会、无认识、无感觉,乡村的问题,常是荫蔽着,知识份子依然往上走,下面的问题无法宣达……不过,近来有许多朋友感觉在乡间的努力不见功绩,因为每每一件事、一句话,刚刚同农民说好,然而政府来一道命令,常是妨害农业或农民的,以至努力而无效,这是常有的事。因此许多努力乡建的朋友,都叹息、失望。因努力而无效,自然会烦闷。现在我要诚恳地告诉各位,决不要烦闷,烦闷就是糊涂!因为我们这个运动在正面虽无效果,无作用,但最重要的意义还在副作用,如一种药品吃下去要有效,每每是药的反应作用,所以我们认为乡建工作,主要的是使其发生副作用。只要智识份子下乡就比较能扩大的宣通出来,如将一切痛苦,破坏情形……全部摆出,这就有办法了,如能将农民麻木、痛苦……使其能醒悟能感觉,乡建工作已经成功了。

…………

总括上面的三点意义,都是相连的。第一要内外沟通,第二要上下沟通,第三宣通农民的痛苦,都只一个意义——主张知识份子下乡……

……智识份子下乡,扩大乡建运动。求得真的工作效果,以后才有办法。大家不要以在北碚作乡运的眼光,就只于北碚努力,这是不行的。我们要将我们所有的工作同志,联合起来,扩大起来,拼命地往前做。只要真已扩大联合,我们的问题已将全部解决了,所以我们要一齐来中国才有救,否则没有办法。

中国西部科学院农林研究所

巴蜀地区的农业研究机构发轫于清末，至1911年四川全省共建有74个农事试验场，从事农业科技知识的传播、水稻及其他作物的改良。民国初年，四川的农事试验场逐年减少，到1927年仅存8个。1931年，中国西部科学院农林研究所在北碚创办，这是近代川东地区最早的综合性农林研究机构。自此，川东农业科技研究和推广踏上了专业化和规范化的道路。全面抗战爆发后，随着国民政府移驻重庆和大片国土的沦陷，从中央到地方的各级农业科研机构、学术团体也纷纷迁至以重庆为中心的西南地区，一些机构则落户北碚，大量科研成果在北碚研究取得。同时，国民政府主持的一些农地改革试验也在北碚开展。这些都极大地推动了本地农业科技研究的发展，再加上其他科技领域在北碚的研究、试验，造就了北碚大后方科技文化中心的地位。

中国西部科学院，是卢作孚发起创设的一个民间科研机构，也是中国西部地区首家科学研究机构。1930年9月成立于北碚，下设理化、地质、农林、生物四个研究所。卢作孚发起创立此院，抱定了宏伟目标，其主旨是要对西部各省的地下矿藏、动植物资源、地理交通、人口状况进行广泛的调查研究，并致力于农牧业的改良推广，最终达到开发西部宝藏、发展经济、富裕民生，将西部地区建设成我国战略经济后方的目的。1931年4月,农林研究所正式成立,其工作目标在于"垦荒地,培育森林,并收求优良稻、麦、蔬菜、果树及牲畜(品种)作改良之研究,试验成功即从事繁殖推广,以增加农林生产"①。

中国西部科学院工作报告

农林研究所初称农事试验场,场址在东阳镇上坝一带,有熟地100余亩。初设农场、畜牧场各一。后设4个农场。一在本所东阳镇,占地200亩;二在西山坪,约2000亩,后垦熟地500亩,作农林果蔬的试验基地;三在点灯寺,约3000亩;四在金剑山,约1000亩。除一、二两场外,其余均未开辟。②

农林所设主任1人、助员4人、工役3人,下设各部由事务员和技术员若干人组成。首任主任为刘雨若,继任刘振书。事务方面设有农林图书馆、农林图书馆编辑处、农民读书会;事业方面设有棉作部(包括中棉试验区、美棉试验区)、花卉部、蔬菜部(包括根菜、果菜、茎菜、花菜、豆类、香

① 《中国西部科学院概况》,《档案史料与研究》1993年第3期。
② 侯江:《中国西部科学院研究》,中央文献出版社,2012,第38页。

辛各试验区）、果树部（包括梨子、柑橘、苹果、桃子、李子各试验区）、畜牧部（包括养猪和养鸡）、林业部、测候部（进行气象测报）。

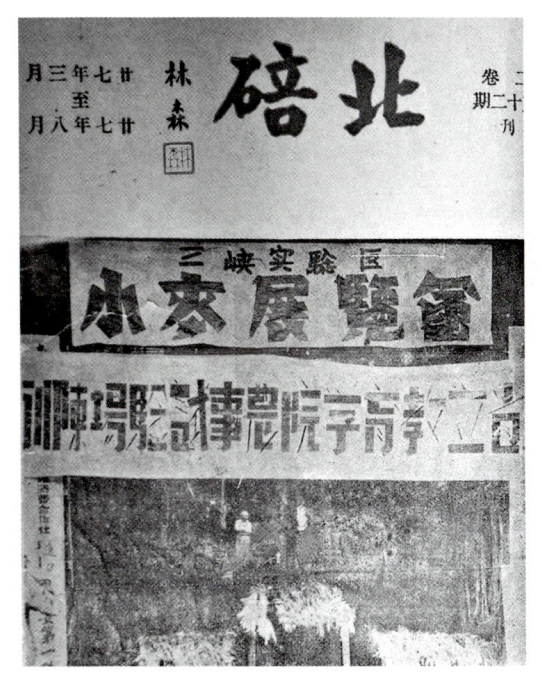

《北碚》三峡实验区小麦展览会专辑（1938年）

农林研究所的工作重点在改良稻、麦、蔬菜、果树和家畜家禽品种，改进栽培和养殖技术，从事相关试验研究。大体而言，农林所的基础工作主要包括以下6个方面。①

（1）进行菜蔬、果树、畜牧、花卉等试验，对农作物进行培育试验及国内各省有名、优良品种的引进、培育和推广。如棉、麦、玉米、桑葚及菜蔬等作物的育种试验；进行中美棉

---

① 侯江：《中国西部科学院研究》，中央文献出版社，2012，第39页。

品种试验；西瓜栽培及特种植物驯化试验。西山坪农场试种的油桐、西瓜、香蕉均获成功。尤为为人称道的是西瓜的成功引种，"开四川种西瓜之新纪元"[①]。1934年，农林所在西山坪做第一次西瓜引种试验，当年结瓜几十个，口感很好，试种成功。1935年大面积种植90亩、1.8万窝西瓜，出产5万公斤、1万余个西瓜，售洋3514元。次年，搜求江苏、浙江、河北、河南、山东、新疆、甘肃等国内著名西瓜产地瓜种，将种植面积扩大至100亩、2万窝以上，出产10万公斤、2万余个西瓜，售洋7200元，净收益4000元。西山坪所产西瓜品质好，风味佳，行销渝合两地，成为中国西部科学院生利的事业。

（2）各种畜禽类的育种、杂交及育肥试验。如开展中意鸡的纯系育种与杂交及肥育等试验、北平鸭育种试验、英国盘克县猪与四川隆昌猪的育种及杂交试验、荣昌猪改良育种试验、绵羊育种试验、黑皮山羊改良育种试验等。在养鸡方面，从天然孵化、育雏、购种、管理、鸡病等方面开展研究工作。建成了能容纳1000只鸡的鸡场，进行意大利鸡与本地鸡育种试验。

（3）使用和试制农具，服务农业生产。仿制和改良打谷机、玉米脱粒机、洋犁等新式农具7种，共53件。但遗憾的是，由于受经费和技术的限制，农具制造尚处试验阶段，在生产上产生的成效较小，在农业机械和新式农具的研制和推广方面，建树无多。

（4）各省名贵果树的驯化与繁育。于北碚平民公园经营花卉园艺，种植北碚市区行道树，培育法国梧桐苗种。先后

[①]《中国西部科学院概况》(1939)，《档案史料与研究》1993年第3期。

引进和培育英国葡萄、西藏无核葡萄、各种柑、橘、柚、桃、核桃等75种,共3500余株,进行嫁接和杂交试验,培育出一些优良品种。

(5)进行北碚的气象研究。农林所在1931—1933年间进行了三年的气象观测工作。因经济原因,只有简单的气温箱和量雨计,仅能推测气象的大概。1934年,气象研究所与中国西部科学院商议,设立北碚气象测候所,为农业生产提供及时周详的气象资料。

(6)开展农学普及与推广。中国西部科学院租佃了西山坪荒地后,组织垦殖学会,以讨论垦荒的各种问题,如农具制备、交通设施、土壤化验等,由各会员分头担任研究,每半月开会一次讨论。农林所在建立之初还为附近不识字的农民开办夜校,教师由职员充任,课程为千字课、普通常识、农业常识、珠算、记账、写信等。为适应民众参观需求,1933年,农林所将一间大屋辟作农业展览室,陈列内容分农产品、种子、病虫害标本、农具、图说、照片六部分。

由于经费紧缺,到全面抗战爆发后,农林研究所的大部分试验工作即停顿。1938年农林所停办,农场由兼善中学接管(故又称"兼善农场"),仅气象测候所仍维持工作。尽管存在时间并不长久,但农林所的创办仍具有重要意义。这是近代川东地区最早的综合性农林研究机构,引领了地区农业发展的方向。更重要的是,引进和传播了先进的科学技术与理念,开风气之先。

中央农业实验所

中央农业实验所（以下简称"中农所"）于1932年1月在南京成立。这是一个国家级农业科研机构，直接隶属于实业部，负责全国农业的研究、调查、实验改良工作，并进行农产品检验、农情报告和人员训练等辅助工作。同时，与附设所内的中央棉产改进所、全国稻麦改进所等单位合作，积极致力于培育、推广农业新品种等工作。

抗战全面爆发以后，南京旋即沦陷，中央农业实验所便随国民政府西迁。几经迁徙，行政部分暂设于四川荣昌（今属重庆）。技术人员则先至长沙，继至柳州，最后迁至重庆，颠沛流离，备尝艰辛，而工作仍未中断。之后内部改组，分设稻作、棉作、麦作杂粮、森林、蚕桑、畜牧兽医、土壤肥料、植物病虫害、农业经济九系。为实施战时农业政策，国民政府对农事机构进行了多次调整。1940年农林部成立，直属行政院，中农所又划归农林部。全面抗战初期，中农所共有职员约300人，90%以上为技术人员。因在重庆无实验室与试验场地，中农所于是在贵州、四川、湖南、广西、云南、陕西、河南7省分别设立工作站，斟酌各省情形，分派各系技术人员前往，以协助各省进行农业改进工作。[①]

[①] 程雨辰主编《抗战时期重庆的科学技术》，重庆出版社，1995，第167页。

为便利各地农情调查,在后方15省的903个县特约农情报告员3000余人,在大后方形成了中央—省—县三级技术研究、指导、推广和信息网络。①

据1944年10月11日修正公布的《农林部中央农业实验所组织条例》规定可知,其主要职责有6项:第一,关于全国农艺蚕桑等技术试验改进及推广事项;第二,关于改良种子、果苗、农具、土壤、肥料及防除植物病虫害等材料之介绍及供给事项;第三,关于集体耕作之实验研究事项;第四,关于农村经济之调查研究事项;第五,关于农产品或原料品分级标准、运销制度之研究事项;第六,关于农业改进技术人员之训练事项。②同时,将中央各部所属稻、麦、棉、畜、渔业等技术机关一律归并该所,统筹办理。中央农业实验所总揽了全国农业科技的调查、研究、推广和人员培训工作,成为全国农林技术的总枢纽机关。

到1942年春夏之交,中农所西迁已有4年,因缺乏适宜场地,各项研究实验工作,困难颇多。沈宗瀚于是向农林部请示③,决定选择一处交通便利的区域,筹设规模较大的场所,提高技术,集中研究,以建立西南农作研究改进中心,并选定了北碚。④对中农所而言,北碚一带除了产稻麦杂粮等粮食作物外,还产油桐、桑、茶、棉、麻等经济作物,及柑橘等

---

① 《农林部中央农业实验所概况》(1945年),重庆市档案馆藏,档案号:00810004030520000140000。
② 《国民政府公报》1944年10月11日渝字第7—8号。
③ 中农所改隶农林部后,所长谢家声一度请病假,由副所长沈宗瀚代行所长。
④ 黄俊杰:《沈宗瀚先生年谱》,台大出版中心,2016,第147页。

果树。其风土环境,很适合设西南试验总场。又因该所杀虫剂的研究制造及土壤肥料的分析研究,均须有水电设备,北碚地方建设日趋完善,都能适合需要。另外,当时国民政府聘用了两位美国农业专家,将派驻该所工作,需有适宜的研究环境,且需不时到陪都重庆参加政府咨询工作。北碚位于市郊,水路交通便利,是很理想的地点。中农所于是择定了北碚天生桥(今西南大学南区一带)为所址,由农林部出面,请四川省政府(主席张群)、北碚管理局(局长卢子英)代为办理土地征收手续,在天生桥的枣子湾和李家湾,置地350余亩,建西南试验总场,作为"研究改良西南农业之永久场所",共计花销约101万元法币。①

1942年7月,中农所由荣昌迁碚。当时天生桥农场的办公用房紧缺,所内各单位实验室多在北碚市区(今北碚老城),多有不便。恰好财政部税务署已迁至重庆市区办公,天生桥的25间办公室都已空出。1943年2月,中农所买下这些办公室,将棉作系和茶场以外的其余各系都集中于天生桥,并在李子坝设立办事处。②抗战时期中农所内部机构设有八系一场二室五课(另有林业、畜牧兽医两系,于1941年分别成立中央林业实验所和中央畜牧实验所而裁撤,抗战胜利后又设立农具系、农业化学系,共十系),具体如下图:

---

① 王聿均:《抗战时期中农所之发展和贡献》,载中研院近代史研究所编《近代中国农村经济史论文集》,1989,第88页。
② 《农林部中央农业实验所概况》,重庆市档案馆藏,档案号:00810004030520000140000。

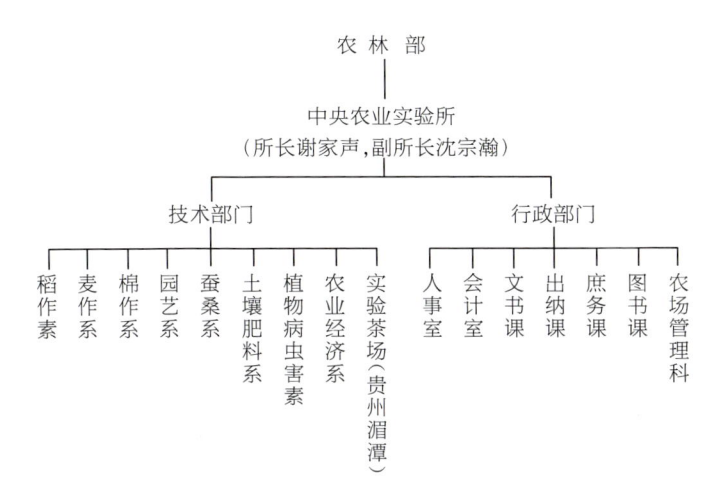

```
                           农林部
                             │
                      中央农业实验所
                  (所长谢家声,副所长沈宗瀚)
              ┌──────────────┴──────────────┐
           技术部门                         行政部门
```

稻作系　麦作系　棉作系　园艺系　蚕桑系　土壤肥料系　植物病虫害系　农业经济系　实验茶场（贵州湄潭）　人事室　会计室　文书室　出纳课　庶务课　图书课　农场管理科

农林部中央农业实验所组织构架图

中农所迁至北碚天生桥后,开辟了战时大后方规模最大的农业试验场,建造了实验室,以备改良稻麦、杂粮、棉花等生产。此外,还耗资法币90多万元建造"作物挂藏室"。又在天生桥兴办排水沟工程,以利冬季排水、播种、冬作;兴建蓄水池塘,作为川东农田水利示范。

战时的中农所,图书资料缺乏,仪器设备不全、技术人员分散,学术研究深受限制。尽管如此,中农所的技术人员在空袭频繁、条件简陋的情况下,仍然坚持科学研究,涉及领域广泛,包括农作物的培育与改良、农村物价、农村金融、农林副业、病虫害研究等。对于作物面积、收获量等,都有详细调查。又发行《农报》旬刊,刊载农业调查报告,农情报告和国内外农业发展概况,受到中外学术界重视。

同时,为了支援抗战,中农所工作重心转向推广工作,将战前十年所获得的研究成果和技术经验"推行于农村实地,

增加农业生产",取得了令人瞩目的成绩:

(1)培育农作物新品种。育成适宜西南各省的水稻良种"抗战籼""胜利籼""南特号"等6种,较农家土种高产10%~15%。育成小麦良种"中农28号""中农166号""中农483号"等杂交品种,尤以中农28号为佳,具有茎秆强壮、不倒伏、抗病力强等优点,每亩平均产量较成都光头麦(四川农家最好之小麦)多收四十一市斤。家蚕的育种与推广方面。1938年,中农所在北碚保存了62个品种,纯系选育45种,杂交选系45种,保存原蚕种8种,还改良黄皮蚕种3008号,结果增产16.184%。其中,中农29号(黄皮)蚕种由蚕桑系主任孙本忠经过七年时间所改良而得,与普通蚕种比较,产丝量高10%,死亡率低62%,便于饲养,颇受农家与丝厂的欢迎。1940年曾由四川蚕桑推广委员会在川东一带向农民推广饲育该种第一代杂交种1800余张。

(2)改进作物栽培耕作技术。中农所与四川农业改进所合作,在川东、川南试种双季稻成功,可大幅度增加当地产量;在云南进行木棉(多年生长绒棉花,一年可二获)的试验栽培和推广也告成功;在重庆北碚、广西柳州、贵州湄潭等地从事油桐的播种繁殖及嫁接试验,证明嫁接繁殖"能保持其母株的优良特性"。其他如油菜、甘蔗、大豆、甘薯、棉花、烟草、水果、蔬菜以及家畜的品种引进改良亦有相当结果。对各类作物的区域试验、比较鉴别、检验分级、遗传生态和抗病力等均获得研究成果。

（3）在病虫害防治和农药、农具研制方面也取得了明显进步。通过对各类虫害的生长繁殖特征、环境温湿度关系、行株距疏密、病原病理等系统研究，找到了比较经济便捷有效的防治和杀灭方法。研制成功砒酸钙、碳酸铜、砒酸铅、波尔多等农药近20种，制造发明小麦体虫分离器、自动喷雾器、双管喷雾器等农用机具近10种。

1944年6月，美国副总统华莱士（Henry Wallace）来华，在北碚参观中农所半日，与沈宗瀚等讨论中国农业问题，并访问农家及北碚管理局扶植自耕农情形，颇为满意。是年冬，由美国总统罗斯福派来中国的特使尼尔逊（Donald M. Nelson）也来中农所参观，与沈宗瀚等谈论中国农业生产与农村经济状况。

抗战胜利以后，中农所各部门陆续回迁南京。1949年3月，中农所为南京军管会接管，先后改名为华东农业科学研究所、中国农业科学院江苏分院、江苏省农业科学研究所。1950年，中农所撤消。

中农所作为一个国家级农业科研机构，在战时极端艰苦的条件下，聚集了许多优秀的农业科研人才和一些比较先进的科研设备。他们进行的科研活动对战时农业技术改进的筹谋和设计及农学实验的开展，起到了纽带和指导作用。为战时中国农业的复兴与发展起到了积极的促进作用。

扶植自耕农与农地改革

一、扶植自耕农实验

"扶植自耕农"是国民政府抗战时期和抗战后实行的一项重要土地改革政策,目的在于以政治或经济力量帮助无地农民获得土地,使其成为自耕农。其思想来源于孙中山三民主义中的"平均地权"和实现"耕者有其田",借鉴欧美扶植自耕农的理论与方法。[①]扶植自耕农的方式有直接扶植与间接扶植两种。前者在以政府力量,利用国家资金,征购私有土地,加以整理重划,分配给农民自耕使用,采用按年摊还地价办法,至偿清时取得土地之所有权,而成为完全的自耕农;后者为政府或其他金融机关分别贷款给农民,使其自由购得自耕所需的土地,分期还贷。从1942年到1948年,国民政府先后在福建、甘肃、绥远、四川、广西、江西、宁夏、湖南、陕西、湖北、安徽、贵州、浙江、广东、江苏等省办理扶植自耕农。

1942年2月,北碚被四川省确定为最早进行创设扶植自耕农示范区试验的地区,并获得农林部与中国农民银行的合作支持。其分工是:中国农民银行负设计并供给办理必需资金之责,北碚管理局负一切行政及参加实际工作之责,农林

[①] 黄正林:《国民政府"扶植自耕农"问题研究》,《历史研究》2015年第3期。

部派员辅导北碚自耕农合作农场办事处负示范区办理完成后自耕农经营辅导之责。

北碚在征购土地前做了大量准备工作,颁布了《北碚管理局扶植自耕农示范区实施办法》和《北碚自耕农示范区办理程序大纲》,作为扶植自耕农耕作准则。由地主、佃农、北碚参议会、朝阳镇第十九保、农行北碚分行、北碚管理局、农林部北碚合作农场指导处各派1人,组成评价委员会,评估地价。1942年5月6日,四川省政府核准施行"实施办法"。根据事前对北碚各乡镇调查的结果,北碚管理局决定以朝阳镇第十九保(天生桥)作为创设示范区地点。随后,创设北碚扶植自耕农示范区的试验进入实施阶段。

北碚扶植自耕农示范区的创设,经历了地籍整理、区段征收、划分单位农场、放领承耕、实施乡村建设五个阶段。

1.地籍整理

1942年4月至7月,北碚管理局、中农行北碚办事处在重庆市财政局第三科(专管地政事宜)技术人员的协助下,在划定的示范区范围内进行了为期三个月的地籍整理工作。进行了导线测量、户地测量、面积计算、复测补测、绘制区段地形图及户地图、地权调查、土地使用调查、建筑物调查、土壤调查和编制分类图表等项工作。调查结果表明,示范区内全部土地面积为1428.41亩,其中水田578.281亩,旱地580.589亩,园地5.785亩,林地160.86亩,坟地25.135亩,宅地29.91亩,荒地38.85亩。农户126户,其中地主36户,自耕农39户,半自耕农4户,佃农47户。这一部分工作非常具体又不易,后面会单独用一节来具体介绍。

2.区段征收

区段征收,是指将一定区域范围内的所有土地整体征用。征收前须确定地价。为示慎重与公允,北碚管理局召集地方政府代表、土地金融机构代表、地主代表、佃农代表和北碚参议会代表参加组成的土地评价委员会,多次开会,反复研究,最后采取了在比较计算法[①]的基础上,根据当地土地买卖习惯,参考示范区内每石土地年平均产量所值来确定地价的办法。最后评定每石田3300元、每石地2310元,平均每石土地2850元,比中国农民银行所给价2200元提高了30%。

地价确定下来后,即开始实施征收。首先进行示范区内土地所有权登记;其次确定被征土地对象为"不自耕作土地出租于人"的土地所有权人、"插花本保土地之所有权人"和"过小农场雇工耕种之所有权人"。[②]接着由北碚管理局与中农行订立贷款合约,筹借200万元用作向地主补偿征地地价;最后于1942年12月将征收土地及其所有权人、应行补偿地价公告一月,并通知土地所有权人前去管理局领取补偿地价。

[①] 按照《中国农民银行土地金融处地价估计办法》的规定,比较计算法即以邻近土地买卖价格为标准计算地价的一种方法。
[②]《北碚扶植自耕农示范区土地所有权人及使用人取缔准则》(1942年),重庆市档案馆藏,档案号:0289000101048。

尽管试验的主持者从一开始就把避免与地主激烈冲突作为重要的指导思想，在地价的补偿、免予征收地主房屋及其宅地等问题上向地主做了重大让步，但试验仍然遭到部分地主的反对。先是一些地主蒙骗和要挟部分佃户联名上书北碚管理局、四川省政府、行政院和国民党中央执行委员会，攻击北碚管理局征收该保土地办法失当。接着，有地主谎称"抗属"或将佃耕地假报为自耕地，要求免征、缓征土地，并通过律师和报人在社会上大造舆论。《新蜀报》在头版头条刊登《哀恳北碚管理局卢大局长子英体恤抗属，停止低价征收土地启事》，并为此专门发表题为《为儿童、抗属呼吁》的社论，抨击北碚管理局"强征抗战军人及其家属土地，虐待抗属，妨碍抗战"。最后仍有少数地主拒不登记地权和领取地价。

北碚管理局一方面向有关方面积极说明事实真相；一方面对少数顽固地主采取了强硬措施。1943年2月，该局派干员率当地警察派出所人员"执行征收、划界、放领、迁移等事项"，并"强迫地主限三日内来领地价"。结果仍有3户地主逾期未领地价。以政权机关和强力手段为后盾，经过对地主的软硬兼施，土地征收得以完成。发放和领取补偿地价的工作从1943年1月开始，至4月底办理结束。

3.划分单位农场

土地征收结束后，还要对征购的土地进行重划与分配，以改变示范区内原来农户土地分散零碎，不合经济利用的状况。重划原则是：(1)面积大小根据各农户耕作能力与生活必需费用及地形、地势、地质关系而定；(2)每单位农场必须搭配各类土地；(3)每单位农场土地力求集中，不使分散插花。经重划后新组合为80个自耕农场，其中水田46个，旱田34个，每个农场面积15~20亩。

4. 放领承耕

放领承耕，即由政府把征收来的土地划分为若干单位农场后，发放给农户承领耕种。分配原则是："一、被征收地原有的自耕农；二、被征收地原有的佃农；三、被征收地原有的雇农；四、管理局辖区内出征军人家属的男丁，具有自耕能力者；五、管理局辖区内从事耕作三年以上的农民。"经过筛选和核定，有81户被选为扶植对象，由管理局通知各户承领农场面积和应缴地价，并介绍向农民银行办理借款手续。以耕地房屋为抵押担保，由北碚管理局为借款担保人，贷款期限十五年，年息8厘，领地农民分期向农行摊还本息。

放领承耕从1943年4月底开始，至9月基本完成，共有81户农民领得土地，其中与农行订立借款合约的农户44户，农行共放贷198.95万元，创设的自耕农有70户。

5. 乡村建设

放领承耕的完成，标志着在示范区内直接创设自耕农的目的基本实现，但试验的主持者并未就此止步，而是立即转入在示范区内实施乡村建设。

1943年2月15日，农林部在北碚设置了辅导北碚自耕农合作农场办事处，于同年10月组织示范区内所有自耕农成立合作农场。合作农场设干事会和监事会，"采用合作方式经营农业"。合作业务事项包括：人畜工合作；农事供应；水利合作；合作发展副业；农产品运销合作；农产品加工合作；改良土地利用；改良农场布置；推广双季稻和再生稻；肥料运输合作；合作贷款；消费合作；绿肥、堆肥、骨粉之利用；场员记账；发展场员教育；公共造林、警卫、公墓、卫生等。1944年11月，北碚管理局又会同中农行、农林部、国立重庆师范学院、江苏医学院等单位，联合组织北碚扶植自耕农示范区农村建设辅导委员会，以筹划协同推动乡村建设。到1944年底，示范区合作农场在其指导下主要进行了以下工作：在倡导合作方面，进行了水利合作、人畜工合作、养猪合作、消费合作、信用合作和发展副业合作。在农业推广方面，引进稻麦新品种，实行轮作，栽培双季稻，防治病虫害，厉行水土保持，试用条播器、点播器、喷雾器、脱粒机等新式农业机械。在兴修水利方面，挖蓄水塘3个、打灌溉井1个、修引水堰1条，可灌田200亩。在农业教育方面，按月进行农业技术讲座，并于闲时组织农场成年场员及其子弟学习新农业经营知识。

从1942年2月被四川省政府指定为扶植自耕农示范区域，到1943年9月完成放领承耕工作时止，历时一年半时间，北碚扶植自耕农示范区的创设基本完成。从1943年10月到1944年底，试验的主持者通过建立合作农场，实施乡村建设，继续巩固示范区，并准备把这一试验向北碚其他地方推广。该项试验的实质是要用非革命、非激进的办法,即在国家财政金融力量的支持下,通过对地主的"赎买"来解决土地问题。其直接的目的是要在示范区区域内"消灭地主",直接创设自耕农,实现"平均地权""耕者有其田"。

如果仅从上述两年多时间试验的直接目的和直观效果来看,北碚扶植自耕农示范区的试验从某种意义上来讲是成功的。试验结果也得到有关方面认可。地政署、社会部、田赋署等中央政府部门以及四川省政府分别致函北碚管理局,认为示范区试验已具成效,扶植自耕农成绩卓著。包括美国副总统华莱士在内的一些中外人士,曾慕名前往北碚扶植自耕农示范区参观考察。但从后续的推广与维持状况来看,北碚扶植自耕农工作步履维艰,难以为继。

1944年12月15日,四川省政府训令北碚管理局称:"办理初期既有成效,应再继续扩大办理地区。"该局遂计划在白庙、二岩、黄桷、文星、澄江、金刚、龙凤七乡镇均各设一扶植自耕农示范区,但因困难太大,仅选定澄江镇第二十五保建立示范区。"后以抗战胜利,地价下落,该区原定地价过高,地主不愿减低,佃农亦不愿承购",该示范区的建立迟迟没有实施。自此以后,示范区的推广便不了了之。其真实的直接原因在于地主的激烈反抗:"所属八乡镇共同普遍办理扶植自耕农实验后,因邻县部份地主发生事变,致今计划未能实现。"①

至于朝阳镇第十九保扶植自耕农示范区在抗战胜利后

---

① 北碚管理局编印《北碚概况》,1948,第9页。

的命运,在现存档案中没有见到具体详细的记载,但从北碚管理局1948年《工作提要报告》中的一段话中,可见端倪:"扶植自耕农虽著成效,然有其缺点与困难,只能举办于一时,有效于一时。故自本年始,复决定……以合作方式取而代之。"于此可知,北碚扶植自耕农示范区在抗战胜利以后已时过境迁,归于消亡。而此时的北碚,"自耕地仅占全部耕地131000亩的32%,佃耕地则占68%",农民"百分之五生活无困难,百分之三十勉强可生活,百分之五十生活困难,百分之十五无法生活"。这幅凄凉悲惨的景象无疑是宣示了北碚扶植自耕农示范区试验的破产和失败!

二、地籍整理实验

在中国这样一个农业大国的现代化转型过程中,取得有关地籍资料是解决土地权属的重要环节。孙中山在手订《建国大纲》中即指出:"完成县土地测量,规定地价,为地方自治之基本工作。"1942年国民政府颁布《非常时期地籍整理实施办法》,规定地籍整理程序包括:土地测量、土地登记、规定地价。

北碚管理局成立之初,因与中国农民银行北碚办事处合作,在朝阳镇第十九保办理扶植自耕农示范区,被认为成效卓著,地政署于是与四川省政府商定将北碚划为地籍整理实验区。1942年12月,设立四川省北碚地籍整理办事处及土地测量队,1944年9月,地籍整理基本结束,北碚地籍整理处撤销,未完成业务交北碚管理局地政科继续办理。

1. 土地测量

土地测量分为三角测量、图根测量、户地测量、求积、制图等工作。土地测量首先进行三角测量(包括天文测量测定经纬度),依三角法以计算各点经纬度及纵横线,再于各三角形中插测图根点以算得各点的纵横线,进而运用此各点的结果以测绘各户土地每丘的形状及经界,这便是户地图,然后按丘编号,计算每丘面积,并绘公布图与权状附图。土地测量从1943年3月起至1944年4月完成。

2. 土地登记

1942年10月,四川省政府颁布《四川省土地登记施行细则》,规定测量完成的土地,不论公有私有,其所有权及他项权利,均依法予以登记,"其一切权利之取得、设定、移转、变更、消灭,非经登记不生效力"。登记流程为:(1)收件:收受业主契约及登记申请书;(2)审查;(3)覆丈:经界有错误者复测;(4)公告:看是否与邻界有错误,或与人有无他项权利关系或纠纷;(5)登簿造册:编写登记总簿及造地价册;(6)颁发土地所有权状。市地登记自1943年4月始至10月大抵完成,农地登记从1943年11月始至1944年7月大抵完成。

3. 规定地价

规定地价是照价抽税、涨价归公、照价收买等政策的基础,也是为实行平均地权的着手办法,因而与测量登记配合进行,是地籍整理工作的一部分。这项工作根据《非常时期地价申报条例》及《查定标准地价实施办法》办理,自1943年

4月1日开始,至同年9月完成。

依据地籍整理成果统计,全局面积为239134亩,其中可耕地仅13万亩(稻田44000亩,崚瘠旱地86000亩)。若以全局常住人口分配,每人仅有地1亩余,以农民约5万人计算,则平均每人不足3亩。由此可知北碚耕地资源非常缺乏。截至1949年,北碚管理局先后颁发农地和市地所有权状43560张,完成地籍图827幅,测量全局二万五千分之一地形图,及四千分之一的北碚市区地形图各1幅,为市区建设、农业改进和地质、土壤、矿产等调查的提供了科学依据。

城乡融合的乡建明珠

北碚乡村建设的惊人成就,有目共睹。今天的北碚是一座美丽的城市,而在卢作孚刚就任峡防局局长时,这里并不是城市,而只是一个小乡场。北碚场周边,乃至整个嘉陵江三峡区域,主要是农村地区。经过多年的建设,北碚场与周边乡村共同构成了一个适度规模、生态宜居、生产生活可持续的城乡共同体。这样的经验,即使放在今天,也是城乡融合的特色典范。

关于北碚城乡关联带动、融合发展的整体性建设思想,卢作孚曾经在他的文章中这样表述:"死的乡村如何可以运动到活起来呢?这是我们感觉得非常困难的问题。于是姑且以北碚作第一个试验,以其比较集中,容易办,而且可以造起周围的影响来"[1]。而且,他特别强调北碚乡场中"市场"的重要性。因为市场是人员聚集流动比较多的地方,也是很多社会关系、商贸往来的结点,所以他强调要"先以北碚乡而且北碚乡的市场为中心"[2]。

北碚的乡村建设是以生产上的业态创新为带动的。这也是使其城乡得以有序融合发展的基础。进而通过公共空间建设、全流域资源整合、普惠公共服务提供、全面的教育

---

[1] 凌耀伦、熊甫编《卢作孚文集(增订本)》,北京大学出版社,2012,第279页。
[2] 凌耀伦、熊甫编《卢作孚文集(增订本)》,北京大学出版社,2012,第279页。

普及以及通过社会教育进行社会动员和社会组织,在整个区域培育现代集团生活,从而形成社会、经济、文化系统融合的城乡融合区域。

而对于北碚城镇的规划建设,从一开始就具有与一般的城市化不同的定位。卢作孚推行的北碚城镇的建设,就是以成为一个"现代物质文明和精神文明"的推广示范典型为目标的。要让周边乡民,甚至更远地方的国民,在北碚看到更好的生产,更佳的精神文化面貌,更美丽和谐的生态环境……因此,北碚的城镇规划与建设,参考了青岛模式、欧洲花园城市等,可谓煞费苦心。

1936年,著名教育家、乡村建设运动倡导者黄炎培目睹北碚之变化时说:"历史是活动的……可是到了现在,北碚两字名满天下,几乎说到四川,别的地名很少知道,就知道有北碚。"[①]1939年,陶行知先生参观北碚时,也曾激动地说:"北碚的建设……可谓将来如何建设新中国的缩影"[②]。太虚法师还从亲眼所见的北碚巨变中备受鼓舞,认为"佛法上所明净土之义不必定在人间之外,即人间亦可改造成净土"。

1944年,美国 Asia and America's 杂志刊登了一篇文章,叙述了北碚自从开展乡村建设运动后发生的巨大变化。北碚"有了博物馆和公园,有了公路和公共体育场,有了漂亮的图书馆和一些建设得很好的学校,还有一个非常现代化的

[①] 黄炎培:《北碚之游》,载卢国纪:《我的父亲卢作孚》,四川人民出版社,2003,第339页。
[②] 陶行知:《在北碚实验区署纪念周大会上的讲演词》,载《陶行知全集(第四卷)》,四川人民出版社,1991,第341页

城市市容"。北碚被评价为"平地涌现出来的现代化市镇","是迄今为止中国城市规划的最杰出的例子"。①1948年底,国统区的中国农村复兴委员会中国和美国委员5人来北碚参观,"发现北碚市容,如宽广的街道、各种公共建筑、市政中心及其他事项,都远非普通中国城市所可望其项背"②。

20世纪40年代北碚街景

卢作孚先生曾说"中国的根本办法是建国不是救亡。是需要建设成功一个现代的国家,使自有不亡的保障"③。嘉陵江三峡乡村建设试验区与北碚,便是他的一个倾注了大量心血的试验,民生公司的企业运营和北碚地区的乡村建设,是其社会建设思想的一体两面,相辅相成。

卢作孚先生是我国社会企业家的杰出代表。他一生经

---

① 孙恩三:《卢作孚和他的长江船队》,载美国 Asia and America's,1944年6月号。转引自周永林、凌耀伦主编,《卢作孚追思录》,重庆出版社,2001,第60-61页。
② 吴相湘:《晏阳初传》,岳麓书社出版,2001,第382页。
③ 凌耀伦、熊甫编《卢作孚文集(增订本)》,北京大学出版社,2012,第272页。

营大量产业却无个人私产,被梁漱溟先生誉为"公而忘私,为而不有"。他也是一个伟大的社会建设者,他以整体性的社会视野,既成功运营民生实业有限公司及相关产业,同时规划、领导了嘉陵江三峡区域的乡村建设实验;他既致力于创建一个服务社会、不以营利为主要目标的新型企业,更希望通过综合性社区建设以培育社会和回馈乡土。卢作孚先生和他的同仁们为我们留下了宝贵的精神财富,他们的创新经验、社会胸怀和探索精神,值得今天的社会治理现代化创新、乡村振兴工作认真学习和借鉴。

继往开来续华章

在20世纪二三十年代民国时期那场规模大、时间长、波及全国十几个省、600多个团体，1000余处实验点的乡村建设运动中，卢作孚在北碚的乡村建设是最完整、最有成效的，是研究中国乡村建设运动和卢作孚乡村建设思想与实践的最宝贵的物证资料。其他试验点大多因为战乱已不复存在，而因为抗战这个特殊原因，民国时期中国乡村建设的先贤梁漱溟、晏阳初、陶行知……都因卢作孚在北碚建设的成绩而汇聚到了这里，这是中国乡建史上绝无仅有的现象。

先贤们在北碚这片乡建热土上为我们留下了一笔得天独厚的宝贵文化遗产。新时代，我们更需对其进行创造性转化与创新性发展。本章从乡建历史文化的发掘和弘扬两个方面介绍北碚乡建历史文化的昨天、今天与明天。

一、北碚乡建文化史料发掘及遗址保护的历史回顾

北碚是一座中国乡村建设的富矿，但对这座富矿的开采却经历了相当长的一段岁月。

1. 卢作孚与乡建北碚研究的开启

1978年12月，中共中央召开具有深远历史意义的十一届三中全会拨乱反正以后，1980年，在党中央的关怀下，中

共四川省委为卢作孚这位为中国经济近代化事业、为中国人民抗日战争作出不可磨灭贡献的杰出实业家重新作了结论,结论指出:"卢作孚先生是我国著名的民族工商业者,早年创办和经营的民生轮船公司,对发展民族工商业起过积极作用。解放后,他热爱祖国,拥护人民政府,拥护共产党的领导,曾从香港组织一些轮船回来参加祖国建设,对恢复和发展内河航运事业作出了有益的贡献,为人民作过许多好事,党和人民是不会忘记的。"[①]

自此以后,在各方面人士的努力下,开启了对卢作孚及其各项事业的全面、系统研究。

研究最初遇到的最大问题是研究资料的缺乏。卢作孚一生写了大量著作,这些著作是研究卢作孚及其事业最珍贵的第一手资料,但此时却没有全面、系统整理,都零散夹杂在新中国成立前的报纸杂志之中。另外,还有不少有关民生公司、有关乡村建设等方面的史料也没有系统整理,尘封在图书馆、档案馆的库房之中。这种状况,引起了有识之士的极大关注。

1987年6月3日,著名民主人士,时任全国政协副主席的胡子昂,致信全国政协,呼吁收集、整理和研究卢作孚的史料。他建议全国政协文史资料部门以及民建、工商联、各地方政协组织和卢作孚亲属等密切配合,使这一工作得到较快进展。从1988年开始,对卢作孚及其事业的研究进入了一个新阶段。

[①] 凌耀伦主编《民生公司史》,人民交通出版社,1990,第416页。

2.开展纪念活动和学术研讨推进卢作孚和北碚乡建文化进程

自1988年在北京、重庆(包括北碚)举行的各界人士隆重纪念卢作孚诞辰95周年大会以来,从1988年至2019年间,从中央到地方各级举办的卢作孚学术研讨和大型纪念活动有数十次之多。

略举其中几次如下:1993年,纪念卢作孚诞辰100周年纪念活动在多地举行(北京、重庆、北碚、合川);1995年,全国"卢作孚与中国现代化研究学术研讨会"在西南师范大学召开;1997年,西南师范大学卢作孚研究中心成立暨国家社科基金项目"民国时期卢作孚乡村建设模式研究"开题;1999年3月,中共中央统战部与北京大学共同主持召开《卢作孚文集》出版座谈会;1999年10月,四川省中国经济史学会主办"卢作孚思想研讨会";2000年11月,西南师范大学卢作孚研究中心与高等教育研究所主持召开"卢作孚教育思想与实践学术研讨会";2002年4月,西南师范大学卢作孚研究中心主持召开"弘扬作孚精神,挖掘北碚文化,发展北碚经济——纪念卢作孚诞辰109周年座谈会";2012年12月8日,西南大学、中国人民大学、岭南大学(香港)共同主持召开"可持续实践与乡村建设国际研讨会暨西南大学中国乡建学院揭牌仪式";2013年,北碚等地举办纪念卢作孚诞辰120周年纪念活动;2017年12月,北碚区委宣传部、西南大学党委宣传部联合举办"弘扬卢作孚企业家精神座谈会",北碚还举办了"百年乡建与现代中国——纪念卢作孚嘉陵江乡村建设90

周年系列活动";2018年,西南大学、北碚区政府、民生实业(集团)有限公司、北京爱故乡文化发展中心联合举办第二届新时代中国乡村建设论坛暨第六届爱故乡大会;2019年10月31日,中央社会主义学院马列教研部,重庆社会主义学院和北碚区委、区政府主办"弘扬卢作孚企业家精神,做新时代民营企业家研讨会"……

这些学术研讨活动向我们展示了对卢作孚和北碚文化的研究。随着新时代步伐一路走来的历程,历史与现实结合、理论与实践并进,从卢作孚嘉陵江小三峡的乡村建设,到探索中国百年乡建源头,到新时代乡村振兴,开启了新的征程。

2003年,纪念卢作孚诞辰110周年研讨会

3.卢作孚研究机构和组织的成立及拓展

从1990年开始至今,陆续筹备和成立的有关卢作孚和北碚乡村建设研究的机构组织大致有:

(1)重庆市地方史研究会卢作孚研究中心(1990年成立);(2)西南师范大学卢作孚研究中心(1997年成立);(3)民生实业(集团)有限公司卢作孚研究室(1998年成立);(4)卢作孚研究会筹备会(1999年5月,由四川省中国经济史学会、重庆地方史研究会、北京大学光华管理学院、上海社会科学院、四川大学经济学院和历史学院、西南财大经济学院、武汉长江航运公司、重庆盛骥祥物业公司、北碚区人民政府、合川市人民政府等10余个单位共同发起成立);(5)西南大学学生社团"作孚学社"(2008年成立);(6)西南大学中国乡村建设学院(2012年成立);(7)重庆市北碚区城乡文化建设促进会(2018年4月成立);(8)重庆市工商联、北碚区人民政府和西南大学联合创办的中国(卢作孚)民营经济学院(2019年4月成立)。

1997年,西南师范大学卢作孚研究中心成立暨国家社科基金项目"民国时期卢作孚乡村建设研究"开题会

这些相继成立的组织,协作配合,在史料挖掘整理、学术研究、学术会议、著作出版、出版刊物、实践活动、人才培养等方面,取得了一系列令人瞩目的成绩。

4. 获国家基金项目资助取得重大基础性研究成果的推进

据不完全统计,研究卢作孚的国家社科基金项目和教育部基金资助的项目有6项,并取得了一批重大基础性研究成果。从历史文献挖掘和理论研究上为北碚乡建文化研究提供了系统、全面、坚实的基础。

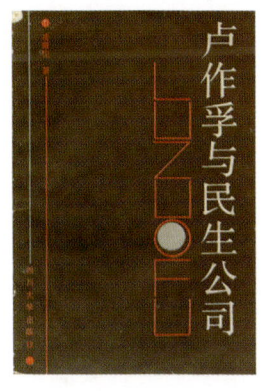

《卢作孚与民生公司》封面　　《卢作孚与民国乡村建设研究》封面

(1)1984年由四川大学经济学院教授凌耀伦主持的《民生公司史》研究课题,被批准为国家教委博士点基金重点科研项目。其主要研究成果《民生公司史》(人民交通出版社1990年出版)和《卢作孚与民生公司》(四川大学出版社1987年出版)两部著作不仅是研究卢作孚及其民生公司的重要资料,也是研究中国近代航运史的重要资料,分别获得四川省人民政府哲学社会科学优秀成果二等奖。

（2）1996年由西南师范大学汉语言文献研究所刘重来教授主持的国家社科基金项目"民国时期卢作孚乡村建设模式研究"，其主要成果《卢作孚与民国乡村建设研究》由人民出版社出版，是第一部全面、系统地研究卢作孚乡村建设的专著，2007年获得了重庆市优秀科研成果一等奖。

（3）2005年，侯江主持的国家社会科学基金资助项目"中国西部科学院在中国现代科技史上的地位与作用研究"，其主要成果《中国西部科学院研究》（中央文献出版社2012年出版），该书全面系统搜集整理民国时期中国西部科学院的相关档案及文献史料，是学术界首次就中国西部科学院历史展开的专题研究成果。

（4）2011年，西南大学张守广教授获得两项国家社科基金支持，主持研究了"卢作孚年谱长编""卢作孚与民国时期北碚城镇化变迁史料整理与研究"。收集整理出版了一批重要历史文献。其主要研究成果有《卢作孚年谱长编》（中国社会科学出版社2014年出版）、《卢作孚全集》（人民日报出版社2016年出版，与项锦熙共同主编）、《北碚城镇化变迁——北碚志九篇及相关资料汇编》（人民日报出版社2017年出版）。为卢作孚研究提供了较全面和系统的文献资料。

（5）西南大学潘洵教授主持教育部人文社科项目"卢作孚与中国西部科学院研究"，其主要成果《西部科学院资料选编》，为研究中国西部科学院提供了第一手珍贵的历史资料。

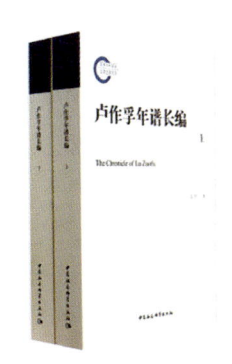

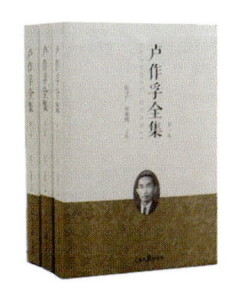

《卢作孚年谱长编》封面　　《卢作孚全集》封面

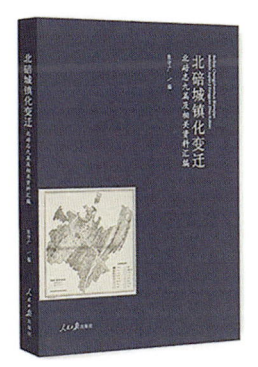

《北碚城镇化变迁——北碚志九篇及相关资料汇编》封面

（6）2012年,由王景新、鲁可荣、刘重来编著的《民国乡村建设思想研究》(中国社会科学出版社2013年6月出版)系"江南村落研究基地"重点项目"中国近现代（百年）乡村建设思想史研究"阶段性成果（之二）。该书只将梁漱溟、晏阳初、卢作孚的乡建思想以专章论述,突出了"民国乡建三杰"的地位。

（7）由温铁军、潘家恩主编的《中国乡村建设百年图录》(西南师范大学出版社2018年5月出版)系"十三五"国家重点图书出版规划项目,国家社科基金重大招标项目阶段性成果。该书采用图片形式,"以百年为单位重新梳理乡村建设的内外环境与基本脉络","系统展现了不同历史时期各种形式的乡村建设整体面貌"。可贵的是,《图录》以较多篇幅展现了卢作孚主持的嘉陵江三峡乡村建设的历史进程,表现了其在整个民国时期乡村建设运动中的重要地位。

5. 卢作孚事业及北碚乡建历史遗址的保护与建设

卢作孚事业及北碚乡建历史遗址是卢作孚成就和精神的直观形象和积淀,传达了丰富的文化信息,是人们可以感受和欣赏的真实载体,具有特殊的旅游价值和教育价值。近年来,随着卢作孚研究的深入,经过学者们多方面的呼吁和争取,对卢作孚事业的历史遗迹的保护,越来越受到政府部门的重视。

(1)2006年,中国西部科学院旧址被列入全国重点文物保护单位。

(2)2008年,湖北省宜昌市落成反映卢作孚指挥的宜昌大撤退纪念园,成为宜昌市新的重要景点和爱国主义教育基地。《宜昌大撤退铭文》第一句就是:"发生在中国人民抗日战争中的宜昌大撤退是一部民族救亡的悲壮史诗和英雄乐章。浩然正气,低回大江流日夜,高悬星汉壮春秋。"

(3)2010年,巫山县政协申报在神女峰下建民生公司"民俗"轮遇难纪念碑,作为爱国主义教育基地,等等。

(4)2011年7月17日,合川举行了卢作孚广场落成暨卢作孚青铜像揭幕仪式。

（5）2012年，北碚峡防局旧址修复，卢作孚纪念馆建成，2012年6月9日正式开馆，前来参观的人络绎不绝。

（6）2013年，"嘉陵江乡村建设旧址群"全国重点文物保护单位申报成功。除原峡防局旧址外，还包括红楼、清凉亭、梁漱溟旧居、晏阳初旧居暨中国乡村建设学院旧址，以及北温泉"数帆楼"、竹楼、磬室、农庄和柏林楼五大名楼。

（7）2013年4月14日，在合川合阳城文化街举行了卢作孚先生故居揭牌仪式。

（8）2013年，上海中国航海博物馆决定设卢作孚纪念专馆。

（9）2013年8月20日，西南大学卢作孚研究中心刘重来教授作为重庆市人民政府文史研究馆馆员，建言"关于将重庆市自然博物馆北碚陈列馆旧址辟为'中国西部科学院纪念馆'"，由副市长吴刚批复，同意拨款施工修建。五年后，2018年4月，专家组通过了"科学魂、强国梦——中国西部科学院旧址历史陈列馆"验收，正式对外开放。

（10）2014年，重庆钢铁公司鉴于卢作孚先生的贡献，在厂史展馆中专门建立卢作孚馆。

（11）2018年11月，"乡村振兴历史先声——中国乡村建设百年探索展"在西南大学校史馆展出，社会各界反响强烈，新华网、人民网、光明网、腾讯网、中国新闻周刊、重庆电视台、重庆日报等媒体进行了报道。2019年12月，在中国西部科学院旧址陈列馆惠宇楼，再次布展展出。

（12）截至2019年，北碚区政府大楼前缙云广场、重庆工业博物馆前广场、卢作孚纪念馆前广场、重庆大学、重庆市第九人民医院、兼善中学、合川卢作孚广场、合川瑞山中学均建塑了卢作孚雕像。

（13）2020年4月28日，北川铁路复建专题研讨会在北碚卢作孚纪念馆召开，北碚区主要领导及10位专家出席。会议决定修复1928年由卢作孚主持修建的四川第一条铁路——北川铁路。

2018年11月"乡村振兴历史先声——中国乡村建设百年探索展"展览现场

6.青年研究和实践队伍在成长

十分令人可喜的是，近年来，越来越多的青年人关注和投入卢作孚理论研究和乡村建设实践中。一些研究生还把卢作孚研究作为自己的硕士、博士论文题目。据不完全统计，已有关于卢作孚研究的博士论文6篇，硕士论文36篇。作者涉及北京、上海、重庆、河南、河北、甘肃、陕西、四川、湖南、湖北、福建、山东等全国12个省市的21所大学。其中，包括北京大学、复旦大学、华东师范大学、中国政法大学、西南大学、山东大学、四川大学、重庆大学、湖南师大、湖北师大、河南大学、兰州大学、西北大学等名牌重点大学,涵盖学科专业17个。

由西南大学作孚学社的学生们组织的"大学生农村文化员志愿者"活动,在西南大学卢作孚研究中心的指导下,坚持每年寒暑假赴农村基层开展社会服务工作

一批批作孚学社成员及大学生城乡文化志愿者,在弘扬卢作孚精神和乡村建设实践中成长。卢作孚及其事业研究兴旺发达,后继有人。

二、史料发掘与研究的主要学术成果

1. 整理出版卢作孚著作

(1)三种不同版本的卢作孚著作汇编:
①北碚文史办编辑的《卢作孚文选》是最早出版的一部

卢作孚著作汇编,由罗中福、李萱华、唐文光、罗成献、龙世和编,西南师范大学出版社1989年11月出版;

②《卢作孚集》由四川大学教授凌耀伦、熊甫编,1991年由华中师范大学出版社出版,2011年再版。

③《卢作孚文集》由四川大学凌耀伦、熊甫编,北京大学出版社1999年3月出版。2012年5月,在原文集全部内容的基础上,出版《卢作孚文集(增订本)》。

(2)《卢作孚全集》(三卷本)。由张守广、项锦熙主编,人民日报出版社2016年10月出版。该书是迄今为止,卢作孚著作最系统、完整的第一手资料。

(3)《卢作孚书信集》由黄立人主编,项锦熙、胡懿副主编。四川人民出版社2003年11月出版。

(4)两本卢作孚语录:

①《卢作孚箴言录》张维华选编,青岛出版社2011年10月出版。

②《志愿者文化丛书·卢作孚卷》(生活·读书·新知三联书店2018年出版),是北京大学著名教授钱理群先生专门为青年志愿者们投身乡村建设,走进先驱者精神世界而编辑的。

2.卢作孚的亲人、生前友好、同事的著作及回忆珍贵文献

卢作孚的亲人、生前友好、同事的回忆、纪念文章是挖掘卢作孚研究史料的重要部分。以下是20世纪80年代以来比较有代表性的著作。

(1)《我的父亲卢作孚》1984年由重庆出版社出版。是最早的一部全面、系统、记述卢作孚一生的传记。作者是卢

作孚的儿子卢国纪。此书内容丰富、史料翔实，文笔生动，既有史料性、学术性，又有可读性，是卢作孚研究的重要参考资料。2003年3月由四川人民出版社增订再版。2014年由人民出版社增订再版。是研究卢作孚一生的权威著作。

（2）《中国人能做到——民国实业家卢作孚》。作者清秋子（程小刚）是卢作孚的外孙。作者站在当代中国崛起，民族复兴的历史高度，从我国现代转型期的特殊时代背景的独到视角，以气势磅礴的激情，优美流畅的文笔向国人介绍卢作孚的传奇人生、卓越智慧、超人意志、经营策略，将民生公司发展成一个实力雄厚的现代企业集团的历程。论述了卢作孚为我们留下的文化遗产正是一个重新崛起的大国所最需要的精神。

（3）《我的祖父卢作孚》，本书作者是卢作孚的长孙女卢晓蓉近十年来研究和追寻祖父卢作孚的心路历程。她把这些感悟和体会写成了文字，与广大读者朋友分享。2012年由人民日报出版社出版。

（4）《卢作孚研究文集》与《卢作孚追思录》汇辑了卢作孚生前好友、亲人、同事的回忆纪念文章以及一些主要专家学者的研究文章。

早在20世纪80年代初期，一些卢作孚的生前好友和同事的回忆、纪念文章陆续发表。如晏阳初1982年2月写了《敬怀至友卢作孚兄》；孙越崎1985年2月22日在《人民日报》（海外版）发表《不断开拓前进的卢作孚先生》；梁漱溟在1987年写了《景仰故交卢作孚先生献词》，1988年又在《名人传记》上发表《怀念卢作孚先生》;1988年6月24日,古耕虞在《人民日报》发表《缅怀挚友卢作孚》;1983年4月11日,陈祖湘在《四川日报》发表《怀念卢作孚先生》等。卢作孚的亲属卢尔勤、卢子英、卢国维、卢国纪、卢国仪、卢国纶等也写了一些回忆、纪念文章,因为是卢作孚亲朋好友所写,生动亲切,具有很高的史料价值,后来被编辑到了《卢作孚研究文集》(北京大学出版社2000年出版)与《卢作孚追思录》(重庆出版社2001年出版)这两本书中。

(5)《高孟先文选》与《北碚乡建记忆》。

1979年12月,全国政协编的《文史资料选集》第74辑登出了《卢作孚与北碚建设》一文。这是最早较系统论述卢作孚在北碚进行乡村建设实验的文章。作者高孟先是原北碚管理局建设科科长,是卢作孚、卢子英的学生及事业中人,少年义勇队之精英,北碚乡村建设参与人、见证人。《高孟先文选》由高孟先的侄儿高代华从高孟先的遗藏资料中选辑而成。主要包括从20世纪二三十年代至50年代初嘉陵江三峡乡村建设的历史老照片、实物资料图片、信札、日记及发表在报刊上的文章等内容,2016年6月由西南师范大学出版社出版。《北碚乡建记忆》是高孟先悉心珍藏的老照片汇编,为我们提供了北碚乡村建设非常珍贵的史料,2018年11月由西南师范大学出版社出版。

3.一批研究成果问世

随着对卢作孚及其事业研究的深入,出现了大批学术研究成果。据不完全统计,迄今为止出版各类著作43部,发表论文1000余篇,涉及40个学科领域。卢作孚研究的多学科、跨学科的特点,充分说明了卢作孚作为爱国实业家、教育家、社会活动家的多重身份,以及他在社会改革、教育改革、企业管理、乡村建设等各个领域进行的广泛社会实践取得的卓越成绩。

各类著作包括:史料汇编、学术研究著作、会议文集、传记、小说、剧本、纪念图册……因篇幅有限,只能将这43部著作书名罗列如下,供大家查阅参考:

序号	作者	书名	出版社	出版时间(年)
1	凌耀伦、熊甫	《民生公司史》	人民交通出版社	1990
2	凌耀伦	《卢作孚与民生公司》	四川大学出版社	1987
3	卢国纪	《我的父亲卢作孚》	重庆出版社出版	1984
4	重庆市北碚区文史资料工作委员会、重庆市北碚区卢作孚塑像及配套设施筹建委员会	《北碚的开拓者卢作孚》	《北碚文史资料·第3辑》	1988
5	杨继仁、唐文光	《中国船王》	文化艺术出版社	1991
6	杨光彦、刘重来	《卢作孚与中国现代化研究》	西南师范大学出版社	1995
7	胡凤亭	《船王卢作孚》	解放军出版社	1995
8	周凝华、田海蓝	《卢作孚和民生公司》	河南人民出版社	1998
9	凌耀伦、周永林	《卢作孚研究文集》	北京大学出版社	2000
10	周永林、凌耀伦	《卢作孚追思录》	重庆出版社	2001
11	赵晓铃	《卢作孚的梦想与实践》	四川人民出版社	2002
12	张守广	《卢作孚年谱》	江苏古籍出版社	2002

续表

序号	作者	书名	出版社	出版时间(年)
13	卢国纪	《我的父亲卢作孚》	四川人民出版社	2003
14	黄立人	《卢作孚书信集》	四川人民出版社	2003
15	张守广	《卢作孚年谱》	重庆出版社	2005
16	湖北宜昌地方志办公室	《1938年中国的"敦刻尔克"宜昌大撤退图文志》	贵州人民出版社	2005
17	雨时、如月	《紫雾——卢作孚评传》	作家出版社	2005
18	吴洪成、郭丽平等	《教育开发西南——卢作孚的事业与思想》	重庆出版社	2006
19	刘重来	《卢作孚画传》	重庆出版社	2007
20	刘重来	《卢作孚与民国乡村建设研究》	人民出版社	2007
21	王雨、黄济人	《长河魂：一代船王的传奇人生》(小说)	作家出版社	2007
22	清秋子	《中国人能做到——民国实业家卢作孚》	凤凰出版社	2010
23	张鲁、张湛昀	《卢作孚》(小说)	江苏人民出版社	2010
24	赵晓铃	《卢作孚的选择》	广东人民出版社	2010
25	李萱华	《小陪都传奇——抗战北碚的文化大气象》	作家出版社	2010
26	严家庆	《大撤退》(剧本)	深圳报业集团出版社	2011
27	张维华	《卢作孚箴言录》	青岛出版社	2011
28	卢晓蓉	《我的祖父卢作孚》	人民日报出版社	2012
29	侯江	《中国西部科学院研究》	中央文献出版社	2012
30	任家乐 李禾	《民国时期四川图书馆业概况》	四川大学出版社	2013
31	王景新 鲁可荣 刘重来	《民国乡村建设思想研究》	中国社会科学出版社	2013

续表

序号	作者	书名	出版社	出版时间(年)
32	张守广	《卢作孚年谱长编》(上、下册)	中国社会科学出版社	2014
33	李萱华	《小陪都 大气象》	大众文艺出版社	2012
34	张岩	《追忆卢作孚》	人民日报出版社	2014
35	刘重来	《卢作孚画传》(上、下册)	人民日报出版社	2014
36	卢国纪	《我的父亲卢作孚》	人民出版社	2014
37	黎志刚、张守广	《国家航海第12辑:民生公司90周年纪念专刊》	上海古籍出版社	2015
38	高代华 高燕	《高孟先文选》	西南师范大学出版社	2016
39	张守广 项锦熙	《卢作孚全集》(三卷本)	人民日报出版社	2016
40	项锦熙	《民生公司演讲集》(上、下)	人民日报出版社	2017
41	项锦熙	《民国时期嘉陵江三峡地区演讲集——北碚公众社会侧影》	人民日报出版社	2017
42	张守广	《北碚城镇化变迁——北碚志九篇及相关资料汇编》	人民日报出版社	2017
43	罗高利、沈一维	《卢作孚的中国梦》	重庆出版社	2018
44	温铁军 潘家恩	《中国乡村建设百年图谱》	西南师范大学出版社	2018
45	高代华 高燕	《北碚乡建记忆》	西南师范大学出版社	2018
46	钱理群	《志愿者文化丛书:卢作孚卷》	生活·读书·新知三联书店	2018
47	杨可	《同舟:职业共同体建设与社会群力培育》	社会科学文献出版社	2019

4.创办《卢作孚研究》杂志等宣传平台

2005年,由西南大学卢作孚研究中心和民生实业(集团)有限公司研究室共同创办了《卢作孚研究》杂志,每年4期,2005—2023年已出刊76期。该杂志为卢作孚研究和汇集卢作孚的历史文献资料,弘扬卢作孚精神,搭建了一个平台,及时反映卢作孚研究的最新成果,对卢作孚研究起了重大作用。

西南大学中国乡村建设学院创建的"乡村建设研究"网站和微信公众号,为乡村建设的研究者和实践者们搭建了一个提供国内外"可持续发展与乡村建设"最新研究成果与实践动态的交流平台。

《卢作孚研究》杂志

三、传承与弘扬

历史文化遗产都是已经发生的固定不变的人物和事件,只有当其与现实社会的发展需要相结合,才能焕发出鲜活的生命力。站在今天人类生态文明国家发展战略的高度,将北碚的乡建历史文化遗产转化为民众的教育资源,成为促进当今北碚社会、经济、文化发展的精神和智慧,营造时代良好的文化氛围和精神气象,这才是北碚历史文化遗产最核心和深刻的价值。

1.对北碚乡村建设历史文化价值的再认识

北碚是我国第一个以现代化的理念进行乡村建设的实验点,应在中国的现代化建设历程中占有不可或缺的重要地位。从乡村现代化建设的视角认识卢作孚在北碚开展的嘉陵江三峡乡村建设运动,更突显其文化遗产保护开发的独特性、唯一性和世界性价值。

卢作孚先生是继孙中山提出现代化思想之后,更明确提出"现代化"口号,并对其具体内容和目标做了明确规定的第一人[①]。他明确提出"四个现代化",以经济建设为中心,并以北碚为试验点开展乡村现代化建设。他明确提出乡村建设的宗旨是"要赶快将这一个乡村现代化起来"[②],以供中国"小至于乡村大至国家的经营的参考"[③]。也就是说,卢作孚要为全国的乡村建设树立一个"乡村现代化"的样板,以推行国家现代化的理想。

这里还尤其需要强调的是,卢作孚在北碚乡村现代化建设中将文化建设作为"四个现代化"建设内容。针对中国农村因长期受小农经济的影响形成的只知个人和家庭,不知国家的思想,倡导在乡村建设中对人进行现代集团生活训练和

---

① 凌耀伦:《论卢作孚的中国现代化经济思想》,载凌耀伦、熊甫编《卢作孚文集(增订本)》,北京大学出版社,2012,第12页。
② 卢作孚:《四川嘉陵江三峡的乡村运动》,凌耀伦、熊甫编《卢作孚文集(增订本)》,北京大学出版社,2012,第278页。
③ 卢作孚:《四川嘉陵江三峡的乡村运动》,凌耀伦、熊甫编《卢作孚文集(增订本)》,北京大学出版社,2012,第278页。

精神文明建设。

卢作孚倡导超越个人利益的人生价值观和幸福观,倡导"个人为事业服务,事业为社会服务""个人的工作是超报酬的,事业的任务,是超利益[经济]的"。[①]他强调"所共同努力的不仅仅在共同的利益,而更在帮助一般的社会。这范围是超乎事业的本身的"[②]。

卢作孚北碚社会改革治理的"民生"发展理念和模式,对于以人民为中心的新时代中国特色社会主义建设具有借鉴价值。

2. 以现实社会发展需要,激活北碚历史文化遗产

我们应将北碚历史文化遗产与现实社会发展需要结合,在国家和北碚的重大文化纪念日举办纪念活动与学术研讨活动,赋予历史文化生命力,推动当今社会、经济、文化、教育的发展使历史文化遗产活起来。

例如:1995年4月,西南师范大学、北碚区、民生实业(集团)有限公司联合主办"卢作孚与中国现代化"研讨会;2002年4月,西南师范大学卢作孚研究中心主办的"弘扬作孚精神,挖掘北碚文化,发展北碚经济——纪念卢作孚诞辰109周年座谈会";2003年4月15日,西南师大卢作孚研究中心主办"卢作孚社会改革实践与中国现代化建设学术研讨会暨纪念卢作孚诞辰110周年"学术研讨会;2011年10月,西南大学与中国人民大学、北碚区联合成功举办"中国乡村建设多

---

① 卢作孚:《一桩惨淡经营的事业——民生实业公司》,凌耀伦、熊甫编《卢作孚文集(增订本)》,北京大学出版社,2012,第415页。
② 卢作孚:《为什么要发行这小小的半月刊》,凌耀伦、熊甫编《卢作孚文集(增订本)》,北京大学出版社,2012,第173页。

元文化与统筹城乡发展高峰论坛暨卢作孚诞辰118周年学术研讨会";2013年,为纪念卢作孚诞辰120周年,北碚区文广局与西南大学联合举办重走渝合古道等11个单项活动,有很强的群众参与性,收到好的效果;2014年12月8—12日,西南大学、民生公司联合举办"中国百年乡村建设理论与实践系列学术研讨暨国家社科基金重大项目子课题开题会",并举办乡村建设图片展,结合纪念梁实秋诞辰110周年,还举办了征文大赛活动;2016年,举行纪念《四世同堂》问世70周年国际学术研讨会;2017年12月5—7日国际志愿者日,北碚文旅委、西南大学卢作孚研究中心和基层社区兼善文化课堂举办了"弘扬作孚风,传承兼善情——作孚志工风采展";2019年4月14日,作孚艺术团在作孚广场举行"我爱北碚——纪念卢作孚诞辰126周年专场公益文艺演出"……这些活动精彩纷呈,让北碚历史文化遗产在学术研究中得到挖掘和开发,在群众活动中得到传承和普及。

2017年,北碚区、西南大学、民生公司为纪念卢作孚主持嘉陵江三峡乡村建设运动90周年,举办"卢作孚乡村建设思想与实践的弘扬与践行"学术研讨会

3.校地合作，让北碚历史文化遗产转化为学校和社区教育资源，走进教材、走进课堂、走进学校、走进城乡社区

学校是传承先进文化的重要阵地和渠道。北碚历史文化遗产是学校进行爱国主义教育生动、形象的活教材。通过编写乡土教材让北碚历史文化遗产进入课堂、进入学校，不仅是文化传承的重要途径，也是推进学校教育改革的需要。

近年，西南大学、兼善中学、中山路小学、晏阳初中学……在这方面都进行了有益的探索。

西南大学卢作孚研究中心编写《卢作孚与北碚文化》教材，并开设全校通选课，获得学校教育改革一等奖。2019年西南大学创新创业学院开办了"晏阳初班""作孚班"，以培养创新型人才。

兼善中学探索以弘扬"兼善"精神为核心价值的特色学校建设，编写《卢作孚思想与兼善精神》，成立作孚学社。中山路小学办作孚班，创作诗歌情景剧《梧桐树下的路》，开发课程"大爱卢作孚"获得教育部一等奖。西南大学和北碚区文化和旅游发展委员会联合举办的"北碚文化之旅模拟导游大赛"，为北碚地方发现和培养了一批优秀导游人才，有的选手代表北碚参加全国导游大赛并获奖。大学生导游志愿者们还坚持周末为前来参观的游客作解说。大赛在校内外影响很大，2019年已升为区级品牌活动。这项活动延伸到乡村振兴、全域旅游，促进了"乡村小导游"培训、"家乡形象小天使"等评选活动的开展。

2015年,北碚区文广新局在中小学生中开展小导游公益培训班,在每年的国际博物馆日举办《童声话碚城》赛事,并在电视台创办专栏,让小学生们走出校门,走进博物馆,让书本上的知识,在现实的博物馆中变得鲜活、生动、形象,让北碚的历史文化成为滋养他们生命成长的精神食粮。北碚文广新局还与西南大学卢作孚研究中心、中国乡村建设学院、老教授协会等单位合作,在城乡社区创办"兼善文化课堂"暨"爱故乡文化工作站",将社会主义核心价值观教育与弘扬优秀民族文化"兼善"精神、卢作孚爱国主义精神结合,落实到村民爱家乡的建设行动中。2017年,"北碚区兼善文化课堂"获得全国终身学习活动品牌殊荣……

2017全国终身学习活动品牌"北碚区兼善文化课堂"

4.让北碚历史文化遗产在产业开发中增值

北碚乡建文化具有独特的价值,值得深入挖掘。如:卢作孚作为中国乃至世界著名民营社会企业家,北碚作为卢作孚开创中国乡村现代化建设的第一个城镇,作为抗战时期的陪都的陪都,吸引了一大批文化名人的到来,他们在北碚创作的不朽传世之作,如老舍的《四世同堂》、梁漱溟的《中国文化要义》、翦伯赞的《中国史纲》等,有极大的文化开发价值和开发空间。

这些年,北碚文旅委在这方面也做了不少工作,如:制作完成《寻味北碚》文化遗产保护宣传片,在各级媒体平台循环播放;开发了以北碚历史文化景点为主题的系列纪念品,包括邮册、纪念封、明信片、《四世同堂(北碚版)》图书等文化衍生品4项;制作发放《北碚区文物景点宣传册》《北碚区历史文化旅游地图》各5000册。历史文化景区共接待文化和旅游部、国家文物局、重庆市领导及国内外专家学者百余人次,年接待游客20余万人次。就其开发的空间、路径和力度都还有待进一步拓展。

因此,应从战略上考虑,对北碚历史文化遗产在全国独一无二的文化特色和优势,给予很好的开发和运用。以"互联网+"的思维创新模式,推动北碚全民创新创业,大学生创新创业,开发北碚历史文化旅游产业,提升文化产业空间。

2020年4月28日,北川铁路复建专题研讨会在北碚卢作孚纪念馆召开。北碚区主要领导及10位专家出席。研讨决定修复1928年由卢作孚主持修建的四川第一条铁路——北川铁路。

5.新时代,北碚乡建历史文化传承与弘扬再上新台阶,谱写新篇章

2012年,我国著名"三农"领军人物,中国人民大学温铁军教授作为支持西部地区发展的人才,被西南大学引进,成立了西南大学中国乡村建设学院。自此将全国和世界乡村建设的力量汇聚一起,以国际视野眼光,站在新时代乡村振兴生态文明国家战略高度,与国内外乡村建设机构和团体建立广泛的联系与合作交流平台,举办学术会议、开展政策咨询、智库研究、服务地方、国际交流……理论与实践并进,开启了北碚乡建文化研究与实践新篇章,取得了一系列理论研究和实践成果。

2012年12月8日,西南大学中国乡村建设学院正式成立

6.让北碚历史文化遗产走向世界

北碚的文化遗产,无论是乡村建设文化,还是抗战历史文化,都是具有世界意义的。因此,搭建国际交流平台,让北碚

乡建文化带着中国人的自信走向世界,这是我们的使命。多年来,北碚政府和专家学者们对乡村建设历史文化的发掘和遗址保护,为卢作孚与北碚乡建历史文化走向世界,打下了重要基础。

2010年5月,民生公司、重庆大学社会文化学院、西南大学卢作孚研究中心联合举办"中美学者卢作孚与长江航运学术交流会"

2013年11月,卢作孚研究中心周鸣鸣教授和李雪垠博士赴美国交流卢作孚研究

2012年12月8日,"可持续实践与乡村建设国际研讨会"在西南大学举行,全世界21个国家的专家学者参加会议,为北碚乡建文化走向世界迈出了关键性的一步。

2012年12月8日,刘重来教授在"可持续实践与乡村建设"
国际会议报告《论卢作孚"乡村现代化"思想与实践的启示》

2013年11月,西南大学卢作孚研究中心副主任周鸣鸣教授和李雪垠博士受美国纽约州立大学布法罗分校(University at Buffalo, the State University of New York)亚洲研究中心邀请到美国交流卢作孚研究,在纽约布法罗分校、曼哈顿哥伦比亚大学、马萨诸塞州威廉姆斯学院、波士顿麻省理工学院与美国学者进行深入交流,对卢作孚和北碚乡建文化遗址走向世界的价值作推广宣传。

首届新时代中国乡村建设论坛在北碚举办(2017年12月23日,西南大学)
图为"百年乡建与现代中国"高峰论坛
(左起:潘洵、温铁军、王先明、徐秀丽、吴重庆)

2014年12月,为纪念中国乡村建设110周年,对从20世纪初延续至今的乡村建设百年发展脉络进行更为系统全面的总结与梳理,西南大学和民生实业(集团)有限公司共同主办了"中国百年乡村建设思想与实践系列研讨"学术活动,将北碚乡村建设遗址文化走向全国、走向世界推向一个新的阶段。

北碚乡建历史文化正在融入当今乡村建设的世界洪流中,逐步彰显其价值。

实地寻踪：嘉陵江三峡乡村建设旧址群

嘉陵江三峡乡村建设旧址群，第七批全国重点文物保护单位，近现代重要史迹及代表性建筑类，编号7-1865-5-258，2013年3月5日国务院公布。时代：民国。地址：重庆市北碚区。

嘉陵江三峡乡村建设旧址群位于中国重庆市北碚区，是中华民国时期卢作孚在北碚进行"嘉陵江三峡乡村建设"运动的遗迹，包括峡防局旧址（文昌宫）、晏阳初旧居、梁漱溟旧居、数帆楼旧址、柏林楼旧址、磬室旧址、竹楼旧址、农庄、清凉亭、红楼旧址等处。

（1）峡防局旧址，位于朝阳街道庙嘴1号，原为文昌宫，坐南朝北，为三重殿四合院，穿斗式结构建筑，小青瓦屋面，单檐悬山顶，西厢房为吊脚楼。文昌宫建于明末清初，是北碚主城区三宫八庙仅存者。清末民初为私塾馆，1923年峡防团务局成立后，司令部和后来的嘉陵江三峡实验区署、北碚管理局都设在这里。

峡防局旧址国保碑经纬度：北纬29°50′12″，东经106°26′6″。

（2）晏阳初旧居暨中国乡村建设学院旧址，位于歇马镇桃园村26号，中国农业科学院柑桔研究所（西南大学柑桔研究所）实验基地内。为一栋三合院平房，砖木结构。1940年，晏阳初来此创办"中国乡村建设学院"，任院长并居住于此。

晏阳初旧居国保碑经纬度：北纬29°45′33″，东经106°22′59″。

（3）梁漱溟旧居，位于北温泉街道三花石10号，四川省总工会疗养院内。建筑坐东北朝西南，砖木结构，因青砖外墙上镶嵌有不规则黄沙石，又名"花房子"。为国民党将领孙元良所建别墅。1949年，在北碚创办勉仁国学专科学校的教育家梁漱溟寓居于此。

梁漱溟旧居国保碑经纬度：北纬29°51′46″，东经106°24′22″。

（4）清凉亭，位于朝阳街道北碚公园东北角。原名慈寿阁，1935年为贺卢作孚母亲60大寿，亲朋好友用贺礼捐修。后因卢作孚不赞同用该名，1937年请国民政府主席林森题名为"清凉阁"。一楼一底。翘角飞檐,红柱绿瓦,彩梁画栋。抗战时期,陶行知在此设立晓庄研究所,研究兵役改革,在北碚开展志愿兵运动,筹划创办育才学校。

清凉亭国保碑经纬度:北纬29°49′50″,东经106°26′23″。

(5)红楼,位于朝阳街道公园村26号,北碚图书馆内。红楼是北碚历史文化的标志性建筑,由卢作孚于1932年主持修建。三层楼的砖木结构加阁楼,歇山顶,红墙黛瓦,飞檐翘角,造型典雅,故称红楼。红楼当初为兼善中学校舍,抗战期间,中央银行在此设立办公处。抗战胜利后,民生公司图书馆迁来,与北碚民众图书馆合并,在此成立北碚图书馆。

红楼国保碑经纬度:北纬29°49′54″,东经106°26′13″。

(6)数帆楼,位于北温泉公园大门旁。一楼一底,青条石砌墙,歇山顶,小青瓦屋面,木楼回廊,拱形门窗。数帆楼因地势较高,廊道面朝嘉陵江,视野开阔可眺望江中帆船点点,故名数帆楼。抗战时期曾作为中国旅行社的高级贵宾招待所。

数帆楼旧址国保碑经纬度:北纬29°51′34″,东经106°24′44″。

(7)柏林楼,位于北温泉公园大门旁。1935年由民生公司捐款修建。由于军阀陈书农的家庭教师王伯宁出力甚大,卢作孚便以伯宁的谐音取名柏林楼。砖木结构,二楼一底,折衷式建筑,坐西北朝东南,小青瓦,歇山顶,底楼有柱栏回廊,建筑呈凹字形。是当时设施齐备的高级招待所。

柏林楼旧址国保碑经纬度:北纬29°51′32″,东经106°24′43″。

(8)磬室，位于北温泉公园内映月池边，地势西高东低，三面岩石壁立，一面临嘉陵江，室筑岩上，依势而建，一楼一底，建筑主体形制奇特，砖木结构，青砖勾缝，小青瓦屋面，悬山顶，具有折衷式建筑特征。临江面有回廊、阳台、露台等，别致险峻，幽静奇特，磬室因坐落岩石如磬，又有江水击石，声鸣若磬，故名。

磬室旧址国保碑经纬度：北纬29°51′34″，东经106°24′44″。

(9)竹楼，位于北温泉公园内。共两层，上下两层均面阔五间，建筑形制呈L形，房间外围设有过道、回廊。竹墙，竹柱，木楼，小青瓦屋面，悬山顶，中式建筑风格，环境十分优美。

竹楼旧址国保碑经纬度：北纬29°51′41″，东经106°24′42″。

(10)农庄，位于北温泉公园内的中心位置，前有荷花池，旁有温泉寺，环境优雅。坐西向东，二楼一底，其建筑原为土木结构，草顶，1966年改建为砖混结构，两楼一底，青砖青瓦，悬山顶，中式建筑风格，农庄始建于1927年，系当年驻合川军阀陈书农修建，故名。

农庄国保碑经纬度：北纬29°51′37″，东经106°24′41″。

结语

乡建北碚启示录

自1927年卢作孚在北碚主持开展乡村建设以来,这个仅3000余户、15000千余人的小山乡发生了翻天覆地的变化。不仅各项建设与文教民生事业日新月异,北碚也因创造了各种第一而全国瞩目:1930年,创办我国西部第一家民办科学院(中国西部科学院);1933年,建成四川第一条铁路(北川铁路);1944年,创办我国西部最早的综合性博物馆(中国西部科学博物馆)……在贫穷落后的旧中国,北碚创造了一个又一个奇迹。

北碚的乡建被陶行知誉为"如何建设新中国的缩影"[1]。太虚法师认为其不仅"可作新中国建设缩影",还从亲眼所见的北碚巨变中备受鼓舞,认为"佛法上所明净土之义不必定在人间之外,即人间亦可改造成净土"。1944年,一家美国杂志惊呼北碚是"平地涌现出来的现代化市镇",并称赞

---

[1] 陶行知:《在北碚实验区署纪念周大会上的讲演词》,载《陶行知全集·第四卷》,四川教育出版社,1991,第341页。

其是"迄今为止中国城市规划的最杰出的例子"。有研究认为前后持续二十二年的北碚乡建是"民国时期众多乡村建设实验中时间最长,成就最大的一个"[1],也有研究将"北碚模式"与"重庆的'小上海'模式"并论[2],认为其有助于思考乡土中国城镇化建设的创新可能。

那么,追古思今,近百年前的"山乡巨变"有什么样的经验? 对我们当下的城市提升、乡村振兴、科教兴国等工作又有何启示呢?

一、补短扬长与建设性转化

1927年2月,卢作孚就任嘉陵江三峡江巴璧合特组峡防团务局局长后提出"保障三峡"和"经营三峡"的目标,也可以理解为是从"补短"和"扬长"两个角度同步推进。

先说"补短"。如前所述,猖獗的匪患曾是制约北碚发展的最大瓶颈。卢作孚上任后的第一件事就是带头剿匪,经过持续清剿与配套的积极举措后,"使全区地面暂乃宁谧,并继续为治安上之种种设施,今乃大定"[3]。除剿匪、禁毒、禁赌等消极的"去弊"外,还有更为积极的"补短"。比如在卢作孚的推动下,1927年7月在峡区建立起第一座地方医院,1928年5月成立峡区第一个图书馆(成立伊始条件非常简

---

[1] 卢国纪、张守广:《中国近代乡村建设不能忘记的人》,载刘重来:《卢作孚与民国乡村建设研究》,人民出版社,2007,第2页。
[2] 张瑾:《权力、冲突与变革——1926—1937年重庆城市现代化研究》,重庆出版社,2003,第334页。
[3] 黄子裳、刘选青:《嘉陵江三峡乡村:十年来之经济建设》,载北碚图书馆编《北碚月刊(1933—1949)》,第二册,国家图书馆出版社,2018,第296页。

陋，只是在北碚关庙找一角落，权充馆舍），同年9月成立以"调剂农村金融、扶助农民生活"为目标的峡区农村银行及附设的消费合作社，并积极举办丰富峡区民众闲暇娱乐的各种活动，相当于从卫生、文化、金融等角度把该区域的各种短板补上。

关于因"补短"而发生质变的另一突出例子是以北川铁路促成天府煤矿的成功开发。当年该区域煤窑成群且有着200多年的开采历史，"然而远离江岸，肩挑背负，运输极为困难。社会上需要煤，民生公司需要煤，可就是运不出去"[①]。为突破这一困境，卢作孚在1927年8月即开始筹划成立"北川民业铁路股份有限公司"，并于1928年11月动工，历时三年零五个月，分期修成全长16.8公里的北川铁路。正因这个短板的补上，北碚各厂矿获得了充足的能源供应，最终成为抗战大后方的主要燃料基地。据天府矿务局记载，全面抗战时期，重庆50%以上的煤炭都是这条铁路运出来的。同时，赢利后的天府煤矿也成为北碚乡建的重要支撑力量。

再看"扬长"。若换个角度，所谓"几不管"地区常常也是交通枢纽，"山多匪多"也意味着可以"靠山吃山"，"背山面水"同样也有利于开发旅游。西南虽离北京上海较远，各类资源却异常丰富，虽无沿海优势，但若治理了沿岸匪患，并建起从深山至江边的轻便铁路，则可依嘉陵江优势，实现货畅其流和全域资源的立体综合开发。对此卢作孚深以为然，

---

① 李萱华：《四川最早的一条铁路——北川铁路》，载周永林、凌耀伦主编《卢作孚追思录》，重庆出版社，2001，第526页。

1927年他就任峡防局局长后进行了两手抓,一方面率众进行"剿化并举"的全面剿匪,另一方面想方设法地对当地农文旅资源进行深度开发。针对温塘峡边的一个破败古庙,当年5月卢作孚就亲自草拟了他任峡防局长后的首篇文告《建修嘉陵江温泉峡温泉公园募捐启》,从风景、古迹、出产、交通等方面对其独特的价值与开发潜力进行了介绍,并描绘出今日看来依然让人动心的景象:"学生可到此旅行;病人可到此调摄;文学家可到此涵养性灵;美术家可到此即景写生;园艺家可到此讲求林圃;实业家可到此经营工厂,开拓矿产;生物学者可到此采集标本;地质学者可到此考查岩石;硕士宿儒,可到此勒石题名;军政绅商,都市生活之余,可到此消除烦虑……"这些可满足不同群体多样化需求的精巧设计,不仅各得其所,还充满创新思维。若按当下说法,该做法正是以"众筹"的方式进行广泛动员与资源整合,突破了传统思维对潜在资源的认识"盲区",重新发掘当地在生态、文化、旅游、教育、休闲、康养等方面的潜在优势,让"沉睡"的资源得以价值实现。除此外,还发掘出了各种"意外"的副产品,比如修建温泉公园时产生了水利磨面和温泉挂面等副产品,其与当前强调"农文旅"融合及"三产化"转型有着异曲同工之妙。事实证明,北温泉的开发是成功的,不仅在当时成为各界人士来碚参观游览必到的"打卡地"和包括中国科学社年会等著名会议的举办地,基本实现了那份文告所畅想的各种功能,即便在近百年后的今天,北温泉依然是重庆最有名的温泉和当地最有含金量的文旅名片。

若要真正实现上述的"补短"和"扬长",当然不能"头痛医头,脚痛医脚","短"和"长"需要建立在清晰且整体的计划之中。在北碚开展乡建实践两年后,卢作孚于1929年10月1日发表长文《乡村建设》,在这篇迄今为止全国范围内最早系统论述"乡村建设"的文献中,卢作孚从教育、经济、交通、治安、卫生、自治等方面做了全面分析。在随后一篇总结性长文中,卢作孚进一步指出,乡建北碚的目标是让人民"皆有职业,皆受教育,皆能为公众服务,皆无[不良]嗜好,皆无不良的习惯",让地方"皆清洁,皆美丽,皆有秩序,皆可住居,游览。"

正是这种重点突破与整体发展的同步推进创造出了新增量和无穷活力,同时还让各种存量资源实现了建设性转化。回到历史现场,为了真正做到"保障三峡",卢作孚并非简单的武力剿匪,而是采取"化匪为民,寓兵于工"的方针策略,在全力剿匪的第一年,他即开始试办兵工织布事业,"买机头数架,令常队、练队士兵练习织布",并设立工艺部加以管理,后来四川第一家机器织布工厂恰由此发端。[①]"如果有匪来了,我们拿起枪背起弹就是兵。把匪打了,放下枪就是良好的百姓,并且工业办好之后,队兵的家属还可以搬到这里来住家,帮我们些事。"[②] 如此做法,既让士兵们有一技之长,在增加收入的同时避免剩余时间的胡思乱为,同步达成匪的转化(劳动者)与兵的转化(工人),让潜在风险转为

---

① 张守广:《卢作孚年谱长编》,中国社会科学出版社,2014,第131、247页。
② 卢作孚:《过去一年中所做的事》(1929),载张守广、项锦熙主编《卢作孚全集》(第一卷),人民日报出版社,2016,第126页。

积极的建设性力量,从而实现治安和建设双丰收,真正根绝匪患。

也可以说,在盗匪横行的年代,"在地化"资源常因缺乏开发的环境和条件而无法充分利用。和平条件的形成有助于产生和平红利,但这种和平红利的真正实现还需配合以转化思维和更多的建设性努力,毕竟有不少有安定秩序的地方同样困顿。只有当"补短扬长"和"建设性转化"有机结合,才能让过去潜在的要素重新被刚形成市场的制度条件定价,从而产生"盘活存量"和"创造增量"的双效果。卢作孚的措施支撑了北碚的建设,并为后来抗战时期更大规模地引进人、财、物而形成"内迁红利"打下了基础。

二、科教兴乡——"活教育"与"善组织"

如上所述,峡防局实行"寓兵于工",通过调整编制和加强管理,让他们既从事打草鞋、织布等"副业创收",同时还从事种田、筑路、修公园、淘滩等公共建设工作,成为峡区乡村建设中的一股重要力量。但深处各地士兵普遍"痞化"的军阀混战年代,要将士兵"逆向"转化为地方建设的积极力量绝非易事。北碚实践不是简单地依靠强力(实际上峡防局当时只有600名官兵,卢作孚也非手握重权的军人),富有创造性且广泛深入的教育组织是促成该转化的重要因素。

卢作孚在主持北碚乡村建设前,已经在川南和成都开展了卓有成效的社会教育探索,他把成功的经验带到了北碚,并将其作为新实验的先锋与灵魂。和陶行知、晏阳初、梁漱溟等汇聚北碚的乡建先贤一样,他也认为乡村教育不应是城市教育的翻版,而应是"大教育"视野下的"再乡土化"努力,应通过与各种组织进行有机联结,充分发挥教育在乡土秩序重建和文化传承发扬等方面的独特功能,让教育真正"活"起来。

在此基础上,卢作孚认为"学校不是培育学生,而是教学生如何去培育社会",真正的教育不应限于学校,其因与社会的紧密互动而存在于四面八方,不仅要以教育推进北碚建设,同时也要把北碚建设成真正能够教育人的环境。因此,无论是北碚试验中各类型的民众机构,还是《嘉陵江日报》、小朋友剧社等,都具有教育功能,只有更多人受到教育,才会改变社会风气,进而带动各种产业的发展。

"忠实地做事,诚恳地对人"——峡防团务局新营房标语

关于北碚当年的"活教育",峡防局1933年的《工作周刊》记载了一个生动例子:有电影院要来北碚放电影,需借用民众会场地址并请特务队维持秩序,因此民教办事处获赠免费票80张。如何分配这些电影票,民教办事处最后决定

"用油印小传单分散各茶园酒肆,写大广告十张,贴于各处,及各茶社揭示牌,并由特务队学生挨户催请,小甲沿街鸣锣,使市民知道,拿耗子两只,苍蝇一钱,向特务队领取收据,向民众问事处换欢迎票。又农,工,劳动者小贩来民众问事处考验识字及常识,合格者给票入场,来者甚多,可惜后来的票子嫌少了"[1]。

透过该记述,见缝插针且善于和各种契机结合的"活教育"呈现在了我们面前。如此教育不是为教而教,而是随时在与建设联手,努力与社会融为一体,也不是等到经济发展后才做,而是一开始就有所自觉且想方设法地转化为行动。

再如,当年的北碚平民公园就不仅仅是公园,而是动物园和公园合一,目的是让民众能接触到更多新鲜事物,实现娱乐与教育两不误。据当事人回忆,1930年出川考察路上,卢作孚等人不顾舟车劳顿,在路途中为同行的青年同仁分门别类地安排文化补习,让时时成为可教之时;峡防局职员则在民众会场演川剧间隙教农民鼓掌,在新年放电影间隙向民众讲演公共卫生和市面上的清洁秩序,让处处成为可教之所,构建起真正的教育社会。

这种"活"还体现在化被动为主动,以创新思维不断突破各种成规与限制。

比如,为推行识字教育和普及教育,峡防局在民众聚集

---

[1] 周兰若:《民教办事处工作报告》,《工作周刊》第13、14合刊,载北碚图书馆编《北碚月刊》(1933—1949)第一册,国家图书馆出版社,2018,第193-194页。

处设平民露天娱乐场,并设置当时比较先进的幻灯。据1931年8月27日《嘉陵江日报》报道,卢作孚感觉仅放映不够,就直接去手持传声筒,口中不断解释幻灯片中各时代的车和船,中间的口吻不少传神处,故很能引人入胜,洗耳恭听。[1]

为了让有限的教育资源产生更大的影响,1931年11月,峡防局正式成立以"办理民众教育,推行社会运动"为宗旨的民众教育办事处,并先后兴办了民众学校、民众俱乐部、民众会场、民众职业介绍所等机构。举办了露天教育、挨户教育(挨家挨户之意)、船夫学校、力夫学校(服务体力劳动者)、场期学校等活动,同时经常举办各种有示范作用的展览,以便随时能与民众发生关系。与此同时,组织士兵们"送书下乡"并建立"巡回文库",让稀缺的图书在乡间流动起来,使更多人在耳濡目染中产生影响。除此外,为保障这些措施能落地且发挥更大作用,峡防局还自办媒体。1928年3月,卢作孚创办《嘉陵江》报并自兼社长,该报很快成为峡区各项建设事业的平台与载体,除分送各单位人员外,及时在各场街和幺店子(旅社)等处张贴[2],通过传播以产生更广泛的影响。

---

[1]《卢局长实施平民教育》,《嘉陵江日报》1931年8月27日。
[2] 江巴璧合四县峡防团务局编印《两年来的峡防局》,1929,第14页。

峡防团务局士兵送书下乡(20世纪30年代)

当然,这些教育若要持续下去并发挥出更大作用,既需要成批量有动力有方法的实践者个体,更要把各种分散的资源有效组织起来。正因如此,从1927年起,卢作孚亲自主持,采取公开招考的办法,在辖区内招收了500余名16至25岁的青年,先后组建起学生一队、二队、警察学生队及少年义勇队一、二、三期,并由曾就读于黄埔军校的卢子英担任队长,采用军事化的管理方式对青年们进行体质、组织、能力、思想等多方面的训练。① 据首期少年义勇队成员高孟先的回忆,那两年中不仅需接受各种科目的文化知识和军事训练,更重要的是要在实践与日常生活中努力形成:(1)忍苦耐劳、艰苦朴素的作风(不分四季在嘉陵江中的晨间冷水浴,平时吃最粗劣的饭菜,旅行时在冰天雪地风餐露宿,过着极艰险的生活);(2)提倡"积公众难,造公众福"的

① 卢国模:《八十年前的北碚少年义勇队》,《红岩春秋》2010年第2期。

社会服务,并通过接种牛痘、填沟、修路、淘河滩、植树等实践进行贯彻。①

这支经过严格训练的队伍,成了北碚乡建的先锋力量,不仅推行了各项建设,还开风气之先,"造成功一种社会的环境,以促使人们的行动发生变化"②。有研究指出,正是在这些组织起来青年的带动下,北碚"焕发了新的社会风气和面貌,同时以较低的社会组织成本实现了社区公共管理"③。

可见,组织在其中发挥着重要作用,特别是那些低成本、能落地且能与教育、农业及各种建设事业联手的"善组织",其不仅是汇聚建设力量的必要手段,同时也有利于各项资源的整合,普遍具有"善凝聚"、"不生硬"和"多形式"的特点,它既可以是少年义勇队,也可以是峡防局下设的各种事业或民生公司等各种企业,还可以是一个具有动员力和高参与度的运动会或成功展览。在卢作孚的认识中,这些都是形成现代集团生活的有益手段,"所谓集团,并不止于共同吃饭,睡觉,游戏而已,最应要的是在共同发现问题,解决问题。"④

虽然没有受过多少正规教育,但擅长数学且被公认为优秀企业家的卢作孚不是在简单地服务北碚或教育北碚,而是

---

① 高孟先:《关于北碚少年义勇队的一些回忆》,载高代华、高燕编《高孟先文选》,西南师范大学出版社,2016,第126页。
② 卢作孚:《四川嘉陵江三峡的乡村运动》,载凌耀伦、熊甫编《卢作孚文集(增订本)》,北京大学出版社,2012,第279页。
③ 杜洁、张兰英、温铁军:《社会企业与社会治理的本土化——以卢作孚的民生公司和北碚建设为例》,《探索》2017年第3期。
④ 卢作孚:《卢局长讲评》,《工作周刊》1933年第2期,载北碚图书馆编《北碚月刊(1933—1949)》第一册,国家图书馆出版社,2018,第45页。

因势利导且巧妙智慧地经营北碚。正是通过对各种"组织"的培育与灵活运用,不仅有效地控制了成本,还让各种资源实现最优配置,反而相得益彰。

三、城乡融合与资源整合的典范

乡村建设的资源和视野从哪里来？如何做到本土力量与外部资源的良性互动,进而实现"在地化"与"开放性"有机融合。身处当年来说相对"偏僻"的小镇,为了让北碚的乡村建设保持活力,同时也让各种"教育创新"与"组织创新"获得源源不断的活水,卢作孚不断施行"走出去"与"请进来"方针。

陶行知对城乡关系的思考与实践

关于"走出去",卢作孚强调既要埋头努力,让各种建设理想通过实践落地,更需要"顾到周围",因此很重视各种方式的参观学习。经过几年努力而让北碚乡建打开初步局面后,1930年卢作孚亲自率领由民生公司、北碚峡防局和北川铁路公司有关人员赴华东、东北、华北进行系统考察,历时五个月有余。为确保出访效果,不流于形式,出发前明确要"带着问题出去,求得办法回来",同时要求大家在此过程中做详细记录——卢作孚带头写《东北游记》,不仅详细描述所见所闻所思,认真分析德国人和日本人在这些地方值得借鉴的经营经验,并努力转化后带回北碚。同行的少年义勇队成员高孟先则专门撰写《合组考察团报告》并在《嘉陵江》上分5期连载。

借鉴已有的各地乡建经验无疑是此次联合考察的重点之一。据记载:1930年4月6日,考察团与黄炎培、蔡元培、李石曾、江恒源等到上海徐公桥参观中华职业教育社乡村改造实验;5月18—21日,考察团专门到江苏南通考察张謇办的工厂、交通、金融、公共教育事业,并表达了羡慕之情。特别需要说明的是,这是卢作孚第二次参观南通,七年前他就认真参观并专门拜会过这位"有实无名"的乡村建设先驱;5月28日,参观南京燕子矶和晓庄师范,专门学习陶行知教育思想;7月,在天津与中华平民教育促进会陈筑山、汤茂如等骨干见面并了解河北定县的平民教育经验。[①]可见,北碚乡建并非横空出世,而是在各地已有探索的基础上结合自身条

---

① 张守广:《卢作孚年谱长编》,中国社会科学出版社,2014,第72、209、214、234页。

件推陈出新,也正是这种兼容并包的开放格局,为后来北碚成为各派乡建汇聚之地奠定了基础。

除见识、经验和未来拓展事业所需的人脉资源外,同时带回的还包括北碚乡建稀缺的物质条件,既包括各厂矿急需的机器设备,也包括看起来很不起眼的小东西——卢作孚的《东北游记》中就有联合考察组1930年6月22日和23日在青岛购买"柳藤篮子、山鸡"并在沙滩捡"螺蛳、蚌壳"以带回北碚中国西部科学院的记载。

与"走出去"相对应的是"请进来","走出去"所结识的友人与社会名流成了"请进来"推进事业的重要力量。2017年出版的《民国时期嘉陵江三峡地区演讲集》就收集了1929—1949年在北碚进行的演讲90余篇,包括李石曾、翁文灏、马寅初、任鸿隽、张伯苓、陶行知、梁漱溟、刘湘、陈立夫、太虚法师、田汉等各界知名人士及不少外籍人士,内容包罗万象,既包括全国及世界形势分析,也包括新思想介绍和各地建设经验,还包括"杀白菜虫的方法"等实用技术,演讲对象既包括少年义勇队成员、峡防局工作人员、各类学校的教员学生,也包括北碚广大民众,举办地点则在民众俱乐部、民众会场等便于公众参加的地方,且演讲信息和内容也会及时在《嘉陵江日报》上刊登并流传到更广阔的公共空间。

除此持续不断的演讲外,1933年卢作孚还邀请中国科学社到北碚召开年会,

此举不仅进一步促进了北碚的资源发掘、科学教育与中国西部科学院建设,同时还通过全国各地的著名科学家提升了

北碚的影响力与美誉度,为后续的人才引入与经验传播创造了条件。

峡防局少年义勇队标本采集途中

正是这些外来力量让原本封闭的山乡开放起来,使各种资源的"回流"成为可能,并引发了自身力量的发育。其之所以发生,既源于内部的实际需求,也离不开自身的有效组织与前期的各种建设努力,也即"外发促内生"与"内联促外引"是循环反复且相辅相成的。例如,在联合考察组出川和随后的中国科学社来碚开年会前,1929年7月峡防局即邀请中国科学社派人来川,之所以有科学家愿意千里迢迢地深入西南,当地有团体全力配合并具体组织,共赴峨眉、峨边、大小凉山等处联合采集自然标本无疑是个重要理由。此行由卢作孚弟弟卢子英率领,最终采集回标本20余箱[1]。之所以能完成这一开创性任务,这与两年前即已组建的少年义勇队并对其进行过严格有效的训练分不开。值得一提的是,这些

---

[1] 江巴璧合四县特组峡防团务局编《峡区事业纪要》,重庆新民印书馆,1935,第1页。

标本不仅为后来的中国西部科学院和中国西部博物馆奠定了家底,也是1930年出川考察所带的重要"礼物/资源",以标本为纽带,不仅"交换"回了峡区发展急需的"人、财、物",也让"走出去"与"请进来"更好地互动起来。

而此处的"内联"既包括峡区内把原本分散的人力和资源整合起来的各种组织,也包括不同组织之间的协作与联合。上述1930年的出川考察就是包括民生公司、北碚峡防局和北川铁路公司人员在内的联合考察。而在日常的建设实践中,促使民生公司与峡防局进行多种方式的深度融合与优势互补一直是卢作孚的努力方向,他还要求峡防局各股、各机关经常要与中国西部科学院、三峡染织厂、农村银行等开联席会议,以形成进一步的建设合力。

正是这种内外连接,让北碚既融合了上海的现代工业技术,青岛、大连的城市建设经验,以及张謇建设南通的经验①,同时还出现抗战期间"三千名流汇北碚"的壮观景象,与其说是抗战特殊背景下的机遇使然,不如说是"内外"持续良性互动后的水到渠成。

四、社会治理现代化——欲化社会,需先社会化

作为对乡土社会的建设性改造,北碚之所以成功,与其对"社会"的重视及积极有效的"社会化"努力分不开。关于"社会"在卢作孚思想与事业中的位置,可以从他凝毕生心

---

① 张瑾:《权力、冲突与变革——1926—1937年重庆城市现代化研究》,重庆出版社,2003,第324页。

血的民生公司说起。民生公司虽然成立之初是一个非常不起眼的小公司,却坚持以"服务社会,便利人群,开发产业,富强国家"为宗旨,并明确提出"民生公司不是只图资本家发财的,他的经济立场,可以说是站在整个的社会上面的,纯全是一桩社会事业"[1]。可以说,社会不仅是企业要支持或服务的对象,同时也是企业或地方建设的力量源泉与生存土壤。同理,北碚的各项建设既要服务社会,也是"替社会找出路",建设力量来自社会,收益自然也由社会共享。

什么是"社会化"的建设方式,卢作孚曾以四川人爱玩的麻雀牌(麻将)为例,做过一个有趣的阐释,他认为搓麻雀的过程包括社会组织中的四个运动:用编制和选择的方法,合于秩序的录用,不合于秩序的淘汰,把一手七零八落漫无头绪的麻雀局面,建设成功一种秩序,是第一个运动;全社会的人总动员加入比赛,看谁先建设成功,看谁建设得最好,是第二个运动;到一个人先将秩序建设成功时,失败者全体奖励成功者,是第三个运动;失败了不灰心,重整旗鼓再来,是第四个运动。[2] 笔者认为,这四个运动从不同角度体现了社会化特点,正是北碚成功建设的重要经验之一。

这种"社会化"强调社会视野,无论经济、文化还是教育都应发掘其社会面向,既努力将大小社会作为开展教育、组织和建设的可为空间,同时在此过程中通过广泛的社会动员而

---

[1] 卢作孚:《民生实业公司八周年纪念大会记录》,载张守广、项锦熙主编《卢作孚全集》(第一卷),人民日报出版社,2016,第477页。
[2] 卢作孚:《麻雀牌的哲理》,载张守广、项锦熙主编《卢作孚全集》(第二卷),人民日报出版社,2016,第561页。

实现社会参与和社会整合。正如卢作孚对北碚实践如何得以展开所做的总结:"我们利用人们农隙的时间做副业的工作,更利用人们工余的时间做社会的工作。促起大众起来解决码头的问题、道路的问题、桥梁的问题、公共会集或游览地方的问题,……不但是大众出力、大众出钱,而且是大众主持。由这些具体的活动……以训练大众管理公共事务的方式。"① 正是如此充分的社会动员与广泛参与,解决了各种建设资源不足的问题。通过北碚建设的各种档案,不仅可看到北温泉公园和中国西部科学院建设中的"众筹"动员,还能发现峡局职员减月薪储作资本去上海购买染织工厂机器的义举。可谓有钱的出钱,有力的出力,各尽其能、各得其所。

与此同时,卢作孚还通过持续有效的干部训练,让行政人员努力实现社会化。例如,他在嘉陵江三峡实验区署纪念周会上要求机关人员"不要专门坐在办公室里弄笔墨,尽量减少办公室的人数,每个人要多到社会去活动"②。即使必要的室内办公,也要求集中在大办公室,因为其"便于切取联络,便于照料全部,便于提起办事精神"③。正因有如此要求并付诸实践,北碚建设者们显得更有"活动力",无论你往(北碚)哪里去,都看得出来他们的活动,活动得非常有兴趣、有条理,有步骤,并且是一面活动,一面找问题,一面找

---

① 卢作孚:《四川嘉陵江三峡的乡村运动》,载张守广、项锦熙主编《卢作孚全集》(第二卷),人民日报出版社,2016,第606页。
② 卢作孚:《实验区当前应努力的工作》,载张守广、项锦熙主编《卢作孚全集》(第二卷),人民日报出版社,2016,第857页。
③ 黄子裳:《我们的生活》,载北碚图书馆编《北碚月刊:1933—1949》第三册,国家图书馆出版社,2018,第219页。

问题,又一面解决问题。①如此"社会化"不仅突破行政化可能引发的官僚化顽疾,改变常见的"行政乱动,群众不动"困境,也有助农民主体和社会参与地真正发挥,也内在地符合党的二十大对共建共治共享的社会治理的内在要求。

综上所述,本是"落后地区"的北碚通过社会整合、冲突转化、各种资源价值实现等方式既发挥了"后发优势",又获得包括"和平红利"在内的多重红利,还成功构建起低成本且符合城乡社会转型需要的治理结构,使得各种资源回流乡村,同时也发展出以民生为导向,强调社会参与的创新性社会企业与城乡融合的新局面。这些独特的历史经验可为当代乡村振兴战略的实施提供有益启示!

---

① 陈宁康:《我到峡局考察以后底感觉》,《嘉陵江日报》1931年2月6日。

专家视点

"乡村现代化"——卢作孚乡建之路[①]

刘重来

从20世纪20年代起,在中国大地上掀起了一场规模大、时间长、波及面广、影响深远、建设主张和建设方式各异的乡村建设运动。到30年代中期达到高潮时,乡村建设运动已在山东、山西、河北、河南、江苏等主要是东部和中部地区的10余个省、几十个县和成百个乡、村展开。参加的团体达600余个,实验点达1000余处。不少忧国忧民,有社会责任感和历史使命感的知识分子,抱着教育救国、科技救国、实业救国等不同理念和"振兴农业""拯救农村"的强烈愿望,走出"象牙塔",离开大城市,放弃城市优厚待遇和舒适生活,深入农村,甚至携家带口,来到贫困的农村安家落户,推行乡村建设运动。这些人中,有社会贤达、地方士绅、实业

[①] 摘自刘重来:《卢作孚主持嘉陵江三峡乡村建设运动述略(1927—1949)》,民国嘉陵江三峡乡村建设学术研讨会会议论文,2016,第19-43页,略有改动。

家；有专家学者、留学国外的博士；有国内大学的校长、教授。他们这一壮举在社会上引起极大反响,被誉为"博士下乡"。

然而谁能想到,与此同时,在中国西南一隅的嘉陵江三峡地区,也正开展着一场独树一帜的乡村建设运动。由于它地处偏僻,相对闭塞,在当时信息不通的年代,没有晏阳初、梁漱溟等的乡村建设那么显眼和备受社会关注,但它却是民国时期中国众多乡村建设实验中最早在中国西南部开展的一个,且持续时间最长、成就特别突出。而其主持者,竟是一位实业家兼地方治安联防机构的长官。他就是旧中国最大的民营航运企业——民生实业股份有限公司创始人、总经理,被誉为"中国船王"的卢作孚。

民国时期,众多乡村建设团体虽然背景、阶层、性质比较复杂,但他们大多数都是抱着振兴中华、振兴农村的爱国之心参加到乡村建设中来。但正因为他们的背景、阶层、性质不同,因而其乡村建设的思想和宗旨以及建设的方式方法也各有不同。

众所周知,实现祖国现代化,是卢作孚社会经济思想的核心,是他一生的追求。而"乡村现代化",则是他乡村建设的思想核心,也是他乡村建设的理想和目标。1934年,他在《四川嘉陵江三峡的乡村运动》一文中全面论述和总结他已推行七年的乡村建设运动。他明确指出其乡村建设的"目的不只是乡村教育方面,如何去改善或推进这乡村里的教育事业；也不只是在救济方面，如何去救济这乡村里的穷困或灾变"，而是要"赶快将这一个乡村现代化起来"，以供中国"小至于乡村大至国家的经营的参考"。

在卢作孚看来，当时的中国，有内忧，更有外患。而内忧中，广大农村的极度贫困和落后，广大农民的悲惨状况是其中的重要问题。卢作孚有一个坚定的信念："内忧外患是两个问题，却只须一个方法去解决它。这一个方法就是将整个中国现代化。"他认为中国"根本的要求是要赶快将这一个国家现代化起来。所以我们的要求是要赶快将这一个乡村现代化起来"。对于外患，他的眼光远大："中国的根本办法是建国不是救亡。是需要建设成功一个现代的国家，使自己有不亡的保障。"他认为要实现国家现代化、乡村现代化，都必须以经济建设为中心，促进工业、农业、交通、文化等的现代化建设。

卢作孚领导的北碚峡防局，表面上是一个治安联防机构，负责地方治安，而实际上是他全力以赴进行乡村建设的重要平台。卢作孚虽然身处中国西部偏僻穷困的嘉陵江三峡地区，却并没有让峡谷成为束缚其思想和行动的桎梏，他要为整个中国搞出一个"乡村现代化"的样板来。这是何等高远的眼光，何等雄伟的气魄，何等开阔的胸襟！

卢作孚开展乡村建设运动最直接的目的就是改变农村和农民的贫穷落后面貌。他在1929年《乡村建设》一文中明确指出其乡村建设的意义："在消极方面要减轻人民的痛苦,在积极方面是要增进人民的幸福。"而如何增进人民的幸福呢？卢作孚认为应给农民"多些收获,多些寿数,多些知识和能力,多些需要和供给,多些娱乐的机会"。这"五多"正是卢作孚开展乡村建设的目的,而要实现这个目的,就非要实现"乡村现代化"不可。我们不能不钦佩卢作孚的胆识和超前目光。可以说,卢作孚是民国时期乡村建设运动中提出"乡村现代化"宗旨并付诸实践的第一人。

卢作孚在中国西南部一个十分偏远落后的小地方主持"乡村现代化"建设,并取得了中外瞩目的成就,我们不能不问,这是为什么呢？我想,起码有以下五个原因：

一、以经济建设为中心,实现乡村现代化

卢作孚因为把"乡村现代化"作为乡村建设宗旨,所以,他在乡村建设中,始终坚持把经济建设放在首位,他强调只有发展经济,才能真正"增进人民的富力"。正因为卢作孚在乡村建设中狠抓工业、农业、交通和城市建设等经济事业,才使整个峡区的社会经济发生了很大变化,文化教育、社会风气等也才有了发展的基础,从而取得了与众不同的巨大成就。

二、以城市建设带动乡村建设

卢作孚在推行嘉陵江三峡乡村建设运动中,始终是把北碚作为中心,进行城市化建设,作为带动整个峡区乡村建设

的核心经济圈和经济增长点。正如卢作孚在《四川嘉陵江三峡的乡村运动》一文中所言："先以北碚乡而且以北碚乡的市场为中心,……造成功一种社会的环境,以促使人们的行动发生变化。……以北碚作第一个试验,以其比较集中,容易办,而且可以造起周围的影响来。"果然,短短十几年,就使北碚这个昔日偏僻贫穷、盗匪横行的小乡场变成了海内外知名的美丽城市,成为整个峡区,乃至整个重庆的发展亮点,成为民国时期乡村建设运动成就的一个重要历史见证。1944 年美国 Asia and Amerieia's 杂志刊登了一篇文章,文章叙述了过去"北碚仅仅是一个小村庄,其周围地区是四个县交界处的一个'无人地带'",那里"匪患频繁,是一个歹徒的乐园"。但自卢作孚在这里开展乡村建设运动以后,却发生了大变化。"北碚现在有了博物馆和公园,有了公路和公共体育场,有了漂亮的图书馆和一些建设得很好的学校,还有一个非常现代化的城市市容"。该文惊呼北碚是"平地涌现出来的现代化市镇",是"迄今为止中国城市规划的最杰出的例子"。1948 年底,中国农村复兴委员会中国和美国委员 5 人来到北碚参观,北碚的城市风貌使他们大为吃惊:"各委员发现北碚市容,如宽广的街道,各种公共建筑、市政中心,及其他事项,都远非普通中国城市所可望其项背。"

三、以工辅农,以工促农

卢作孚的乡村建设之所以取得重大成就,一个重要原因是得到了工业的大力支持。一方面,卢作孚既是嘉陵江三峡乡村建设的主持人,又是民生公司的总经理,这双重职责使他将企业发展与乡村建设紧密联系起来。民生公司从经济实力、技术力量等多方面支持峡区的乡村建设,并取得了互利双赢的效果;另一方面,卢作孚以积极的态度招商引资,使不少企业来峡区安家落户,发展生产,改变了峡区单纯的农业结构,使峡区社会经济得到了迅速发展。

四、发展科学文化教育,注重精神文明建设

卢作孚是位实业家,但更是一位教育家。他在推动嘉陵江三峡乡村建设运动中,不仅重视物质文明建设,也十分重视精神文明建设。早在1929年,卢作孚在《乡村建设》一文中就说:"人们在努力于一种事业的建设以前,应先有一种心理的建设,有一种美满的建设的理想,在心理上先建设起来。"卢作孚为什么在作为一个治安联防机构的峡防局内设立民众教育处?为什么要在峡区建立小学、中学,并开展大规模的民众教育运动,创办力夫学校、船工学校、妇女学校、挨户学校、场期学校?为什么在资金紧缺的情况下在峡区建立科学院、博物馆、图书馆、医院、运动场、俱乐部?为什么要在峡区开展"现代生活的运动""识字的运动""职业的运动""社会工作的运动"等4个运动?为什么他要让峡区的工厂、学校、机关在节假日开放,让峡区老百姓参观?为什么他要"先与航空公司约定,如果天晴到北碚时,低飞一

匪",让北碚百姓"到运动场看飞机"。这一系列举措,都是卢作孚为了培育和造就具有现代意识的新型农民,使乡村形成良好的现代文明风貌,达到峡区人民"皆有职业,皆受教育,皆能为公众服务,皆无不良嗜好,皆无不良习惯"和峡区"皆清洁,皆美丽,皆有秩序,皆可居住,皆可游览"的目标。

1933年,来峡区参加中国科学社第十八次年会的科学家们把江苏南通和北碚的乡村建设做了一个比较,发现"北碚之精神上之建设,视之南通更为完备,且精神之建设较之物质之建设尤为长久"。无怪杜重远1931年参观北碚后发出"昔称野蛮之地,今变文化之乡"的感叹。由此可见当时人们对卢作孚既抓物质文明建设,又抓精神文明建设印象之深。

五、政务公开,管理民主

卢作孚主持峡防局以来,局机关工作的最大特点就是政务公开。卢作孚上任后就提出局机关工作要做到"一切公开——办事公开、用人公开、收入支款公开"。他不仅这样说,也是这样做的。在当时峡防局主办的《嘉陵江》报上,我们可以惊奇地发现,举凡峡防局的工作计划、财务收支、人员考核任用,甚至峡防局的会议记录都一一公开刊登出来。如"峡防局的新计划,大规模的经营工业""峡防局布置整理北碚市政""峡防局最近拟办工作""峡防局公布×月份收入情况""峡防局服务人员月成绩考核表"等等,让峡区百姓对峡防局的工作都能知晓,自然也就便于监督了。

卢作孚主张办各项事业，特别是关系到群众切身利益的事情，不但要让老百姓知晓，还要征求他们的意见。他积极支持成立"北碚里（市）民代表大会"，让峡区百姓集思广益，参与峡区建设。而市民代表，不是由峡防局指派，而是由市民直接选举产生，并以代表大会的名义告诉峡区民众："地方上的公事应该怎么办？你们有一定的主张么？成立里民大会，是用来实现你们的主张的。"卢作孚之所以这样做，就是要充分发动峡区人民自觉自愿参加到乡村建设中来。卢作孚说："举办某种公众的事业，而集合众人讨论办法，举人担任。让众人眼见着提议，眼见着预备，眼见着开始工作，眼见着工作前进，眼见着完成。以此引起众人做事的兴趣。"这5个"眼见"，众目睽睽，谁还敢弄虚作假、营私舞弊、损公肥私呢？卢作孚的乡村建设之所以取得重大成就，与卢作孚重视民主管理、政务公开、民众参与，因而得到峡区人民的拥护有极大关系。

卢作孚早年参加过同盟会、少年中国学会，参加过辛亥革命、四川保路运动和"五四"运动，经受了革命的洗礼，曾是革命救国的热烈追随者。辛亥革命的失败使他转向"教育救国"，他当过小学、中学、师范学校的教师，主持过地方的教育改革、民众教育和新文化活动。而多次教育改革的受挫，又使他深深认识到没有经济实力支撑，仅仅依靠地方军阀是办不好教育的，于是他又选择了"实业救国"之路。

卢作孚难得的人生经历,加上他过人的智慧和高尚的人品,构成了他一生的多彩与辉煌,也使他主持的嘉陵江三峡乡村建设运动独树一帜,别开生面,成为民国时期中国众多乡村建设实验中成就突出的一个。

卢作孚的乡村建设成就,实实在在,有目共睹:美丽的北碚城,现代化的天府煤矿,四川第一条铁路——北川铁路,中国西部唯一的科学院(中国西部科学院)和博物馆(中国西部科学博物馆),集工商学为一体的综合经济实体——兼善实业股份有限公司,中国西部最大的现代纺织企业——大明纺织染厂,开发水利的高坑岩水电站,用于农业科学试验的西山坪农场,为农民服务的北碚农村银行,全民健身的北碚民众体育场,为读书学习提供方便的北碚图书馆,为民治病防疫的峡区地方医院,为民众集会、娱乐而建的民众会堂,为儿童、青少年读书而建的实用小学、兼善中学,供民众娱乐休闲的北碚公园、北温泉公园、黛湖公园、运河公园,等等,都是卢作孚乡村建设的历史见证。而广大农民物质生活和精神面貌的改善更是有目共睹。1948年11月,晏阳初在向中国乡村建设学院演讲时,谈到了他在北碚的所见所闻:"昨天我在北碚看见从前不识字的农民现在识字了;从前没有组织的,现在有组织了;从前没有饭吃的,现在收入也增加了。一个个地对着我们发笑,使我获得无限的兴奋和愉快。"对于卢作孚来说,只要农村富足了,农民生活提高了,精神愉快了,这就是他的最高企盼。卢作孚被誉为"北碚开拓者"和"北碚之父"是当之无愧的。

在民国时期的乡村建设运动中,作为一个实业家来主持一地乡村建设的卢作孚,更有经济头脑,更具务实开拓精神。其崇高的理想追求,充满智慧的超前眼光,立意高远的科学规划,切实可行的实践举措,至今仍被人称道。

但我们也要明白,卢作孚的乡村建设之所以取得不同凡响的成就,还有其特殊原因:一是当时峡区处在抗战大后方,未遭日本帝国主义的侵占蹂躏,所以其乡建运动得以持续到1949年底,成为民国时期乡建运动持续时间最长的一个。而晏阳初、梁漱溟、陶行知、黄炎培等在中国北部、东部、中部的乡建实验都因日寇的侵略而被迫终止;二是卢作孚作为峡区的最高长官,他可以凭借其权力,动用官府的力量使其乡建规划付诸实行。如他可以用"寓兵于工"的方式组织峡防局士兵纺纱织布,他可以率领峡防局官兵开挖马路、架设电线、整修公园、疏浚河滩;也可组织、督促峡区百姓改造北碚市容市貌;甚至可以凭借其权力进行乡村自治建设,如成立市民代表大会;等等。这是晏阳初、梁漱溟等人无法做到的;三是凭借他峡防局局长、民生公司总经理、中国西部科学院院长以及以后担任四川建设厅厅长、交通部常务次长、全国粮食管理局局长等职务的关系,特别是他的人格力量,使他结识了当时党政军及企业界、学术界等不少上层人士,使其乡村建设也得到了这些人士或多或少的支持,诚如卢作孚在《四川嘉陵江三峡的乡村运动》一文所言:"虽然困难比成功为多,然而常常得到周围社会上的帮助,尤其是政治上的帮助,尤其是政治上最高领袖的帮助,度过了许多困难"。

当然,在那军阀混战、政治黑暗、社会动荡、经济凋敝的年代,卢作孚不管多么努力,他的"乡村现代化"理想也是不可能完全实现的。只有在改革开放的今天,在党的一系列方针政策推动下,中国才有可能真正实现"乡村现代化"的目标。

跋：乡建研究 后继有人 大有可为

刘重来[①]

2018年，中共北碚区委决定以校地合作的方式，组织编撰十卷本的"北碚文化丛书"。这是挖掘传承北碚优秀历史文化的一项重大文化工程，是北碚推进文化创新，增强文化自信，打造文化高地的大手笔。可喜可贺！我作为此课题评审专家组成员，能参与此盛举，感到十分荣幸！

《乡建北碚》应是"北碚文化丛书"中分量很重的一卷。这是因为如果没有卢作孚在北碚主持开展嘉陵江三峡乡村建设运动，就没有今天的北碚，这就是为什么卢作孚会被誉为"北碚开拓者"和"北碚之父"的原因。

应该强调的是，卢作孚从1927年初至1949年底主持开展的嘉陵江三峡乡村建设运动，是民国时期全国众多乡村建

[①] 刘重来：西南大学教授，著名卢作孚研究专家。重庆市首届学科带头人，重庆市人民政府文史研究馆馆员，九届全国人大代表，《卢作孚研究》主编，1992年获国务院政府特殊津贴。

设实验中持续时间最长,成效特别显著的一个。而卢作孚的"乡村现代化"建设思想和"以经济建设为中心"的建设模式也是独树一帜的,是大有研讨价值的。

更值得一提的是,抗战时期北碚又迎来了全国著名的乡建代表人士晏阳初、梁漱溟、陶行知,他们都是卢作孚志同道合的朋友。晏阳初在此创办了培养乡建人才的中国乡建学院,并在学院的实习基地璧山县开展华西乡村建设实验;梁漱溟在此创办了以弘扬中国传统文化为宗旨的勉仁文学院,撰写了闻名中外的大作《中国文化要义》;陶行知在此创办了育才学院,并推广"小先生制";等等。他们为北碚的乡村建设添砖加瓦、增光添彩,使北碚一时间成为全国乡村建设集大成之地。

《乡建北碚》的编撰,是对卢作孚主持开展的嘉陵江三峡乡村建设全面系统的研讨,包括对晏阳初、梁漱溟、陶行知的乡建、文化、教育活动的全面、系统的研讨,意义十分重大,任务十分艰巨。

令人欣喜的是,在中共北碚区委宣传部的精心组织安排下,参加编撰《乡建北碚》的都是西南大学中国乡村建设学院风华正茂的青年学者。他们在写作中站位高、眼界宽、思想新。特别是他们已在北碚工作生活多年,对卢作孚的丰功伟绩已有深刻的认识,对北碚有深厚的感情,对北碚的历史文化有浓厚的兴趣,因而他们是以真心真意投入其中。

所以,我相信《乡建北碚》会成为一部令人满意、符合要求的精品之作。是为跋。

2020年6月10日

编后记

承蒙北碚区委、宣传部委托,很荣幸能够参与"北碚文化丛书"中《乡建北碚》一书的编写工作。本书由西南大学乡村振兴战略研究院(中国乡村建设学院)研究团队编写。在编写的过程中,我们查阅了与北碚乡村建设有关的大量档案文献。再次为曾经在北碚这片热土上耕耘过的前辈仁人所感动。无论是卢作孚、卢子英、晏阳初、梁漱溟、陶行知……这些领袖人物,还是如黄子裳、孙廉泉、高孟先、章恒、何国英等具体工作与记录者,这些将名字深藏在泛黄的档案中默默付出的前辈,用闪耀的生命所谱写的篇章,都让后辈读者时时掩卷感佩。这本书的撰写,汇集了研究团队此前的一些成果,更启发我们继续深入研究与学习!

在终于完成本卷书稿之时,编写组特别感谢北碚宣传部提供的写作机会和档案资料支持!感谢八十二岁高龄的卢作孚研究专家刘重来教授、西南大学中国乡村建设学院执行院长温铁军教授为本书作跋和序。刘重来教授还撰写了"晏阳初与中国乡村建设学院"部分,且不厌其烦地多次逐字逐句细心研读全稿,提出非常宝贵的意见!感谢七十五岁高龄的卢作孚研究中心周鸣鸣教授特别为本书撰写"继往开来续华章"章节!

感谢本书编写组的各位老师认真撰写各章内容,他们分别是:西南大学乡村振兴战略研究院(中国乡村建设学院)副院长潘家恩教授、李军老师、张艺英老师和杜洁老师。

也感谢阅读本书的每一位读者,很高兴能以文字的方式与您结缘!希望我们粗浅的文字能够稍稍记录当年的足迹,愿能通过此书与您一起分享这段跨越百年的嘱托。

历史是厚重又复杂的,因能力所限,这本小书中难免有挂一漏万之处。若能因为对此书的阅读,让您对北碚的乡村建设产生进一步探究、继承发扬的兴趣,那将是编写组的荣幸与期待。文字中尚有很多不足之处,还请您批评指正。

嘉陵汤汤,缙云苍苍,溯流绵长,共建吾乡!